权威·前沿·原创

皮书系列为
“十二五”“十三五”国家重点图书出版规划项目

BLUE BOOK

智库成果出版与传播平台

中国节能汽车蓝皮书

BLUE BOOK OF
ENERGY-EFFICIENT VEHICLE

中国节能汽车发展报告（2019）

ANNUAL REPORT ON ENERGY-EFFICIENT VEHICLE INDUSTRY IN CHINA (2019)

主　编／中国汽车工程研究院股份有限公司

社会科学文献出版社
SOCIAL SCIENCES ACADEMIC PRESS (CHINA)

图书在版编目（CIP）数据

中国节能汽车发展报告．2019 / 中国汽车工程研究院股份有限公司主编．-- 北京：社会科学文献出版社，2020.3

（中国节能汽车蓝皮书）

ISBN 978-7-5201-6034-6

Ⅰ.①中… Ⅱ.①中… Ⅲ.①汽车节油-研究报告-中国-2019 Ⅳ.①U471.23

中国版本图书馆 CIP 数据核字（2020）第 015252 号

中国节能汽车蓝皮书

中国节能汽车发展报告（2019）

主　　编 / 中国汽车工程研究院股份有限公司

出 版 人 / 谢寿光
责任编辑 / 宋　静

出　　版 / 社会科学文献出版社 · 皮书出版分社（010）59367127
地址：北京市北三环中路甲 29 号院华龙大厦　邮编：100029
网址：www.ssap.com.cn
发　　行 / 市场营销中心（010）59367081　59367083
印　　装 / 天津千鹤文化传播有限公司

规　　格 / 开　本：787mm × 1092mm　1/16
印　张：15.5　字　数：227 千字
版　　次 / 2020 年 3 月第 1 版　2020 年 3 月第 1 次印刷
书　　号 / ISBN 978-7-5201-6034-6
定　　价 / 128.00 元

本书如有印装质量问题，请与读者服务中心（010-59367028）联系

《中国节能汽车发展报告（2019）》
编委会

编委会主任　李开国

主　　编　周舟

副 主 编　沈斌

编　　委　詹樟松　李勤　付铁军　郭七一　周佳　周梅生　郭文军

主要执笔人　谢雨宏　殷蕾　福村光正　孙美林　刘洋　於林　王凤　李光

参与编写人员　（按姓氏笔画排序）

于海生　王艺蓓　王正曦　王国勇　王健
冯静　冯毅　刘倩　孙哲浩　杨松
杨凯　李书利　李艾丹　李国庆　吴学松
何晓阳　张舟云　张彤　张建荣　岳刚
周刚　居钰生　姚春德　徐贤　翁明盛
高金燕　喻春光　谢敏　蓝茜　魏佳妮

主编简介

中国汽车工程研究院股份有限公司　我国汽车行业产品开发、试验研究、质量检测的重要基地及技术支撑机构，成立于1965年3月，原名重庆重型汽车研究所，系国家一类科研院所。于2012年6月11日在上海证券交易所正式挂牌上市（股票简称：中国汽研，股票代码：601965）。研发和测试新基地于2013年10月建成并投入使用。经过50余年的发展，已拥有较强的汽车技术研发能力、一流的试验设备和较高的行业知名度。目前主要从事汽车研发、咨询、测试和评价领域的技术服务业务和专用汽车、轨道交通关键零部件、汽车燃气系统及其关键零部件、汽车及零部件试验检测设备的制造业务。按照"优先重点发展研究开发业务，大力积极发展测试评价业务，统筹稳健发展科技成果产业化业务"的发展思路，已建成汽车安全、汽车噪声振动、电磁兼容、汽车节能与排放、电动汽车、替代燃料汽车、汽车整车、发动机、零部件等试验室和汽车工程研发中心，并努力建设成为我国汽车产业的科技创新平台和公共技术服务平台，发展成为国际一流、国内领先的汽车工程技术应用服务商和高科技产品集成供应商，为我国汽车产业的持续健康发展发挥应有的技术支撑作用和科技引领作用。

摘　要

《中国节能汽车发展报告（2019）》是关于中国节能汽车产业发展的年度研究报告，2016年首次出版，本书为第四部。本书由中国汽车工程研究院组织编撰，集合了国内外整车企业、零部件企业、科研院所等众多行业专家的智慧，是一部全面论述中国节能汽车产业发展的权威著作。

伴随着经济的快速增长，能源与环境问题日益突出，节能减排成为社会经济发展的必然选择。传统汽车基数大，减排空间也较大，将是汽车工业支撑我国在巴黎气候大会上承诺的2030年减排目标达成的“排头兵”。

本年度报告以“节能汽车技术发展评估与展望”开篇，全书包括总报告、市场应用篇、政策法规篇、产品技术篇、专题研究篇、行业热点篇及附录等。

在总报告中，通过分析当前汽车产业宏观环境、节能汽车技术标志性进展、发展路径，对我国汽车行业提出了相关支撑保障建议。

在市场应用篇中，从美国、日本、欧洲乘用车市场基本情况、能耗水平以及最近技术动向三方面对国外节能汽车市场发展情况进行了研究，并利用对应地区典型车企，对其主要节能技术应用现状及产品谱系进行归纳和总结；同时从我国乘用车市场的市场结构、排量分布、整体能耗水平、节能技术应用情况等维度展开研究，对我国节能汽车市场与技术发展状况进行了分析，并在此基础上探索了我国节能汽车市场未来的发展趋势。

在政策法规篇中，对美、日、欧等地区当前排放标准、燃油经济性等相关政策热点进行了深入解读，并详细阐述了我国乘用车、轻型商用车、重型商用车的油耗法规、排放法规，梳理了我国节能减排相关政策。

在产品技术篇中，从发动机、变速器、混合动力、替代燃料、低摩擦和电子电器六个领域，对国内外乘用车企业相关领域的技术研发、生产应用和节能效果做综合分析和深入研究；并对近年商用车在动传系统、混合动力、替代燃料、低摩擦、电子电器等方面的技术进展进行了综合分析。

在专题研究篇中，深入分析了混合动力专用发动机的技术特点和技术应用情况，并对国内外代表企业在该领域的研究和应用情况进行了对标；然后，就热管理技术对节能减排的作用及实现方式进行了深入研究；最后，从用材、设计与工艺三个方面，分析了轻量化的应用对节能减排的影响。

在行业热点篇中，从混合动力汽车分类及国内外混合动力汽车在乘用车市场的占比入手，分析日本、欧洲、美国的混合动力汽车发展情况，并对我国混合动力技术发展提出了建议。

综观整个报告，无论是研究的深度，还是涉及领域的广度，以及考虑因素的维度，均能方便不同领域的读者全面、系统地了解我国节能汽车产业发展态势，对汽车行业管理部门、整车及零部件企业技术研发和规划部门、汽车用户、行业相关投资机构等具有重要的参考价值和研究意义。

目 录

Ⅰ 总报告

Ⅱ 市场应用篇

Ⅲ 政策法规篇

Ⅳ 产品技术篇

Ⅴ 专题研究篇

Ⅵ 行业热点篇

Ⅶ 附录

皮书数据库阅读使用指南

总 报 告

B.1 节能汽车技术发展评估与展望

摘　要： 汽车产业是我国国民经济的重要支柱产业，传统汽车在未来30年内仍将在消费中占绝对主体地位，因此发展节能汽车对保障我国能源安全与减轻环境压力起着至关重要的作用。但节能汽车在发展中遇到诸多问题，如自主研发能力不足、核心技术掌握度不够、政策引导仍须加强等。本文通过分析当前汽车产业宏观环境、节能汽车技术标志性进展、发展路径，并提出相关支撑保障建议。

关键词： 节能汽车　标志性进展　发展路径

一　汽车产业发展宏观环境

（一）汽车行业发展形势趋于严峻

全球汽车销量在2017年达到9680万辆的历史最高水平，2018年出现首次下滑，销量为 9560 万辆，同比下滑 1.24%。2018 年，我国汽车产业受宏观经济调整、中美贸易摩擦、国Ⅴ和国Ⅵ排放标准切换等多种因素的影响，产销量结束 28 年来持续增长的势头，产销分别完成 2780.9 万辆和 2808.1 万辆，比上年同期分别下降 4.2% 和 2.8%。2019 年 1～6 月，我国汽车产销量继续下滑，分别为 1213.2 万辆和 1232.3 万辆，同比下降 13.7% 和 12.4%。

（二）发展节能汽车是保障国家能源安全的重要措施

根据《2018 年国内外油气行业发展报告》，2018 年中国石油净进口量 4.4 亿吨，同比增长 11%，石油对外依存度升至 69.8%，预计 2019 年中国的石油对外依存度还将继续上升，原油和石油的对外依存度有望双双突破 70%。2014～2018 年，我国石油对外依存度快速上升（见图 1），从 2015 年首破 60% 的大关到 2019 年破 70% 的大关（预计），仅仅用了 4 年时间。

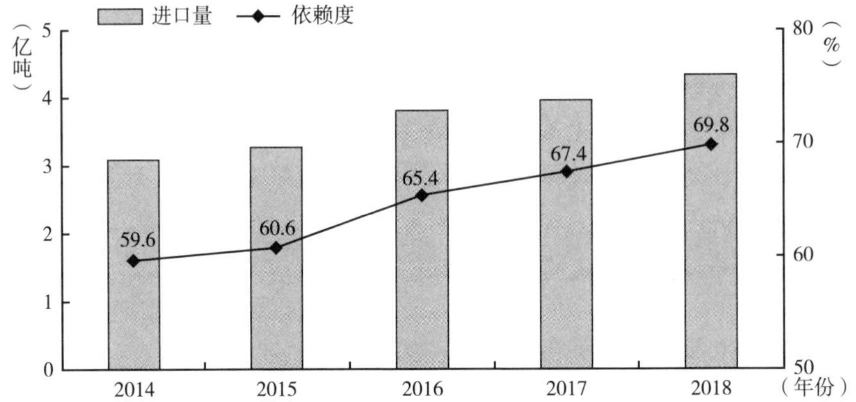

图 1　2014～2018 年中国石油进口量及对外依存度

汽车成品油的巨量消耗已成为我国石油对外依存度持续攀升的主力推手之一，在未来 5～10 年，我国汽车工业格局仍将以传统汽车为主，因此推动传统汽车节能化发展可大幅减缓成品油消耗量增长速度，从而有力保障国家能源战略安全。

（三）发展节能汽车是打赢“蓝天保卫战”的重要手段

近年来，我国城市大气污染日趋严重，雾霾现象频频出现，引发民众和政府的重点关注。党的十九大报告提出打赢蓝天保卫战，这是继《大气污染防治行动计划》以来，我国整治污染排放、提高环境质量的另一项重要举措，2018 年以来各地区积极响应“蓝天保卫战”，并制定了各自的行动方案（见表 1）。

表 1　2018～2019 年各地区行动计划发布情况

地区	发布时间	文件名称
郑州市	2018 年 2 月 6 日	《郑州市 2018 年大气污染防治攻坚战实施方案》
安徽省	2018 年 2 月 23 日	《2018 年安徽省大气污染防治重点工作任务》
北京市	2018 年 3 月 21 日	《北京市蓝天保卫战 2018 年行动计划》
深圳市	2018 年 4 月 21 日	《2018 年“深圳蓝”可持续行动计划》
陕西省	2018 年 4 月 22 日	《陕西省铁腕治霾打赢蓝天保卫战三年行动计划(2018～2020 年)》
广东省	2018 年 5 月 7 日	《广东省打赢蓝天保卫战 2018 年工作方案》
天津市	2018 年 5 月 30 日	《天津市 2018 年大气污染防治工作方案》
湖南省	2018 年 6 月 18 日	《湖南省污染防治攻坚战三年行动计划(2018～2020 年)》
珠海市	2018 年 7 月 2 日	《珠海市打赢蓝天保卫战 2018 年工作方案》
上海市	2018 年 7 月 3 日	《上海市清洁空气行动计划(2018～2020 年)》
山西省	2018 年 7 月 29 日	《山西省打赢蓝天保卫战三年行动计划》
山东省	2018 年 8 月 3 日	《山东省打赢蓝天保卫战作战方案暨 2013～2020 年大气污染防治规划三期行动计划(2018～2020 年)》
广西壮族自治区	2018 年 8 月 6 日	《广西大气污染防治攻坚战三年作战方案(2018～2020 年)》
吉林省	2018 年 8 月 9 日	《吉林省落实打赢蓝天保卫战三年行动计划实施方案》
天津市	2018 年 8 月 23 日	《天津市打赢蓝天保卫战三年作战计划(2018～2020 年)》
云南省	2018 年 9 月 11 日	《云南省打赢蓝天保卫战三年行动实施方案》
贵州省	2018 年 9 月 25 日	《贵州省打赢蓝天保卫战三年行动计划》
重庆市	2018 年 9 月 29 日	《重庆市贯彻国务院打赢蓝天保卫战三年行动计划实施方案》
辽宁省	2018 年 10 月 13 日	《辽宁省打赢蓝天保卫战三年行动方案(2018～2020 年)》
江苏省	2018 年 10 月 17 日	《江苏省打赢蓝天保卫战三年行动计划实施方案》
甘肃省	2018 年 10 月 23 日	《打赢蓝天保卫战三年行动作战方案》
浙江省	2018 年 10 月 24 日	《浙江省打赢蓝天保卫战三年行动计划》

续表

地区	发布时间	文件名称
湖北省	2018 年 10 月 27 日	《湖北省打赢蓝天保卫战行动计划(2018 ~ 2020 年)》
黑龙江省	2018 年 11 月 17 日	《黑龙江省打赢蓝天保卫战三年行动计划》
石家庄市	2018 年 12 月 29 日	《石家庄市打赢蓝天保卫战三年行动计划(2018 ~ 2020 年)》
福建省	2018 年 11 月 6 日	《福建省打赢蓝天保卫战三年行动计划实施方案》
青海省	2018 年 11 月 24 日	《青海省打赢蓝天保卫战三年行动计划实施方案(2018 ~ 2020 年)》
广东省	2018 年 12 月 29 日	《广东省打赢蓝天保卫战实施方案(2018 ~ 2020 年)》
四川省	2019 年 1 月 12 日	《四川省打赢蓝天保卫战实施方案》
甘肃省	2019 年 5 月 15 日	《甘肃省打赢蓝天保卫战 2019 实施方案》
阳泉市	2019 年 8 月 23 日	《打赢蓝天保卫战 2019 年行动计划》

中国是世界上最大的 CO_2 排放国，2013 年，CO_2 排放量占全球的 1/4，中国现已通过技术改良和节能措施，成功降低了一些城市的工业排放率，但经济的快速增长意味着增加的碳排放量比减少得更多。如果没有缓解，中国的 CO_2 排放量在未来 15 年增加幅度将超过 50%。为了应对大气污染，我国在巴黎气候大会上郑重承诺："CO_2 排放 2030 年前后达到峰值并争取尽早达到峰值，2030 年单位 GDP CO_2 排放相比 2005 年下降 60% ~65%。"

CO_2 排放量的 25% 来自汽车排放，汽车节能减排对整个社会的节能减排有重要的意义。传统汽车基数大，减排空间也较大，将是汽车工业支撑巴黎气候大会 2030 年承诺目标达成的"排头兵"。

（四）发展节能汽车是实现《中国制造2025》和汽车强国的重要途径

节能与新能源汽车是《中国制造 2025》重点发展的十大领域之一，是汽车产业未来发展的主攻方向，因此必须大力推进传统汽车节能化发展，谋求核心技术重点突破，加快基础理论、产品技术、装备制造等各个环节水平的提升，促进自主创新能力比肩国际先进水平，从而鼎力支撑《中国制造 2025》的顺利实施。

无论是从创新驱动发展，还是国民经济的可持续健康发展来看，具有大规模效应与产业关联带动作用的汽车产业都应是战略必争产业。汽车产业以其在国民经济中的重要地位和对经济增长的重要贡献被列为国家的战略性竞争产业。我国必须加强技术创新、跨产业协同融合等规划，加快推动实现汽车产业在新一代信息技术、清洁能源技术发展大背景下的转型和变革，这样才符合汽车强国的发展要求。

（五）汽车“四化”催生产业变革

汽车呈现电动化、智能化、网联化、共享化四大发展趋势，传统汽车行业正面临巨大的转型升级压力。发展纯电动汽车、插电式混合动力汽车，成为当前我国公认的主要发展方向；汽车已经成为新技术应用的重要载体，以人工智能、大数据及云计算等为代表的新一轮科技革命正推动汽车产业转型升级，智能化已经成为汽车行业未来的发展方向；在智慧城市和智能交通体系建设的大环境下，以车联网（车与车/人/基础设施互联互通）为代表的汽车行业网联化趋势将成为重要的组成部分；共享出行方式正在从商业模式创新和移动互联技术创新两个方面为居民出行提供更多选择，也改变着汽车的产业模式。

二　节能汽车发展标志性进展

（一）先进发动机热效率已突破40%

国际一流车企已量产推出热效率接近或已突破40%的先进发动机产品。在自然吸气发动机上，以日韩车企为主的一流车企均已量产多款热效率大于40%的发动机，如图2所示。如丰田基于其TNGA架构推出的2.5L常规发动机热效率达到40%，同平台的2.5L混合动力专用发动机热效率达到41%，为当前量产热效率最高的机型；本田第三代i-MMD采用的2.0L混合动力专用发动机热效率达到40.6%；现代1.6L发动机的热效率达到40%。

在涡轮增压发动机上，量产机型的热效率逐步接近40%，如大众EA211的新机型1.5TSI evo和本田1.5TGDI两者的热效率均达到38%，日产2.0T发动机热效率达到39%；在研机型的热效率已接近或超过40%，如马自达宣称其SKYACTIV－X 2.0L发动机的热效率已达到48%。

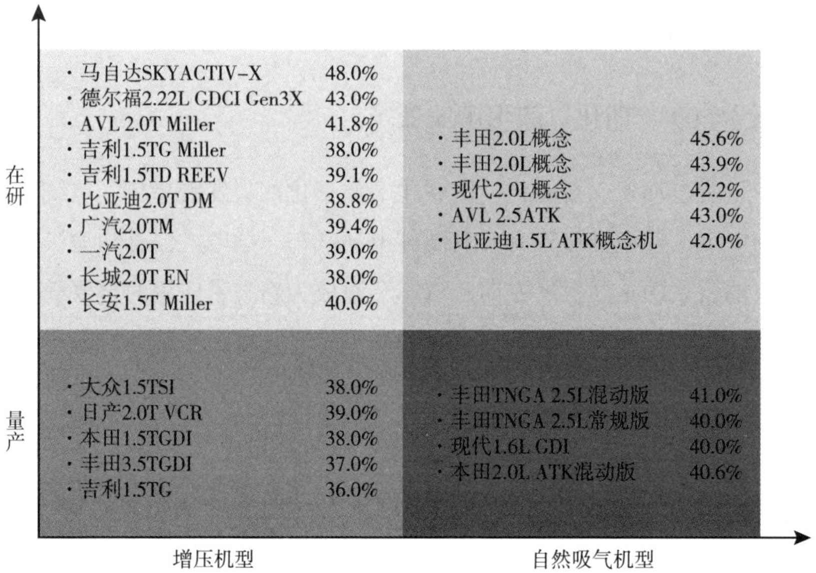

图2　国内外主机厂高热效率发动机（含部分规划）

国内主流车企正朝着40%热效率加速靠近，大量38%～40%热效率的发动机产品在研。如一汽的CA4GC20TD－2.0T机型，通过增压米勒技术组合实现了39%的热效率；广汽的增压米勒三缸机型1.5TM达到38.5%的热效率，其同平台产品2.0TM可达到39.4%的热效率；长安的1.5TGDI机型，通过深度米勒循环和高压缩比的技术组合已实现了40%的热效率。

同时，为应对逐步加严的油耗法规，国外主流车企和研究机构正通过技术探索，促进发动机热效率朝50%甚至更高的方向发展。如马自达在研的SKYACTIV Generation3实测热效率已达到56%；现代规划在2035年通过稀薄燃烧、可变压缩比、余热回收等技术实现50%热效率；德尔福通过采用多次后喷技术、增压技术、进气加热、废气再循环（Exhavst Gas Recirculation，EGR）、可变气门驱动（Variable Valve Actuation，VVA）等技术，未来将推出第四代 GDCI 发动机，热效率预计达到48%。

（二）发动机先进技术取得突破

世界首款采用可变压缩比（Variable Compression Ratio，VCR）技术的发动机——日产 KR20DDT-2.0T 于 2018 年上市，标志着全球研究超过 30 年的可变压缩比技术正式取得突破实现量产。

对于常规定压缩比发动机，提高压缩比在外特性区域会导致爆震和过高的缸内压力。为保证全负荷不发生爆震，压缩比被限制于较低范围，热效率无法显著提升。而在部分负荷工作条件下，缸内燃烧温度和压力比较低，在不发生爆震的前提下，缸内压力还有较大的提升余量，此时提高压缩比将提高发动机热效率。

为有效解决常规定压缩比存在的弊端。日产 KR20DDT-2.0T 通过电机辅助控制的多连杆机构改变活塞上止点，从而改变燃烧室容积和压缩比（连续可调），实现其可变压缩比范围 8.0～14.0。同时，日产 KR20DDT-2.0T 发动机根据负荷的变化调节压缩比，既很好地调节高压缩比和爆震的矛盾，又可确保发动机工作范围内获得合适的压缩比，提高发动机输出功率和热效率。如高负荷区域，采用低压缩比，抑制爆震现象发生，提升发动机外特性；在低负荷区域，采用高压缩比，提高发动机热效率，降低油耗。

（三）自动变速器成为市场主流，多挡化、宽速比成发展趋势

近几年，我国自动变速器呈爆发式增长，市场占比由 2015 年的 50% 左右上升至 2018 年的 70% 左右。根据我国汽车变速器发展趋势，预计未来自动变速器市场份额有望进一步提升。全球范围内最新推出的变速器产品中，多挡化、宽速比是主要的标志之一。在部分业内人士还在讨论多挡化必要性的时候，各主流厂家已经纷纷推出了其多挡化产品，多挡化趋势已经形成。6AT、7DCT 等已成为市场主流，取代了之前的 4AT、5AT 等自动变速器，

未来将向更多的8挡、9挡发展。

在AT方面，采埃孚公司的8HP系列8AT，该系列已推出十年时间，虽然挡位数一直没有增加，但其速比范围却持续提高，从第一代的7.1到第二代的7.8，再到第三代的8.6，其对发动机工作点的调节效果可等同于增加了挡位。奔驰推出9G tronic系列9AT来取代上一代的7G tronic，挡位数直接增加2挡，多挡化趋势明显。日本爱信在AT多挡化及提升速比范围方面也在持续进行优化。爱信推出的第三代6AT相对于第二代速比范围增大了10%。更于2017年推出了全球首款纵置10AT产品，而通用汽车与福特汽车紧随其后，于同年共同推出了其纵置10AT产品，将挡位数首次提升到两位数。

在DCT方面，目前7DCT已成为各主机厂的标配。保时捷及本田，则各自推出了其纵置8DCT产品，用以匹配其高性能车型。长城正在研发的9DCT，速比范围达到了8.2。

CVT具有结构简单、成本相对越来越低的优点，近几年各CVT巨头也加大投入，相继推出速比范围达到7的先进产品。丰田新研发的Direct Shift-CVT中集成了一个1速起步用齿轮，目的是降低机械损失、扩大传动比范围以及提高变速响应。通过采用起步用齿轮，将原有的带传动设置在高变速区，使传动比范围提升至7.5。已于2008年停产CVT的通用公司在2015年已经重新启动CVT开发。2019年新推出的迈锐宝1.3T系列车型已经广泛搭载通用的VT40系列CVT，传动比范围提升至7。Jatco的CVT8系列产品速比范围也达到7。

（四）混合动力通过系统优化和升级，实现整车油耗改善

混合动力是个系统级的概念，混合动力整车油耗和经济性的体现，是一个系统工程，需要在“整车+发动机+机电耦合装置+电机+电池+多能源管理”进行系统优化和升级，实现整体油耗的改善。

目前日本三个有代表性的企业分别为丰田、本田和日产，分别采用混联系统、串并联系统和串联系统，都取得了比较好的整车油耗。典型的第四代

的 Prius 整车重量为 1420kg，在日本 JC08 工况下的油耗为 39km/L（2.56L/100km）。日产的 e-power 串联式混合动力整车重量约为 1250kg，在日本 JC08 工况下的油耗为 37.2km/L（2.69L/100km）。典型的例子是 Prius 按照 JC08 循环，从第一代到第四代，油耗从 28km/L 优化到第四代的 39km/L，均是通过从“整车（滚动阻力、风阻、制动系统能量回收）+发动机+机电耦合装置+电机+电池”的每一部分的效率提升来实现的。

（五）单一 ECU 系统控制成为天然气乘用车主流发展路线

在国Ⅵ排放法规之前，天然气乘用车的主要技术路线是基于汽油车，增加一套燃气供给装置和燃气控制系统的方案，即外挂式双 ECU 方案。双 ECU 方案是基于汽油 ECU 进行工作的，须处理好汽油和天然气两种燃料的协同，以免影响车辆性能。另外，车辆排放一致性控制难度较大。

在国Ⅵ排放实施后，排放限值进一步降低，特别是国Ⅵ-b 阶段，排放限值较国Ⅴ法规有大幅下降，以第一类车为例，CO 和 THC 限值降低了 50%，NMHC 限值降低了 49%，NO_X 限值降低了 42%；国Ⅵ排放法规增加了实际行驶污染物排放试验（RDE），对车辆在实际使用过程的排放进行监控，要求控制系统具备全工况的排放精确控制能力；国Ⅵ排放法规对 OBD 系统要求也有较大的提高，IUPR 率要求也有提高。双 ECU 方案难以满足国Ⅵ排放法规的要求。

单一 ECU 系统是在一块 ECU 内集成了对汽油和天然气两种燃料的控制策略，汽油和天然气的策略基础基本相同，并针对天然气的燃料特性增加专用的控制策略，控制能力相对双 ECU 方案大幅提升，可以满足国Ⅵ排放法规要求。

（六）重型柴油发动机绝对热效率突破50%

在商用车领域，近年来，在美国能源部的推动下，先后开展了超级卡车Ⅰ（2010～2015）和超级卡车Ⅱ（2016～2021）项目，重型发动机在绝对热效率方面有了很大的提高。其中超级卡车Ⅰ项目达到 50% 的绝对热效率（包括废热回收），超级卡车Ⅱ更是提出发动机在不使用废热回收的情况下，达到50%的绝对热效率，使用废热回收的情况下，发动机绝对热效率达到55%。

发动机燃烧效率是发动机热效率非常重要的一个部分。优化燃烧室来提高燃烧效率是很有效的一个手段。例如，沃尔沃基于精确的燃烧 CFD 模型，对发动机的燃烧室进行了优化，热效率相对提升 2%（油耗提升需要相关技术的配合，包括进气系统和后处理系统）。如图 3 所示，基础燃烧室的燃油喷射和燃烧火焰在相遇时，造成明显的火焰速度损失。当火焰在富油区相遇，氧气消耗殆尽，就会产生碳烟。在燃烧室边缘加上“脊梁”，燃烧火焰会循环再进入燃烧室中央，保持火焰速度进入富氧区，从而使燃烧更加彻底。

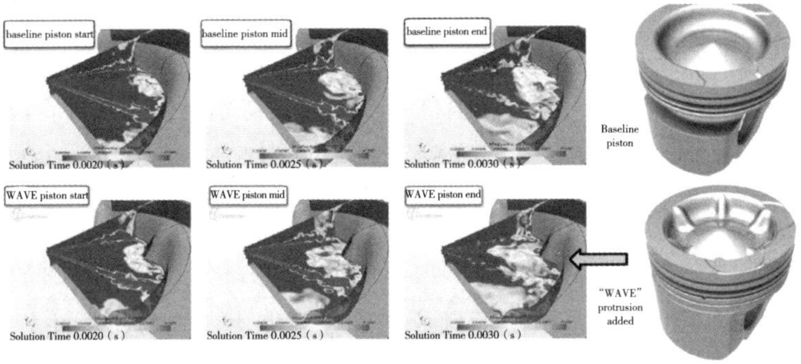

图 3　不同结构燃烧室的燃烧情况

三　节能技术发展路径

乘用车领域同步执行结构节能与技术节能的发展路径，以提升混合动力及 48V 系统应用占比、动力总成优化升级为重点，以降摩擦、替代燃料分担、轻量化及小型化为支撑，全面降低传统汽车的能耗水平；商用车领域以动力总成系统优化、整车动力学、智能化节能技术为重点，大幅提升整车效率；以混合动力、替代燃料、轻量化为支撑，在减少车辆运行能耗损失的同时，实现车用能源低碳化、多元化发展。

（一）乘用车重点执行三大节能发展路径

1. 大力发展混合动力

混合动力车型节油效果明显，国内已不同程度地掌握系统构型及关键零部件的研发能力及产业化能力，大规模发展混合动力的条件已经具备。到2025年，形成自主可控完整的混合动力汽车产业链，混合动力汽车平均油耗优于4.2L/100km（WLTC工况）；到2030年，深入挖掘乘用车节能潜力，在扩大混合动力应用规模的基础上实现有利于节能的汽车产品结构调整，产业化应用前瞻性技术，混合动力车型平均油耗降至3.8L/100km（WLTC工况）；到2035年，系统匹配开发混合动力汽车，混合动力车型平均油耗降至3.6L/100km（WLTC工况）。

2. 动力总成持续升级优化

国内乘用车汽油机热效率目前正朝40%逐步靠近，仍存在10%左右的节能提升空间，同时通过发展多挡位自动变速器和提升变速器效率，可实现节能效果进一步提升。到2025年通过米勒循环/阿特金森循环+高压缩比技术，提高发动机热效率至42%~44%；到2030年通过可变压比、稀薄燃烧等技术小规模产业化应用，提高发动机热效率至46%~48%；到2035年持续加强高压喷射、高能点火和余热回收等技术，提高发动机热效率至49%~50%；同步配合多挡位电气化变速器的升级换代，优化变速器机械结构，提升传动效率，降低整车油耗水平。

3. 提升电子电器节能效果

掌握关键电子电器产品研制能力和系统集成能力，持续提升整车电动化水平，合理控制整车能量分配，持续降低车载电器设备的用电能耗。

（二）商用车重点执行三大节能发展路径

1. 动力总成系统优化升级

重点通过燃烧系统、燃油系统、进排气系统、后处理系统、废热回收系统、控制系统、发动机摩擦及系统集成的全面优化提升发动机绝对热效率，达到55%的水平。同时兼顾混合动力技术的发展，推进48V混动、高压混动的应用，提升整车附件电气化水平。大力发展低转速大扭矩发动机+多挡MT/AMT+小速比驱动桥动力总成模式，掌握AMT核心智能控制技术，实现商用车AMT标配。小速比驱动桥应用技术达到世界先进水平。

2. 持续提升整车动力学技术

国内商用车动力学技术经过近50年的发展，与欧、美、日的差距不大，接近国际先进水平，同时国内排放及燃油限值方面的法规加严，也在推动动力学技术的高速发展。建议后期重点发展空气动力学技术、低滚阻技术、轻量化技术。

3. 深入研究智能化节能技术

以道路预见为主的智能辅助驾驶系统，目前还处于研究探索阶段，尚未有成功的案例。此类节能技术，对于标准的循环工况没有明显的节能效果，但对实际使用工况有效果，建议逐步优化智能化节能技术发展环境，未来基于智能网联基础，重点发展道路预见技术和列队行驶，实现全场景、全车辆的应用，实现运行能耗的大幅降低。

四　支撑保障建议

（一）重视传统动力

短期内车型结构仍以传统动力为主，政府和行业避免因发展新能源汽车而忽视了对传统汽车的投入。纯电动汽车和氢燃料汽车等新能源汽车技术的成熟和普及还需要一段时间，短期内传统能源依然是汽车动力的主要来源，通过应用高效动力总成、混合动力以及整车节能技术是现阶段降低车辆能耗的首要选择，也是缓解能源压力和环境问题的重要手段。

（二）行业政策设计时对节能汽车进行一定引导

出台行业相关政策时对节能汽车进行引导，鼓励节能汽车生产、研发及消费；对核心技术研发及产业化单位给予一定强度的政策扶持，帮助其迅速实现核心节能技术产业化。

（三）遵循基本发展路线

遵循产业培育、技术优化、有效竞争、扩大份额的基本发展路线，扩大替代燃料的节能推广应用。在既有动力技术条件下，发展替代燃料的专属解决方案，突出替代燃料的竞争优势；完善替代燃料发动机正向开发平台技术建设，以排放标准体系为背景，规范市场竞争，加大技术研发投入，发展高效节能技术，逐步提升替代燃料的应用水平，实现高质量发展。

（四）提升车用燃油稳定性

提升我国市场上的车用燃油质量稳定性。建议尽快出台相关化合物或元素的检测手段，并加强监管；加强燃油组分运输、存储、调和过程中的质量控制，使管理更加精细化、程序化、系统化；通过质检、环保、工商、经信等多部门合作，加大对市场供应油品质量的抽检，切实规范市场行为。

（五）加强与炼油行业合作

加强汽车行业和炼油行业的深入合作。车用乙醇汽油的全面实施不仅对我国炼油行业汽油池的组成产生深远的影响，对汽车动力性能、排放性能及燃油经济性能的影响也将引起汽车行业的关注，因此汽车行业和炼油行业应深入合作，加强油—车相互关系及适配性方面的研究，以制定符合我国炼油工业和汽车工业现状的燃油标准，促进我国炼油工业和汽车工业稳定持续发展。

市场应用篇

B.2
国外节能汽车市场现状及发展趋势

摘　要： 美国、日本及欧洲形成了各具特色的汽车节能技术发展路径。本报告主要从美国、日本、欧洲乘用车市场基本情况、能耗水平以及最近技术动向三方面对国外节能汽车市场发展情况进行研究，并对国外典型车企的主要节能技术应用现状及产品谱系进行归纳和总结。

关键词： 节能汽车　能耗水平　技术动向

一　国外节能汽车发展现状

（一）美国

1. 基本情况

经历了2017年的微下跌后，2018年的美国汽车市场终于再次迎来了增长。2018 年全年美国轻型汽车销量为 1733. 4 万辆，增长幅度为 0. 6%（见图 1）。停降反增的一个重要原因可能是 2018 年的美国油价止住了上涨的势头，反而在第四季度开始下降。

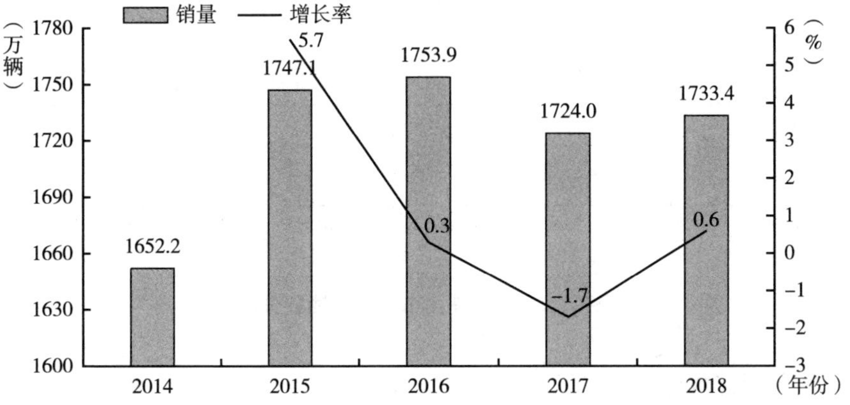

图 1　2014～2018 年美国轻型车销量及增长率

在节能方面，只有混合动力车和插电式混合动力车能够提前满足 2025 年目标值，而插电式混合动力车因为电耗需要折合成油耗，与混合动力车相比没有明显的节能优势。VVT 技术、汽油缸内直喷技术、涡轮增压小型化技术、先进柴油机技术等在美国市场均有较大规模应用，由于 2018 年最后三个月美国电动汽车销售量激增 120%，而同期欧洲则增长了 33%，使美国以 36. 1 万辆的销售成绩超过欧洲的 30. 2 万辆销售量，成为全球第二大电动市场。

2. 能耗水平

美国 2012 年 8 月发布了针对 2017～2025 年车型（第二阶段）的轻型汽车燃料经济性及温室气体排放规定。规定提出，2025 年乘用车新车平均能耗为 55. 3～56. 2mpg，约合 4. 3L/100km。2018 年美国大部分传统汽油车综合油耗高于 5. 7L/100km 的水平（2018 年美国 CAFÉ 油耗水平），大部分混合动力汽油车及插电式混合动力汽油车综合油耗水平低于 5. 7L/100km（见图 2）。

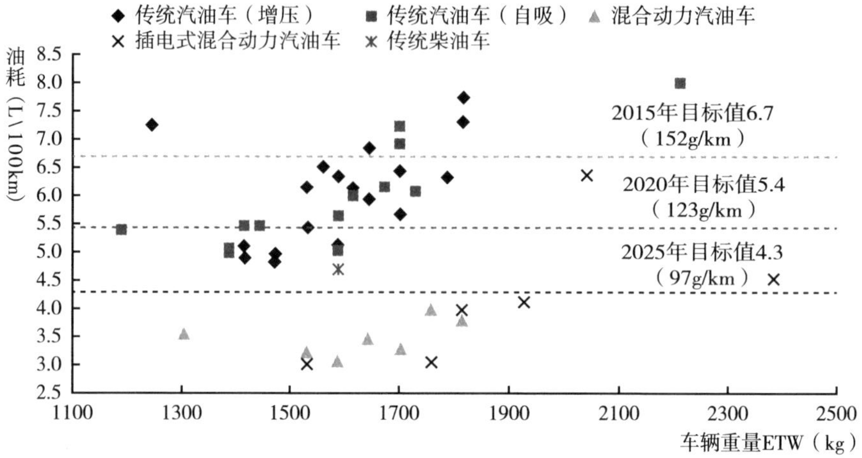

图 2　2018 年美国市场新车油耗分布

3. 最近技术动向

（1）乘用车方面

涡轮增压、发动机小型化、可变气门正时技术辅以热管理、低摩擦技术成了美国发动机节油的主流技术路线，并且美国三大汽车公司始终坚持对自动变速器的研究，随着 6 挡 AT 变速器已然成为标配，8 挡 AT 变速器慢慢普及以及 CVT 变速器的开发与应用，美国乘用车燃油经济性大大提高。除了在传统动力总成上深挖节油潜力，通用和福特也开发了各自的混合动力系统，如通用的 eAssist Gen3 系统和福特的 eCVT 混合动力系统，在原有缸内直喷发动机的基础上，增加驱动电机、智能电驱单元、大容量三元锂电池等组成混合动力系统，驱动电机低速大扭矩的特点弥补了燃油发动机低速扭矩差的缺点，系统通过锂电池高压供电，可以在启停阶段实现纯电驱动，在加速阶段与发动机同时工作，平顺扭矩，提升加速，更能在平稳驾驶的同时实现制动能量回收，使整车燃油经济性和动力性均得以改善。

（2）商用车方面

相比发达的乘用车行业，美国客车在全球范围内的影响力很小，借助于“超级卡车”项目，在优化空气动力学性能的基础上，目前长途 8 级车辆实际运行的油耗，较好的水平可为22L/100km左右；柴油发动机技术借助于“超级卡车”项目不断突破，使用一台20kW的电机与柴油机耦合，并增加余热回收系统，预计可以实现有效热效率提升4%。目前美国卡车整车风阻系数保持在0.4~0.5，预计2025年有望为0.4以下，2035年预计为0.35以下水平，卡车主流产品普遍采用C级轮胎，滚阻系数为5~6N/kN，部分产品选用B级轮胎，滚阻系数为4~5N/kN，预计2025年主流产品普遍采用B级轮胎，部分产品选用A级轮胎，滚阻系数小于4N/kN，2030年主流产品普遍采用A级轮胎，滚阻系数为3.5~4N/kN，2035年主流产品普遍采用A级轮胎，同时滚阻系数保持在3.5N/kN以下。借助于道路预见技术——“I-See”和动态巡航技术，通过在各种实际道路上的模拟测试，平均可以减少5%的燃油消耗，尤其是在小的山路条件行驶时的优势最为明显。

（二）日本

1. 基本情况

从日本汽车销售协会联合会和日本全国微型车协会联合会发布的销量数据来看，作为汽车大国的日本，其2018年本土汽车市场的销量排在中国与美国之后，位居全球第三，全年销量为527.2万辆，同比增长0.7%，新车销量已连续两年突破500万辆。K-Car方面，2018年的销量势头很足，在乘用车销量下跌的同时，K-Car迎来了4.4%的增长，销量规模达到192万辆，据估计，2019年将突破200万辆大关（见图3）。

受法规及用车环境影响，微型车有着广泛的消费群体。2018年全年，日本本土专属的微型车销量为1924124辆，同比增长4.4%。从品牌表现来看，隶属于丰田的大发占领了2018年日本微型车销量头名的位置，全年销量达611569辆，同比增长5.5%，“小车之王”铃木也以全年586867辆的销售成绩位居第二。在车型喜好上，除了微型车外，日本消费者对于混合动力技术也十分信赖，包括日产Note、丰田Aqua（Prius C）、普锐斯等销量尚佳的车型及众多微型车，都提供混合动力系统（见表1）。

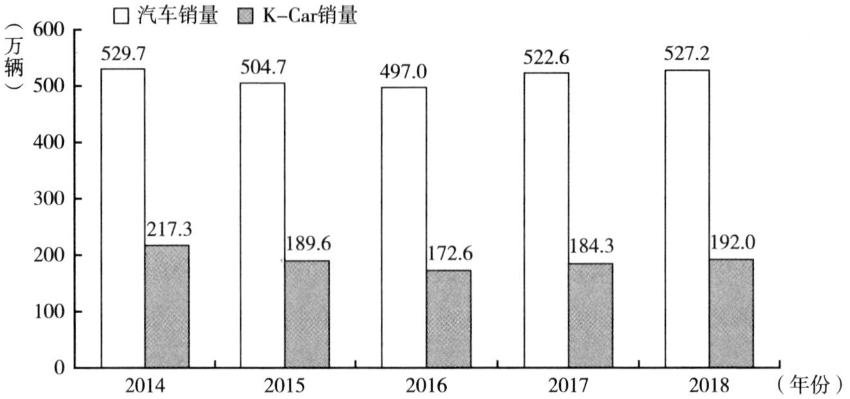

图3　2014～2018年日本汽车销量统计

资料来源：《2018年海外汽车销量：多国销量下滑　美国日本微增》，搜狐网，2019年1月11日。

表1　2018年日本本土汽车销量TOP10

单位：辆

排名	车型	品牌	销量
1	Note	日产	136324
2	Aqua	丰田	126561
3	普锐斯	丰田	115462
4	Serena	日产	99865
5	Sienta	丰田	94048
6	Voxy	丰田	90759
7	飞度	本田	90720
8	卡罗拉车系	丰田	89910
9	威姿	丰田	87299
10	Roomy	丰田	86265

在目前世界上集中主流的油耗测试规程中，日本的JC08也是最严苛的之一。为确保燃油经济性标准的实施，日本政府采取了一系列措施：在实施汽车产品认证制度时，要求制造商申报认证车辆的燃油经济性水平，由国土交通省对申报值进行审查和认可。对达不到法规要求的企业，采取劝告、公布企业名单、罚款等惩罚措施；对达到油耗限值要求的汽车，采取相应的优

惠政策，即对取得“低排放车”认可证书的汽车，购买者可获得1.5万日元的购置税和第一年50%的汽车税减免等。同时，2018年，自动驾驶、车联网等新技术，如何使车辆达到零排放，更加节能环保均是日本的研究重点。

2. 能耗水平

目前，日本已经提出了到2020年的轻型汽车燃料经济性标准，预计到2020年，乘用车平均燃料经济性水平达到20.3km/L，比2009年的16.3km/L下降约20.3%。在节能优惠政策的促进及市场驱动下，日本汽车企业积极主动地降低油耗力争提前达标，绝大部分混合动力车已经提前满足2020年目标值，甚至相当一部分已经提前满足2030年目标值，混动化成为车辆节能的重要技术手段（见图4）。

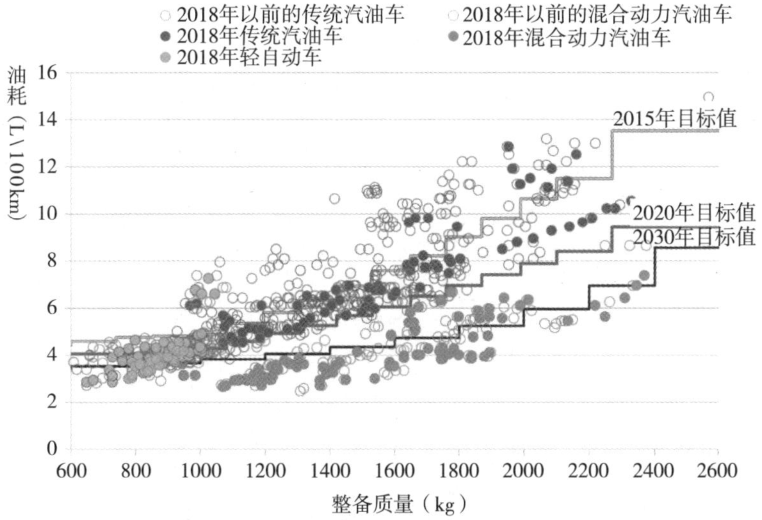

图4　2018年日本乘用车油耗分布

3. 最近技术动向

（1）乘用车方面

日本在发动机领域整体上仍以自然吸气为主，且已实现40%热效率机型的量产，成为节能目标达成不可忽视的力量。近年来，丰田、本田、日产等一流车企相继推出增压汽油机产品，逐步实现涡轮增压和自然吸气共同发展的节能技术路线。在变速器领域，日本近年来 CVT 的普及非常迅速。日本已加大力度研发新能源自动变速器，普遍应用的主流电子控制技术包含怠速起停技术、滑差控制技术、宽幅锁止技术、怠速空挡等节能技术。在混合动力领域，日本的丰田、本田、日产混合动力系统技术在业界领先。为进一步降低油耗、减少温室气体排放量，日本全新的汽车油耗管理办法将于 2020 年实施，要求国内车企油耗加权平均值必须在 4.9L/100km 以下（JC08 测试循环）。日益严格的法规标准促使整车厂及零部件供应商进一步加大对以混合动力为代表的汽车节能技术的研发力度。日本在电子电器领域主要围绕 ESC 展开系统集成，包括传感器、执行器、ECU，通过总线进行网络通信，通过传感器和系统之间的信息共享，控制器对各子系统进行协调和优化，使车辆的整体系统性能水平达到最佳，提高燃油经济性（见表 2）。

表 2　日本车企产品节能技术应用与指标

车型	款型	节能技术	节能指标	工况
凯美瑞双擎	2019 款	搭载 2.5L 混合动力发动机，VVT-iE 智能电动可变气门正时进气系统，VVT-i 智能可变气门正时电子控制系统，高压缩比 14∶1，E-CVT	综合工况油耗：4.1L/100km	NEDC
RAV4	2020 款	搭载 2.5L 混合动力发动机，VVT-iE 智能电动可变气门正时进气系统，VVT-i 智能可变气门正时电子控制系统，高压缩比 14∶1，E-CVT	综合工况油耗：4.7L/100km	NEDC
卡罗拉双擎	2019 款	搭载 1.8L 混合动力发动机，阿特金森循环系统，实现 13∶1 高压缩比；VVT-i 可变正时系统，各种路况均有强劲动力	综合工况油耗：4.2L/100km	NEDC
普锐斯	2019 款	搭载 1.8L 混合动力发动机，阿特金森循环系统，实现 13∶1 高压缩比；VVT-i 可变正时系统，各种路况均有强劲动力	2.56～2.94L/100km（根据配置不同油耗会有变化）	JC08
日产 Note e-POWER NISMO S	2018 款	最大动力输出和峰值扭矩分别为 100kW 和 254Nm，与本田飞度和丰田雅士利同一级别的小车，车重为 1050kg	2.69～2.94L/100km（根据配置不同油耗会有变化）	JC08

（2）商用车方面

由于轨道交通发达，日本国内客车行业市场不大，出口规模较大，在全球客车市场有一定的影响力。受资源限制，日本商用车行业制定了专门的油耗限值标准，鼓励各种节能技术的发展。节能指标方面，日本客车油耗标准，采用以 JE05 工况与 80km/h 匀速工况相结合的方式，如图 5、图 6 所示。两种工况的比例，根据车型的总质量不同，按表 3 的规定进行比例分配，需要达到表 4 要求的限值。目前日本 12m 客车的实际运行油耗水平在 20L/100km 左右。

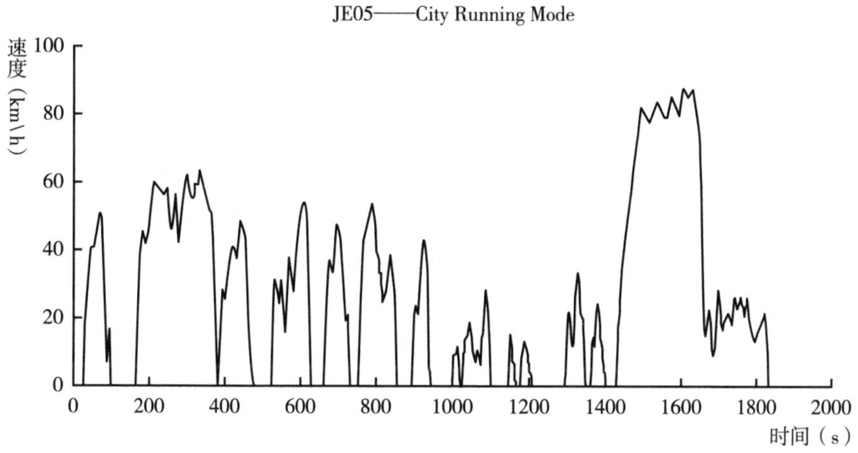

图 5　JE05 工况

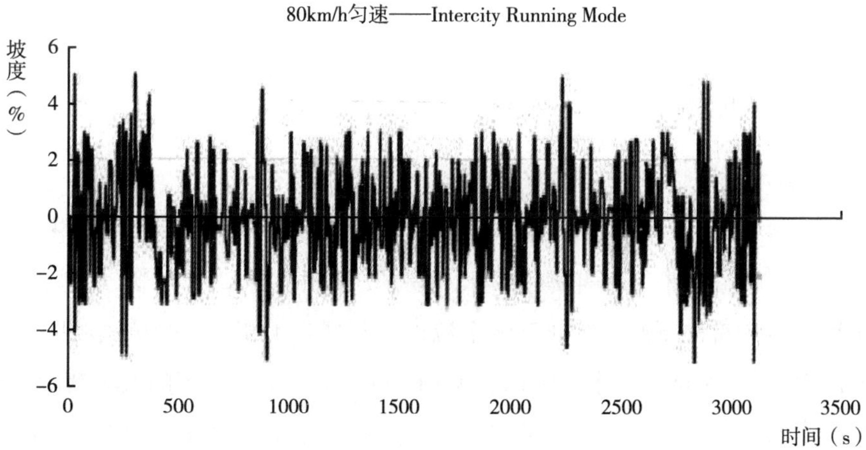

图 6　80km/h 匀速工况

表 3　不同总质量车型两种工况分配比例

单位：%

序	GVW 范围(t)	城市间工况比例 80km/h 匀速工况		城市内工况比例 JE05 循环工况	
		2015 年	2025 年	2015 年	2025 年
1	3.5 < GVW≤6	10	15	90	85
2	6 < GVW≤8		15		85
3	8 < GVW≤10		15		85
4	10 < GVW≤12		45		55
5	12 < GVW≤14		45		55
6	14 < GVW≤16	35	55	65	45
7	16 < GVW		55		45

表 4　不同总质量车型油耗限值

序	GVW 范围(t)	2015 年限值		2025 年限值	
		km/L	L/100km	km/L	L/100km
1	3.5 < GVW≤6	9.04	11.06	9.54	10.48
2	6 < GVW≤8	6.52	15.34	7.73	12.94
3	8 < GVW≤10	6.37	15.70	6.37	15.70
4	10 < GVW≤12	5.70	17.54	6.06	16.50
5	12 < GVW≤14	5.21	19.19	5.29	18.90
6	14 < GVW≤16	4.06	24.63	5.28	18.94
7	16 < GVW	3.57	28.01	5.14	19.46

（三）欧洲

1. 基本情况

根据欧洲汽车制造协会的统计数据，由于 2018 年最后四个月欧洲乘用车需求下降，欧洲 2018 年销量同比微跌 0.04% 至 1562.4 万辆（见图 7），为 2013 年来首次下滑。欧洲五大主流市场表现各不相同，受英国脱欧带来的不确定性、柴油车需求下降以及 WLTP 的影响，英国地区的汽车销量一直在急剧下滑，2018 年较 2017 年跌幅达 6.8%，这是自 2008 年金融危机以来最大幅度的下滑，意大利（同比下跌 3.1%）和德国（同比下跌 0.2%）销量也出现下滑；而法国（同比增长3%）和西班牙（同比增长7%）市场则依然保持了正向增长。

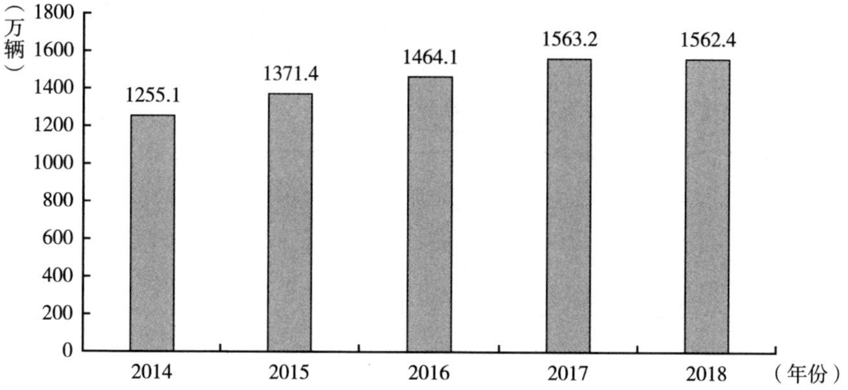

图7　2014~2018年欧洲乘用车销量统计

新的欧盟汽车排放法规即将出台，欧盟汽车制造商提前控制了电动汽车销售量。由于未来几年欧盟计划推行严格的汽车排放量限制法令，欧洲汽车公司提前控制销售量，因此欧洲的电动汽车销售业绩受到冲击。新的欧盟排放限制，加上大众汽车有关于污染排放的“柴油门”丑闻，已导致柴油动力汽车的需求在欧洲急剧下降。

2. 能耗水平

在欧洲，欧盟于2009年通过强制性的法律手段取代自愿性 CO_2 减排协议，在欧盟范围内推行汽车燃料消耗量/CO_2 限值要求和标示制度，要求乘用车 CO_2 排放在达到2021年95g/km的目标。从2021年开始，排放目标将基于新的排放测试规程，即2017年9月1日推出的WLTP。由于WLTP测试规程将从2018年开始逐步实施，新提出的2025年和2030年目标并未定义为绝对值，而是表示为与2021年 CO_2 排放目标相比减少的百分比。目前英国12m公路客车实际运行油耗水平最低可达19.6L/100km。其中部分中小重量段的传统燃油车（非混合动力车和新能源车）已经满足2020年目标值，面对更加严格的2025年目标值，大部分混合动力车型（含PHEV）具有较大优势（见图8）。

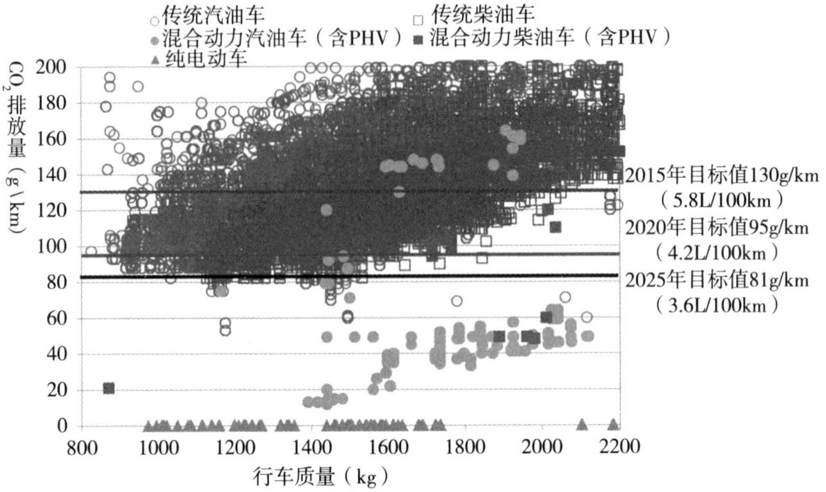

图8　2018年欧洲市场 CO_2 排放分布情况

3. 最近技术动向

（1）乘用车方面

欧洲充分利用其在汽车零部件领域的研发优势，在低摩擦、低能耗领域充分挖掘潜力，提升传统动力总成发动机和变速器效率。一方面，继续升级传统增压直喷发动机的技术，深挖节油潜力，大众、宝马、奔驰德系三巨头相继推出多款新型增压直喷发动机，应用大量新技术，助力整车油耗的降低，同时MCE－5、舍弗勒、里卡多等公司也在积极研究传统发动机达成油耗目标的核心技术，例如，里卡多通过发动机增压小型化、低摩擦、热管理、起停、附件电子化等技术实现5L/100km的油耗目标，若整车采用中混技术，可实现4L/100km的油耗目标。另一方面，由于欧洲的驾驶习惯，未来5～10年手动变速器仍然将在欧洲占据绝对优势，但为应对越来越严苛的排放法规强制要求，DCT的市场份额呈现快速增长的态势，大众、奔驰、菲亚特、格特拉克及宝马等已开发出多款DCT变速器并规模化投入使用，除了在传统变速器上深挖节油潜力，为应对汽车电动化趋势，欧洲也正加快混动化变速器开发应用。然而单纯依靠传统动力总成的节油潜力已难以适应未来更加严苛的排放法规以及WLTC测试工况，因此欧洲的大部分汽车制造商选择“48V 混合动力系统”作为主要的解决方案（见图 9），该系统在欧洲发展态势强劲，主要由 48V BSG 电机、48V 电池和 DC/DC 转换器组成，凭借系统所提供的高达 10kW 额外驱动力，可有效降低油耗和 CO_2 排放，预计到 2020 年 98% 的新车型都将搭载 48V 轻度混合动力系统。除了 48V 轻度混合动力系统，欧洲一些厂商也正开发重度混合动力系统，如 PSA 的 Hybrid Air 空气混合动力系统，搭载该系统的样车雪铁龙 C3 油耗仅为 2. 9L/100km，在纯压缩空气驱动模式下可以实现零排放，在起步和加速阶段，压缩空气辅助发动机发挥作用可以提升 45% 的燃油经济性，综合路况的燃油经济性能提升 35%，目前该系统仍在研究开发阶段，尚未搭载成熟车型上市。

图 9　48V 系统应用情况示例

（2）商用车方面

欧洲客车节能技术仍处于全球领先水平，同时欧洲也是中国客车行业近二十年来的主要技术来源地，目前德国与法国 12m 公路客车高速工况实际运行油耗水平一般在 20 ~ 22L/100km，英国 12m 公路客车实际运行油耗水平最低可达 19. 6L/100km。目前欧洲卡车整车风阻系数保持在 0. 45 ~ 0. 5，预计 2025 年有望为 0. 4 ~ 0. 45，2030 年将稳定在 0. 4 ~ 0. 45，2035 年预计为 0. 4 以下水平。卡车主流产品普遍采用 C 级轮胎，滚阻系数为 5 ~ 6N/kN，部分产品选用 B 级轮胎，滚阻系数为 4 ~ 5N/kN，预计 2025 年主流产品普遍采用B级轮胎，滚阻系数为4～5N/kN，部分产品选用A级轮胎，滚阻系数小于4N/kN，2030年主流产品普遍采用A级轮胎，滚阻系数为3.5～4N/kN，2035年主流产品普遍采用A级轮胎，同时滚阻系数保持在3.5N/kN以下。欧洲客车大量应用流线型造型设计及局部低风阻造型。欧洲柴油发动机技术不断取得新突破，PACCAR公司将一台柴油机的有效热效率从47%提升为55%，其中通过优化燃烧及进排气提升3.4% BTE，低摩擦及优化附件功率提升0.6% BTE，余热回收增加4% BTE。目前欧洲多家企业在开展以预见性驾驶为主的智能化技术，道路预见的预测功率控制系统Predictive Power Control，在欧洲有作为标配的趋势，宣称节油率达到8%以上。

二 主流车企节能技术应用现状及规划

在节能技术应用方面，各主要车企采用了不同的技术发展路径。本部分以丰田、奔驰、福特三家企业为代表，从其现有车型节能技术应用情况来分析各企业不同的技术应用现状。

（一）丰田汽车

丰田的油电混合动力技术结合了电机和发动机的优势，将起步阶段发动机的非最优工况用电机来替代，而动力电池的电量则来源于整车行驶过程中被浪费的能量，如电动汽车刹车动能回收以及发动机在高速运转过程中的多余能量。丰田新发布的车型大部分为混合动力汽车（见表5）。

表5　2018～2019年丰田部分投放及发布车型节能技术应用

车型	上市时间	车型类别	典型节能技术及参数
RAV4	2019年	HEV	搭载2.5L混合动力发动机（最大功率131kW，最大扭矩221Nm），阿特金森循环系统，E-CVT，高压缩比14:1 四驱版为双电机（前电动机峰值功率88kW，前电动机峰值扭矩202Nm；后电动机峰值功率40kW，后电动机峰值扭矩121Nm）

续表

车型	上市时间	车型类别	典型节能技术及参数
卡罗拉双擎	2019 年	PHEV	搭载 1.8L 混合动力发动机（最大功率 72kW，最大扭矩 142Nm），阿特金森循环系统，E-CVT，高压缩比 13∶1，VVT-i 可变正时系统，永磁同步电动机（电动机峰值功率 53kW，电动机峰值扭矩 163Nm）
雷凌双擎	2019 年	PHEV	搭载 1.8L 混合动力发动机（最大功率 72kW，最大扭矩 142Nm），阿特金森循环系统，E-CVT，高压缩比 13∶1，VVT-i 可变正时系统，永磁同步电动机（电动机峰值功率 53kW，电动机峰值扭矩 163Nm）

（二）梅赛德斯—奔驰汽车

2019 年，奔驰新上市多款 S 级、E 级、C 级混合动力汽车，采用最新的 48V 轻混动力系统、多挡位 AT、直喷涡轮增压发动机等。同时，旗下的 S 级、E 级、C 级、GLE、AMG 等车型在 2018 年与 2019 年上市了改款混合动力车型（见表 6）。

表 6　2018～2019 年梅赛德斯—奔驰部分投放车型节能技术应用

车型	上市时间	车型类别	典型节能技术及参数
E300 eL	2019 年	PHEV	2.0L 直列 4 缸直喷漩涡增压发动机（最大功率 155kW，最大扭矩 350Nm），9 挡手自一体变速器（AT），48V 轻混系统
C 260 4MATIC	2018 年	HEV	1.5L 直列 4 缸直喷漩涡增压发动机（最大功率 135kW，最大扭矩 280Nm，型号为 264 915），9 挡手自一体变速器（AT），48V 轻混系统
AMG GT 53 4MATIC +	2019 年	HEV	3.0L 直列 6 缸直喷漩涡增压发动机（最大功率 320kW，最大扭矩 520Nm），9 挡手自一体变速器（AT），48V 轻混系统
E 350 L 4MATIC	2019 年	HEV	2.0L 直列 4 缸直喷漩涡增压发动机（最大功率 220kW，最大扭矩 400Nm，型号为 264 920），9 挡手自一体变速器（AT），48V 轻混系统

（三）通用—福特汽车

2019 年，福特新上市多款混合动力车，采用 E－CVT 无级变速，搭载

1.5T L4 漩涡增压发动机或 2.0T L4 自然吸气发动机。同时，即将上市的福特 Explorer2020 款混合动力汽车，新增 ST 运动版和 Hybrid 油电混合动力，将配备 3.3 升 V6 发动机、318 马力和超过 500 英里的续航里程（见表 7）。

表 7　2018～2019 年通用—福特汽车部分投放车型节能技术应用

车型	上市时间	车型类别	典型节能技术及参数
领界 EcoBoost 145 CVT	2019 年	HEV	1.5L 直列 4 缸直喷漩涡增压发动机(最大功率 103kW,最大扭矩 225Nm),E－CVT 无级变速器,48V 轻混系统
蒙迪欧新能源	2019 年	PHEV	2.0L 直列 4 缸多点电喷自然吸气发动机(最大功率 105kW,最大扭矩 175Nm),E－CVT 无级变速器

B.3
国内节能汽车市场现状及发展趋势

摘　要：　2018 年，我国汽车产业面临很大的压力，加上中美贸易摩擦、宏观经济增速回落等因素影响，我国乘用车市场总体的产销情况受到很大影响，产销增速较 2017 年均有大幅下降。本文从我国乘用车市场的市场结构、排量分布、整体能耗水平、节能技术应用情况等维度展开研究，揭示我国节能汽车市场与技术发展状况，并且在此基础上探索我国节能汽车市场未来的发展趋势。

关键词：　节能汽车　乘用车　汽车市场

一　我国汽车市场发展现状

2018 年，我国汽车产业面临较大的压力，产销增速低于年初预计，行业主要经济效益指标增速趋缓，增幅回落。一方面，受购置税优惠政策全面退出的影响；另一方面，受宏观经济增速回落、中美贸易摩擦，以及消费信心等因素的影响，我国汽车产业短期内仍面临较大的压力。2018 年，汽车产销分别完成 2780.9 万辆和 2808.1 万辆，比上年分别下降 4.2% 和 2.8%（见图 1），但仍然连续十年蝉联全球第一。

我国乘用车产销量在 2018 年分别达到 2352.9 万辆和 2371.0 万辆，较 2017 年均略微降低，比上年同期分别下降 5.2% 和 4.1%，占汽车产销比重分别达到 84.6% 和 84.4%，分别低于上年 0.9 个和 1.2 个百分点（见表 1）。

2018 年，商用车产销同比继续呈现增长态势，增速明显回落。受货车市场增长拉动，商用车销量创历史新高。商用车产销分别达到428.0万辆和437.1万辆，比上年同期分别增长1.7%和5.1%，增速分别回落12.1个和8.9个百分点。

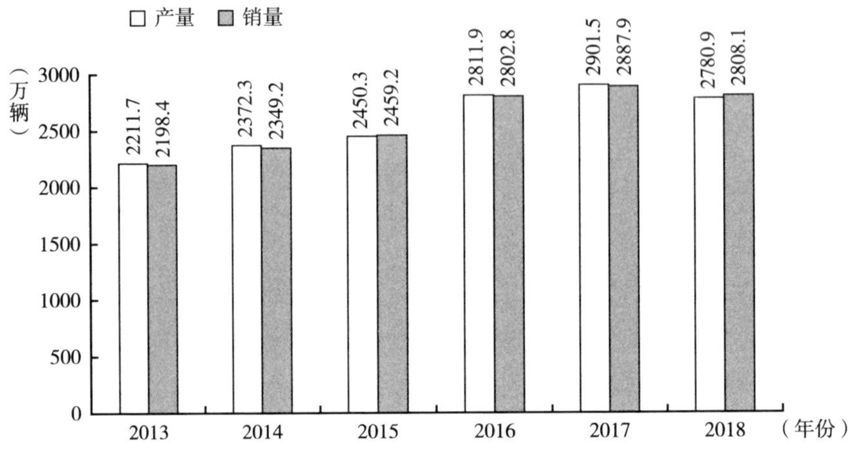

图1　2013～2018年我国汽车产销量变化情况

表1　2013～2018年我国汽车产销数据

单位：万辆

年份	产量			销量		
	汽车	乘用车	商用车	汽车	乘用车	商用车
2013	2211.68	1808.52	403.16	2198.41	1792.89	405.52
2014	2372.29	1991.98	380.31	2349.19	1970.06	379.13
2015	2450.33	2107.94	342.39	2459.76	2114.63	345.13
2016	2811.88	2442.07	369.81	2802.82	2437.69	365.13
2017	2901.54	2480.67	420.87	2887.89	2471.83	416.06
2018	2780.92	2352.94	427.96	2808.06	2370.98	437.08

资料来源：中国汽车工业协会。以下数据未特别说明，均来源于此。

（一）乘用车市场

1. 车辆类型

2018年，受经济下行、油价上涨以及贸易摩擦等各种因素影响，我国乘用车全年累计销量下滑。MPV 持续低迷，销量减少绝对量居首，交叉型乘用车跌幅居首，销量占比跌破 2%，乘用车两大主力板块——轿车和 SUV 销量下滑，但销量占比提升（见图 2）。

从乘用车四类车型产销情况看，轿车销量同比下滑 2.7% 至 1152.78 万辆，较上年同期减少 32.08 万辆；SUV 同比下滑 2.5% 至 999.47 万辆，减少 25.8 万辆。2018 年轿车和 SUV 合计销售 2152.25 万辆，下降 2.6%，减少了 57.88 万辆。从市场占比来看，由于乘用车整体下滑，轿车和 SUV 的整体市场份额均较上年有 1.36 个百分点的小幅增长。2018 年轿车和 SUV 为乘用车市场贡献了超过九成（90.8%）的销量（见表 2）。

2018 年，MPV 销量大幅下滑 16.3% 至 173.46 万辆，减少 33.66 万辆，减少的绝对数量居四大车型首位。在 2017 年 MPV 销量同比下滑超过 17% 后，2018 年为连续第二年大幅下滑，市场份额也从上年的 8.4% 降至 7.3%。

在消费升级的大趋势下，交叉型乘用车的连年大幅下滑在意料之中，2018 年交叉型乘用车销量大降 17.1% 至 45.26 万辆，减少 9.32 万辆，为降幅最大的乘用车车型，市场份额也跌破 2% 至 1.9%。

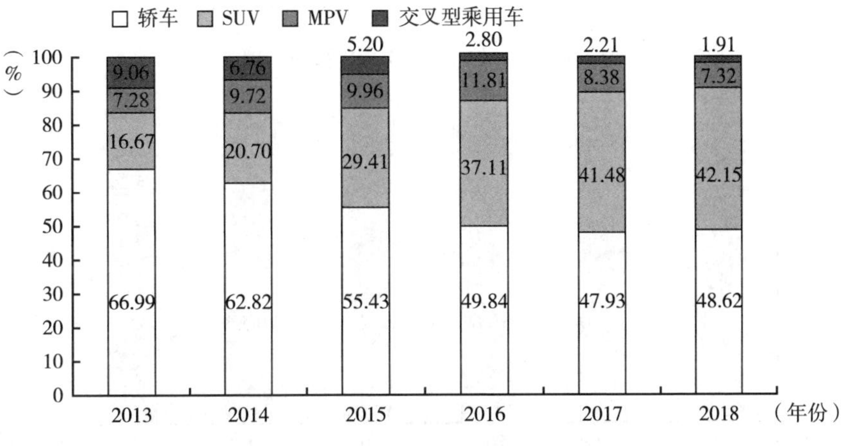

图 2　2013～2018 年我国乘用车分车型销量占比

表 2　2013～2018 年我国乘用车分车型销量

单位：万辆

车型	2013 年	2014 年	2015 年	2016 年	2017 年	2018 年
轿车	1200. 97	1237. 67	1172. 67	1214. 99	1184. 86	1152. 78
SUV	298. 88	407. 79	622. 03	904. 70	1025. 27	999. 47
MPV	130. 52	191. 43	210. 67	249. 65	207. 12	173. 46
交叉型乘用车	162. 52	133. 17	109. 91	68. 35	54. 58	45. 26

2. 排量结构

2013～2018 年，市场排量结构分布仍保持“中间大，两头小”的发展趋势。1. 0L 及以下低排量和 2. 0L 以上高排量狭义乘用车销量占比相对较小。

2018 年，我国 1. 0L < V ≤1. 6L 狭义乘用车市场同比萎缩，销量达到 1520. 4 万辆，较 2017 年下滑 6. 9%；销量占比为 68. 59%，较 2017 年降低了 2. 32 个百分点。1. 6L < V ≤2. 0L 排量区间车型共销售 612. 5 万辆，同比增长 3. 0%；销售占比为 27. 63%，较 2017 年增长 1. 81 个百分点。V > 2. 0L 排量区间车型共销售 64. 6 万辆，较 2017 年下滑 14. 1%（见图 3、表 3）。

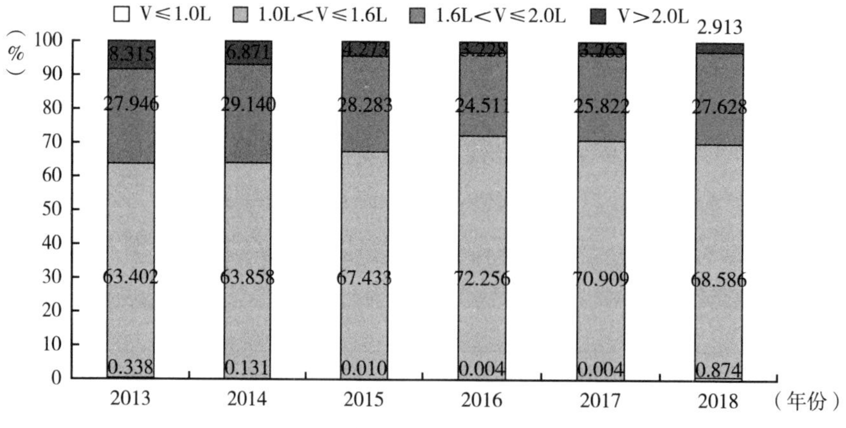

图 3　2013～2018 年我国狭义乘用车分排量销量占比

表3　2013～2018 年我国狭义乘用车分排量销量

单位：万辆

排量	2013 年	2014 年	2015 年	2016 年	2017 年	2018 年
V≤1.0L	5.5	2.4	0.2	0.1	0.1	19.4
1.0L<V≤1.6L	1033.2	1171.1	1287.7	1636.1	1633.1	1520.4
1.6L<V≤2.0L	455.4	534.4	540.1	555.0	594.7	612.5
V>2.0L	135.5	126.0	81.6	73.1	75.2	64.6

资料来源：Marklines。

3. 整体能耗水平

继国家发改委发布《新能源汽车碳配额管理方法》之后，工信部也推出企业平均燃油消耗量与新能源汽车积分之间的“并行”管理机制。各大整车厂在 2017 年一年的努力的背景下，在 2018 年更是做出了良好的成绩，2018 年企业平均油耗相对目标值的完成值达到 92%，优于目标 7 个百分点，而 2016 年和 2017 年是优于目标两个百分点，因此 2018 年的油耗目标完成效果良好。

2018 年我国乘用车企业平均油耗同比下降 4.13%，2018 年中国境内 141 家乘用车企业共生产/进口乘用车 2313.91 万辆（含新能源乘用车，不含出口乘用车，下同），行业平均整车整备质量为 1456kg，平均燃料消耗量实际值为 5.80L/100km。

112 家境内乘用车生产企业累计生产乘用车 2219.61 万辆，平均整车整备质量为 1438kg，平均燃料消耗量实际值为 5.74L/100km。其中，66 家企业平均燃油消耗量达到《乘用车燃油消耗量评价方法及指标》规定的 2018 年度目标值要求，有 46 家没有达标。

29 家进口乘用车供应企业进口乘用车 94.30 万辆，平均整车整备质量为 1872kg，平均燃料消耗量实际值为 7.26L/100km。其中，7 家企业平均燃油消耗量达到《乘用车燃油消耗量评价方法及指标》规定的 2018 年度目标值要求，有 22 家没有达标。

伴随“双积分”、国Ⅵ标准以及油耗限值（2020 年 5L/100km）等新一轮节能减排政策的落地，同时得益于发动机技术的快速提升，汽车消费的小排量化趋势愈发明显。当前汽车企业主要通过三种技术路线降低平均油耗——发动机小型化以及新能源汽车或混合动力技术。2018 年，国产乘用车平均油耗较同期显著降低，但进口乘用车平均油耗反而较上年同期水平略微增加，这也说明了我国节能减排的任务仍然十分艰巨，我国各大企业面临的压力还很大，仍然需要为之而努力（见表 4）。

表 4　2013～2018 年我国乘用车企业平均燃油消耗量及达标情况对比

项目	年份	平均整备质量(kg)	同比降幅(%)	平均能耗(L/100km)	同比降幅(%)	达标企业数(家)	未达标企业数(家)	达标率(%)
国产	2013	1327	—	7.23	—	58	27	68.27
	2014	1340	-0.98	7.12	1.52	61	27	69.32
	2015	1364	-1.79	6.98	1.97	67	23	74.44
	2016	1392	-2.05	6.39	8.45	68	28	70.83
	2017	1419	-1.94	6.00	6.10	62	39	61.39
	2018	1438	-1.34	5.74	4.33	66	46	58.93
进口	2013	1729	—	9.06	—	13	13	50.00
	2014	1828	-2.00	8.76	3.31	17	11	60.71
	2015	1826	0.11	8.33	4.91	18	9	66.67
	2016	1875	-2.68	7.52	9.72	12	16	42.86
	2017	1875	0.00	7.13	5.19	12	17	41.38
	2018	1872	0.16	7.26	-1.82	7	22	24.14
合计	2013	1355	—	7.33	—	71	40	63.96
	2014	1371	-1.18	7.22	1.50	78	38	67.24
	2015	1385	-1.02	7.04	2.49	85	32	72.65
	2016	1410	-1.81	6.43	8.66	80	44	70.97
	2017	1438	-1.99	6.05	5.91	74	56	56.92
	2018	1456	-1.25	5.80	4.13	73	68	51.77

4. 节能技术应用效果

我国乘用车第三阶段和第四阶段燃油消耗标准已分别于 2012 年和 2016 年起实施，降耗进程进一步加速，乘用车按产量加权的平均油耗从 2009 年的 7.77L/100km 降低到 2018 年的 5.74L/100km，共降低了 26%，行业内整备质量达到 1438kg，为历史最高值（见图 4、表 5）。

2018年整车节能技术主要围绕动力总成展开并取得优异成绩，国内各大车企在增压直喷新机型研究上，已大量应用高压缩比、米勒循环、低摩擦等先进技术，汽油机的热效率正逐步靠近40%（国际先进水平）。

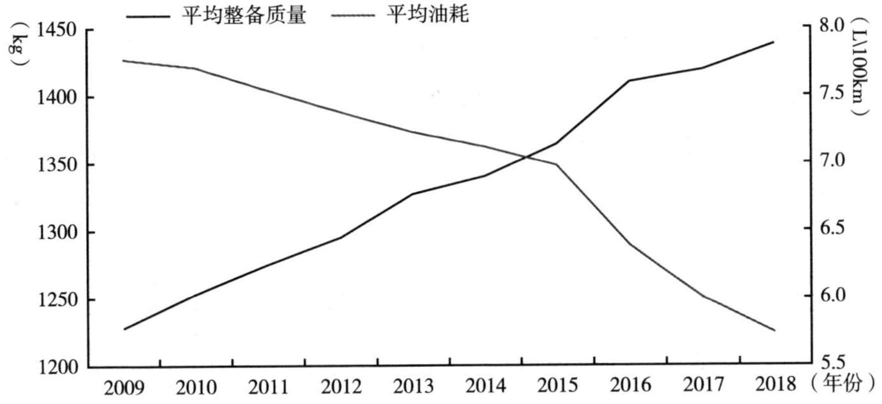

图4　2009~2018年国产乘用车平均油耗和整备质量变化

表5　2009~2018年国产乘用车平均油耗和整备质量

单位：kg，L/100km

年份	2009	2010	2011	2012	2013	2014	2015	2016	2017	2018
平均整备质量	1228	1253	1275	1295	1327	1340	1364	1410	1419	1438
平均油耗	7.77	7.71	7.54	7.38	7.23	7.12	6.98	6.39	6.00	5.74

在变速器领域，我国自动变速器技术飞速发展，市场占比由2012年的30%左右上升至2018年的70%左右，国内自主企业自动变速器实现了技术及产业化突破，形成DCT、AT、CVT多种技术路线的发展格局。

电子电器和低摩擦技术的快速发展对整车节能形成支撑，国内自主品牌车型已成功搭载48V混动系统并上市，混合动力和替代燃料专用零部件的短板也正在逐步补齐。

（二）节能汽车市场

我国从2010年起开始对排量在1.6L及以下的乘用车实行惠民补贴政策，

因此本文定义排量在1.6L及以下的乘用车为节能乘用车，则可从乘用车市场产销数据中统计节能汽车的各项参数，并与往年产销数据对比得出相应的结论。

总体而言，轿车仍然是节能汽车市场销量占比最大的，其次就是SUV，MPV占比最小。

2018年，轿车共计销售842.9万辆，占比为54.74%，较2017年占比上升0.39个百分点；MPV销量占比较小，仅占8.45%，销量占比持续下滑；SUV共计销售566.8万辆，占比为36.81%，比2017年上升0.97个百分点（见图5、表6）。

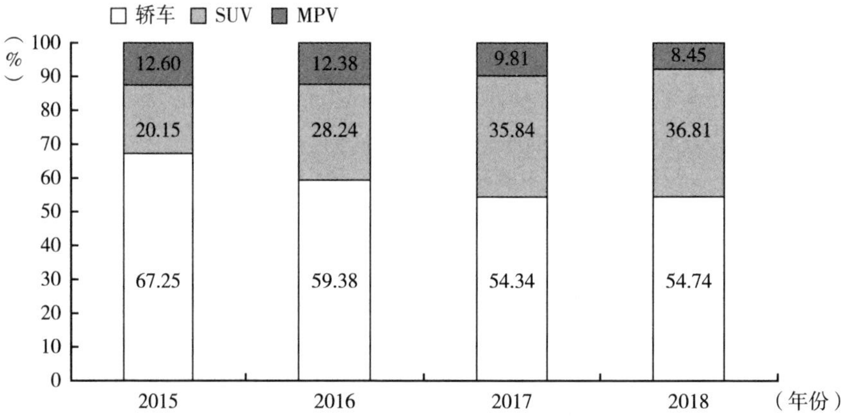

图5 2015～2018年我国节能乘用车分车型销量占比

表6 2015～2018年我国节能乘用车分车型销量

单位：万辆

车型	2015年	2016年	2017年	2018年
轿车	866.1	971.5	913.2	842.9
SUV	259.5	462.1	602.3	566.8
MPV	162.3	202.5	164.9	130.1

二 我国节能汽车发展趋势

根据近两年国家制定的节能减排标准的实施，各大车企加大了对节能汽车研究的投入力度以及研究费用，所以，节能技术在乘用车和商用车上都在飞速应用，这也推动了我们国家节能减排任务的实施。

未来5~10年，传统燃油汽车仍然是市场的主力军。在未来，为了提升传统燃油车的节能效果，多项节能技术如断缸燃烧、可变压缩比、低摩擦等将会被大量地应用在传统的燃油汽车上，同时空气动力学、轻量化、智能化等技术将会得到进一步提升及优化。

未来相当长的一个时期内，全球节能环保汽车的技术格局将呈现多元化发展、多种技术相互融合、政府扶持的态势。我国汽车市场总体呈现不同技术路线（汽油、柴油、醇类、纯电动、混合动力、燃料电池、生物质能等）多元化发展的百花齐放格局，共同推进节能减排目标的实现。

政策法规篇

B.4 国外政策法规跟踪

摘　要： 美国、日本、欧盟国家等汽车工业强国高度重视节能汽车发展，不仅构建了较为完善的油耗、排放等强制性法规标准，而且制定了符合自身产业发展的鼓励政策，以此来推进汽车工业节能减排和可持续发展。本报告从排放标准、燃油经济性、鼓励政策等方面对美、欧、日政策法规进行了简要介绍。

关键词： 油耗法规　排放标准　排放测试程序

一　美国政策法规研究

（一）轻型汽车法规概述

1. 联邦标准（美国环保局）

轻型汽车的最新排放标准是第三阶段排放标准。1990 年清洁空气法修正案（CAAA）中为轻型汽车定义了两套标准：第一阶段和第二阶段排放标准。第一阶段排放标准于1991年6月5日作为最终法规公布，并在1994~1997年逐步分阶段实施。1999年12月21日采用了第二阶段排放标准，在2004~2009年逐步实施。第三阶段排放标准于2014年3月3日完成，于2017~2025年逐步实施。

第一阶段排放标准适用于车辆总重量（GVWR）小于8500磅（lbs）的所有轻型汽车（LDV）。第二阶段排放标准将轻型排放标准的适用性扩展到GVWR在8500~10000磅的中型乘用车（MDPV）。第三阶段排放标准额外包括了GVWR最高为14000磅（2b级和三级）的重型汽车的排放标准。

2. 加州标准（CARB）

加利福尼亚州（加州）轻型汽车遵循低排放汽车排放标准（LEV）。加州标准比联邦标准更严格。整体而言，联邦标准与加州标准的协调性逐步提高，联邦第三阶段排放标准与加州LEV Ⅲ标准互相紧密联系。根据“清洁空气法”第177条，其他州可以选择遵循联邦法规或采用加州排放标准。为了达到空气质量目标，许多州采取了比联邦标准更严格的排放标准，即采用了加州标准。在LEV Ⅱ阶段，加州标准尤为严格。加州标准采用情况如表1所示。

表1　加州轻型汽车排放标准的采用情况

州	立法	采用年份	MY Effective*
科罗拉多州	行政命令 B 2018 006	2018	2022
康涅狄格	公共法案 04－84	2004	2008
特拉华	行政法典第7章,1140	2010	2014
缅因州	第127章的修正案	A	2004
马里兰	参议院法案 103	2007	2011
马萨诸塞	该州 LEV 法规的修正案	A	2004
新泽西州	P. L 2003 年,第266章	2004	2009
新墨西哥	2006－69 号行政命令	2007	2016
纽约	第3章,分项 218－8	A	2004
俄勒冈	OAR 340－256－0220	2006	2009

续表

州	立法	采用年份	MY Effective *
宾夕法尼亚	第 25 章,第 121 章和 126 章的修正案	2006	2008
罗德岛	第 37 号空气污染管制条例	2005	2008
佛蒙特	第 11 章的修正案	A	2004
华盛顿	白宫法案 1397	2005	2009

注：＊指乘用车和轻型卡车的 LEV Ⅱ、LEV Ⅲ标准。中型乘用车和中型汽车的日期可能不同，或加州标准可能不适用。四州（NY、MA、VT、ME）在 20 世纪 90 年代末采用了加州 LEV 标准。

（二）第一阶段排放标准（Tier 1 标准）

Tier 1 标准适用于所有轻型汽车（LDV），如乘用车、轻型卡车、运动型多功能车（SUV）、小型货车和皮卡车。LDV 类别包括车辆总重量（GVWR）低于 8500 磅的所有车辆。LDV 进一步分为以下子类别：乘用车、超轻型卡车（LLDT）——GVWR 低于 6000 磅、重轻型卡车（HLDT）——GVWR 超过 6000 磅。

1. FTP 排放标准

表 2 总结了美国环保局（EPA）Tier 1 的排放标准。乘用车和轻型卡车排放量按照联邦测试程序（FTP－75）进行测量，并以克/英里表示。为每种车辆类别定义了单独的标准组，对于较重的车辆具有更宽松的限值。

表 2　EPA Tier 1 标准（FTP－75）

单位：g/mi

类别	50000 英里/5 年						100000 英里/10 年[1]					
	THC	NMHC	CO	NO_x 柴油	NO_x 汽油	PM‡	THC	NMHC	CO	NO_x 柴油	NO_x 汽油	PM‡
乘用车	0.41	0.25	3.4	1	0.4	0.08	—	0.31	4.2	1.25	0.6	0.1
LLDT, LVW <3750 磅	—	0.25	3.4	1	0.4	0.08	0.8	0.31	4.2	1.25	0.6	0.1
LLDT, LVW >3750 磅	—	0.32	4.4	—	0.7	0.08	0.8	0.4	5.5	0.97	0.97	0.1

续表

类别	50000 英里/5 年						100000 英里/10 年[1]					
	THC	NMHC	CO	NO_x 柴油	NO_x 汽油	PM‡	THC	NMHC	CO	NO_x 柴油	NO_x 汽油	PM‡
HLDT, ALVW <5750 磅	0.32	—	4.4	—	0.7	—	0.8	0.46	6.4	0.98	0.98	0.1
HLDT, ALVW >5750 磅	0.39	—	5	—	1.1	—	0.8	0.56	7.3	1.53	1.53	0.12

注：1 所有 HLDT 标准和 LDT 的 THC 标准的使用寿命为 120000 英里/11 年；‡PM 标准仅适用于柴油车辆；LVW——装载车辆重量（整备重量 +300 磅）；ALVW——调整后的 LVW（整备质量和 GVWR 的数值平均值）；LLDT——超轻型卡车（GVWR 低于 6000 磅）；HLDT——重型轻型卡车（GVWR 超过 6000 磅）。

2. SFTP 排放标准

除了 FTP-75 外，补充联邦测试程序（SFTP）在 2000~2004 年逐步实施。SFTP 包括额外的测试循环，用于测试激烈高速公路驾驶期间的排放（US06）及车辆在城市驾驶并运行空调系统时的排放（SC03）。应用于 $NMHC + NO_x$ 和 CO 排放的 Tier 1 SFTP 标准总结在表 3 中。$NMHC + NO_x$ 标准是加权的，而 CO 标准是 US06 和 SC03 的独立标准，可选择加权标准。$NMHC + NO_x$ 的加权和 CO 的任选加权为：

$$SFTP = 0.35 \times FTP + 0.28 \times US06 + 0.37 \times SC03$$

表 3 EPA Tier 1 SFTP 标准

单位：g/mi

类别*	$NMHC + NO_x$	CO		
	加权	US06	SC03	加权
乘用车 & LLDT, LVW <3750 磅	0.91/2.07†(0.65/1.48†)	11.1(9.0)	3.7(3.0)	4.2(3.4)
LLDT, LVW >3750 磅	1.37(1.02)	14.6(11.6)	4.9(3.9)	5.5(4.4)
HLDT, ALVW <5750 磅	1.44(1.02)	16.9(11.6)	5.6(3.9)	6.4(4.4)
HLDT, ALVW >5750 磅	2.09(1.49)	19.3(13.2)	6.4(4.4)	7.3(5.0)

注：*有关缩写，请参阅表 2 的注释。†柴油燃料车辆排放限值更加宽松。中间寿命标准显示在括号中。

3. 国家低排放汽车项目（NLEV）

1997 年 12 月 16 日，美国环保局完成了国家低排放汽车项目（NLEV）。NLEV 是一项自愿性项目，通过东北各州和汽车制造商的协议生效。在引入第二阶段排放标准之前，它为过渡期提供了更严格的排放标准。它从 1999 车型年在东北部开始实行并从 2001 车型年在全国范围内开始实行，新车和轻型轻载卡车必须符合排气管标准，该标准比 EPA 在 2004 年车型之前授权的标准更严格。在 NLEV 项目协议签订后，该标准的执行方式与其他联邦新汽车项目的执行方式相同。

NLEV 项目协调了联邦标准和加州标准，并提供了基本上等同于加州低排放汽车排放标准的减排量。该项目通过时间表分阶段进行，NLEV 项目仅包括 LLDT，而不包括 HLDT 车辆类别。

（三）第二阶段排放标准（Tier 2标准）

Tier 2 标准引入相对于 Tier 1 标准更严格的排放限值，以及一些额外的变化。根据 Tier 2 标准规定，相同的排放标准适用于所有车辆重量类别，即乘用车、小型货车、轻型卡车和 SUV 具有相同的排放限值。

在 Tier 2 标准中，轻型汽车排放标准的适用范围已扩展到一些较重的车辆类别。Tier 1 标准适用于 GVWR 低于 8500 磅的车辆。Tier 2 标准适用于 Tier 1 标准涵盖的所有车辆，另外还适用于“中型乘用车”（MDPV）。MDPV 是一种新增的车辆类别，GVWR 为 8500～10000 磅，用于个人交通运输。此类别主要包括较大的 SUV 和客车。表 4 概述并定义了 EPA Tier 2 标准适用的车辆类别。GVWR 在 8500 磅以上的商用车的发动机继续遵循重型发动机排放标准。

Tier 2 标准对燃料质量提出了新的要求。清洁燃料是满足法规所需的先进排放后处理装置（例如，催化剂和微粒过滤器）所需要的。

1. 汽油中的硫含量与柴油品质

该计划要求大多数炼油厂和进口商从 2004 年开始满足公司平均汽油含硫量 120ppm 和最高汽油含硫量 300ppm 的标准。自 2006 年开始，平均汽油

表 4 EPA Tier 2 标准中使用的车辆类别

车辆类别			缩写	要求
轻型车			LDV	最大 8500 磅 GVWR
轻载卡车			LDT	最大 8500 磅 GVWR，最大 6000 磅整备质量及最大 45 ft^2 迎风面积
	超轻型卡车		LLDT	最大 6000 磅 GVWR
		轻型卡车 1	LDT1	最大 3750 磅 LVW[1]
		轻型卡车 2	LDT2	最小 3750 磅 LVW[1]
	重轻型卡车		HLDT	最小 6000 磅 GVWR
		轻型卡车 3	LDT3	最大 5750 磅 ALVW[2]
		轻型卡车 4	LDT4	最小 5750 磅 ALVW[2]
中型乘用车			MDPV	最大 10000 磅 GVWR[3]

注：1LVW（装载车辆重量）=整备重量+300 磅；2ALVW（调整后的载重量）=GVWR 和整备质量的平均值；3 制造商可以通过重型柴油发动机法规对柴油燃料 MDPV 的发动机进行认证。

含硫量标准降至 30ppm，最高汽油含硫量标准降至 80ppm。柴油含硫量降低的法规是美国环保局作为 2007～2010 年重型发动机排放法规的一部分进行制定。

2. Tier 2 Bin 执行标准

根据执行的严格程度（即“执行标准”）和 NO_x 排放的平均标准，Tier 2 标准分为 8 个永久标准和 3 个临时标准。汽车制造商可以对不同的车辆类别选择不同的执行标准。2009 年标准全面实施时，每个制造商车队的平均 NO_x 排放必须满足 0.07g/mi 的标准。

通过联邦测试程序（FTP）测试的所有污染物的排放标准如表 5 所示。如中间寿命规定为 5 年或 50000 英里（以先到者为准）。LDV 和 LLDT“全寿命”延长至 120000 英里或 10 年（以先到者为准）。对于重型 LDT 和 MDPV，“全寿命”为 11 年或 120000 英里（以先到者为准）。

如表 6 所示，Tier 2 标准在 2004～2009 年逐步实施。对 LDV 及 LLDT，Tier 2 标准在 2004 年开始逐步实施，在 2007 年全面实施。对 HLDT 及 MDPV，Tier 2 标准在 2008 年逐步实施，在 2009 年全面实施。

表 5　Tier 2 标准（FTP－75）

单位：g/mi

Bin[#]	中间寿命(5 年/50000 英里)					全寿命				
	NMOG *	CO	NO_x	PM	HCHO	NMOG *	CO	NO_x †	PM	HCHO
临时标准										
11MDPV[c]						0.28	7.3	0.9	0.12	0.032
10[a,b,d,f]	0.125 (0.160)	3.4 (4.4)	0.4	—	0.015 (0.018)	0.156 (0.230)	4.2 (6.4)	0.6	0.08	0.018 (0.027)
9[a,b,e,f]	0.075 (0.140)	3.4	0.2	—	0.015	0.090 (0.180)	4.2	0.3	0.06	0.018
	NMOG *	CO	NOx	PM	HCHO	NMOG *	CO	NOx†	PM	HCHO
永久标准										
8[b]	0.100 (0.125)	3.4	0.14	—	0.015	0.125 (0.156)	4.2	0.2	0.02	0.018
7	0.075	3.4	0.11	—	0.015	0.09	4.2	0.15	0.02	0.018
6	0.075	3.4	0.08	—	0.015	0.09	4.2	0.1	0.01	0.018
5	0.075	3.4	0.05	—	0.015	0.09	4.2	0.07	0.01	0.018
4	—	—	—	—	—	0.07	2.1	0.04	0.01	0.011
3	—	—	—	—	—	0.055	2.1	0.03	0.01	0.011
2	—	—	—	—	—	0.01	2.1	0.02	0.01	0.004
1	—	—	—	—	—	0	0	0	0	0

注：＊对于柴油燃料车辆，NMOG（非甲烷有机气体）是指 NMHC（非甲烷碳氢化合物）；† 对于 Tier 2 车辆，制造商车队平均 NO_x 排放标准为 0.07g/mi；a 标准在 2006 年后终止（对于 HLDT，标准在 2008 年后终止）；b 较高的临时 NMOG，CO 和 HCHO 值仅适用于 HLDT 和 MDPV，并在 2008 年后终止；c附加临时标准仅适用于 MDPV，在 2008 年后终止；d0.195g/mi（50000 英里）和 0.280g/mi（全寿命）的可选临时 NMOG 标准仅适用于 LDT4 和 MDPV；e0.100g/mi（50000 英里）和 0.130g/mi（全寿命）的可选临时 NMOG 标准仅适用于 LDT2；f50000 英里标准的柴油机可选择标准 9 或标准 10。

表 6　Tier 2 标准的分阶段百分比

单位：%

实行年份	LDV/LLDT	HLDT/MDPV	
	Tier 2[a]	Tier 2[b]	InterimNon－Tier 2[c]
2004	25		25
2005	50		50
2006	75		75
2007	100		100
2008	100	50	100
2009 年以及往后	100	100	

注：a 必须满足 Tier 2 标准的 LDV/LLDT 的百分比；b 必须满足 Tier 2 标准的 HLDT/MDPV 的百分比；c 必须满足过渡型非 Tier 2 标准的车队平均 NO_x 排放要求的 HLDT/MDPV 的百分比。

3. 补充排放标准

除满足表 5 的要求外，车辆还需满足补充废气排放标准（US06 和 SC03 驾驶循环）。除了 MDPV，替代燃料 LDV、LDT 和使用汽油或柴油以外的燃料运行的 LDV、LDT 外，LDV 和 LDT 必须满足该标准。除了一些例外，制造商必须遵守 4000 英里和全寿命 SFTP（补充联邦测试程序）标准。NMHC + NO_x和 CO 的 4000 英里 SFTP 标准列于表 7 中，仅基于车辆重量分类。

表 7　Tier 2 LDV 和 LDT 的 4000 英里 SFTP 标准

单位：g/mi

	US06		SC03	
	NMHC + NOx	CO	NMHC + NOx	CO
LDV/LDT1	0. 14	8	0. 2	2. 7
LDT2	0. 25	10. 5	0. 27	3. 5
LDT3	0. 4	10. 5	0. 31	3. 5
LDT4	0. 6	11. 8	0. 44	4

表 8　示例 SFTP 标准（LDT4，标准 10）

单位：g/mi

Tier 1 SFTP	Tier 1 FTP	Tier 2 FTP	Tier 2 SFTP	
NMHC + NO_x	2. 09	0. 56 + 1. 53 = 2. 09	0. 230 + 0. 6 = 0. 830	1. 65
PM	0. 12	0. 12	0. 08	0. 11
CO	7. 3	7. 3	6. 4	7

表 9 总结了不同的车辆类别及其测试要求。

表 9　车辆类别和适用的测试

类型	FTP	SC03	US06	冷态 FTP	认证短期测试	In – Use	Hwy NO_x Std
LDV	是	是	是	仅汽油车	仅汽油车	是	是
LDT	是	是	是	仅汽油车	仅汽油车	是	是
LLDT	是	是	是	仅汽油车	仅汽油车	是	是
LDT1	是	是	是	仅汽油车	仅汽油车	是	是
LDT2	是	是	是	仅汽油车	仅汽油车	是	是

续表

类型	FTP	SC03	US06	冷态 FTP	认证短期测试	In - Use	Hwy NO_x Std
HLDT	是	是	是	仅汽油车	仅汽油车	是	是
LDT3	是	是	是	仅汽油车	仅汽油车	是	是
LDT4	是	是	是	仅汽油车	仅汽油车	是	是
MDPV	是[1]	否	否	仅汽油车[2]	仅汽油车[2]	是	否

注：1 制造商可以通过重型柴油发动机法规对柴油燃料 MDPV 的发动机进行认证；2 不适用于过渡型 Tier 2 车辆。

（四）第三阶段排放标准（Tier 3标准）

Tier 3 标准（与加州 LEV Ⅲ标准密切配合）于 2017～2025 年逐步实施。Tier 3 标准的结构类似于 Tier 2 标准，即制造商必须将车辆认证为七个可用的“执行标准”中的一个，并且必须满足车队的平均排放标准要求。Tier 3 标准比 Tier 2 标准更严格，包括许多其他重要变化：使用 NMOG + NO_x 总和进行排放限制，使用相应的 NMOG + NO_x 限值（mg/mi）进行 Bins 的命名。最高排放标准——标准 160（NMOG + NO_x = 160mg/mi）——与 Tier 2 标准 5 相当，到 2025 年，车辆平均 NMOG + NO_x 排放量必须达到 30mg/mi（即标准 30，与 Tier 2 标准 2 限值相当），排放耐久性里程从 120000 英里增加到 150000 英里。使用含有 10% 乙醇（E10）的汽油对汽油车辆进行排气和蒸发排放测试。

1. Tier 3排放限值

汽车制造商必须从表 10 中所示的七个排放标准中选择一个进行排放认证。车辆通过 FTP - 75 测试程序进行测试。

2. 车队平均 NMOG + NO_x 标准

Tier 3 标准包括每个制造商必须满足的车队平均 NMOG + NO_x 限值。车队平均 NMOG + NO_x 限值从 2017 年开始逐步实施，并在 2025 年降低至 30mg/mi（见表 11）。

表 10　Tier 3 标准（FTP；150000 英里）

标准	NMOG + NO_x	PM	CO	HCHO
	mg/mi	mg/mi	g/mi	mg/mi
标准 160	160	3	4. 2	4
标准 125	125	3	2. 1	4
标准 70	70	3	1. 7	4
标准 50	50	3	1. 7	4
标准 30	30	3	1	4
标准 20	20	3	1	4
标准 0	0	0	0	0

表 11　Tier 3 车队平均 NMOG + NO_x FTP 标准

单位：mg/mi

车辆类型	2017 年*	2018 年	2019 年	2020 年	2021 年	2022 年	2023 年	2024 年	2025 年
LDV，LDT1	86	79	72	65	58	51	44	37	30
LDT2 LDT3 LDT4 MDPV	101	92	83	74	65	56	47	38	30

注：*标准适用于 MDPV 及 GVWR 超过 6000 磅的 LDV 和 LDT，车队平均排放标准从 2018 年开始实施。

3. PM 标准

Tier 3 PM 标准未设定制造商车队平均排放标准，而是对符合标准的汽车占比进行了规定，如表 12 所示。

表 12　Tier 3 PM FTP 标准的逐步实施

单位：%，mg/mi

年份	2017	2018	2019	2020	2021	2022
销售百分比	20*	20	40	70	100	100
认证标准	3	3	3	3	3	3
使用中标准	6	6	6	6	6	3

注：2017 年，制造商销售的 GVWR 低于 6000 磅的 LDV 及 LDT 中满足标准的汽车占比达到 20%，或制造商销售的 LDV、LDT 和 MDPV 中满足标准的汽车占比达到 10%。

4. 补充排放标准

采用SFTP（补充联邦测试程序）标准的主要目的是弥补FTP－75测试循环的不足。SFTP测试循环包括US06和SC03，其权重计算方式与Tier 2标准相同，按下式计算。

$$SFTP = 0.35 \times FTP + 0.28 \times US06 + 0.37 \times SC03$$

对于SFTP标准的NMOG + NO_x 标准，厂家可自行确定汽车的认证限值，但最大不超过1180mg/mi。制造商车队平均NMOG + NO_x 限值需要从2017年的103mg/mi下降到2025年的50mg/mi（见表13）。

表13　Tier 3车辆平均NMOG + NO_x SFTP标准

单位：mg/mi，g/mi

年份	2017*	2018	2019	2020	2021	2022	2023	2024	2025
NMOG + NO_x	103	97	90	83	77	70	63	57	50
CO	4.2								

注：对于MDPV及GVWR超过6000磅的LDV和LDT，车队平均排放标准从2018年开始实施。

5. US06 PM标准

SFTP的PM标准，仅要求进行US06测试，同Tier 3 PM FTP标准一样，SFTP的PM标准也是对符合标准的汽车销量占比进行了规定，如表14所示。

表14　Tier 3 PM US06标准的逐步实施

单位：%，mg/mi

年份	2017	2018	2019	2020	2021	2022	2023	2024
销售百分比	20*	20	40	70	100	100	100	100
认证标准	10	10	6	6	6	6	6	6
使用中标准	10	10	10	10	10	10	10	6

注：2017年，制造商销售的GVWR低于6000磅的LDV及LDT中满足标准的汽车占比达到20%，或制造商销售的LDV、LDT和MDPV中满足标准的汽车占比达到10%。

（五）加州排放标准

加州排放标准历来比EPA要求更严格，但其结构与联邦标准相似。加州排放标准演变的主要过程如下。

（a）第一阶段/LEV 加州排放标准到2003年结束。

（b）LEV Ⅱ加州标准在2004～2010年分阶段逐步实施。

（c）LEV Ⅲ加州标准在2015～2025年分阶段逐步实施。

（d）其他一些州已采用加州排放标准。

1. 低排放汽车排放标准（LEV）

加州低排放汽车排放标准适用于以下车辆类别。

（a）过渡期低排放汽车（TLEV）

（b）低排放汽车（LEV）

（c）超低排放汽车（ULEV）

（d）特超低排放汽车（SULEV）

（e）零排放汽车（ZEV）

适用于柴油和汽油燃料汽车的气态污染物标准相同。PM 标准仅适用于柴油汽车。通过 FTP－75 测量排放，并以 g/mi 表示。2001～2005年，加州逐步实施了补充联邦测试程序（SFTP）。

表15　轻型汽车 LEV 排放标准（FTP－75）

单位：g/mi

类别	50000 英里/5 年					100000 英里/10 年				
	NMOG[a]	CO	NO_x	PM	HCHO	NMOG[a]	CO	NO_x	PM	HCHO
乘用车										
Tier 1	0.25	3.4	0.4	0.08	—	0.31	4.2	0.6	—	—
TLEV	0.125	3.4	0.4	—	0.015	0.156	4.2	0.6	0.08	0.018
LEV	0.075	3.4	0.2	—	0.015	0.09	4.2	0.3	0.08	0.018
ULEV	0.04	1.7	0.2	—	0.008	0.055	2.1	0.3	0.04	0.011
LDT1（LVW＜3750 磅）										
Tier 1	0.25	3.4	0.4	0.08	—	0.31	4.2	0.6	—	—
TLEV	0.125	3.4	0.4	—	0.015	0.156	4.2	0.6	0.08	0.018
LEV	0.075	3.4	0.2	—	0.015	0.09	4.2	0.3	0.08	0.018
ULEV	0.04	1.7	0.2	—	0.008	0.055	2.1	0.3	0.04	0.011

续表

类别	50000 英里/5 年					100000 英里/10 年				
	NMOG[a]	CO	NO_x	PM	HCHO	NMOG[a]	CO	NO_x	PM	HCHO
LDT2（LVW＞3750 磅）										
Tier 1	0.32	4.4	0.7	0.08	—	0.4	5.5	0.97	—	—
TLEV	0.16	4.4	0.7	—	0.018	0.2	5.5	0.9	0.1	0.023
LEV	0.1	4.4	0.4	—	0.018	0.13	5.5	0.5	0.1	0.023
ULEV	0.05	2.2	0.4	—	0.009	0.07	2.8	0.5	0.05	0.013

注：a 所有 Tier 1 标准的 NMHC。
LVW——装载车辆重量（整备重量 +300 磅）。
LDT——轻型卡车。
NMOG——非甲烷碳氢。
HCHO——甲醛。

表 16　中型汽车的 LEV 排放标准（FTP－75）

单位：g/mi

类型	50000 英里/5 年					120000 英里/11 年				
	NMOG[a]	CO	NO_x	PM	HCHO	NMOG[a]	CO	NO_x	PM	HCHO
MDV1（0～3750 磅）										
Tier 1	0.25	3.4	0.4	—	—	0.36	5	0.55	0.08	—
LEV	0.125	3.4	0.4	—	0.015	0.18	5	0.6	0.08	0.022
ULEV	0.075	1.7	0.2	—	0.008	0.107	2.5	0.3	0.04	0.012
MDV2（3751～5750 磅）										
Tier 1	0.32	4.4	0.7	—	—	0.46	6.4	0.98	0.1	—
LEV	0.16	4.4	0.4	—	0.018	0.23	6.4	0.6	0.1	0.027
ULEV	0.1	4.4	0.4	—	0.009	0.143	6.4	0.6	0.05	0.013
SULEV	0.05	2.2	0.2	—	0.004	0.072	3.2	0.3	0.05	0.006
MDV3（5751～8500 磅）										
Tier 1	0.39	5	1.1	—	—	0.56	7.3	1.53	0.12	—
LEV	0.195	5	0.6	—	0.022	0.28	7.3	0.9	0.12	0.032
ULEV	0.117	5	0.6	—	0.011	0.167	7.3	0.9	0.06	0.016
SULEV	0.059	2.5	0.3	—	0.006	0.084	3.7	0.45	0.06	0.008
MDV4（8501～10000 磅）										
Tier 1	0.46	5.5	1.3	—	0.028	0.66	8.1	1.81	0.12	—
LEV	0.23	5.5	0.7	—	0.028	0.33	8.1	1	0.12	0.04
ULEV	0.138	5.5	0.7	—	0.014	0.197	8.1	1	0.06	0.021
SULEV	0.069	2.8	0.35	—	0.007	0.1	4.1	0.5	0.06	0.01

续表

类型	50000英里/5年					120000英里/11年				
	NMOG[a]	CO	NO_x	PM	HCHO	NMOG[a]	CO	NO_x	PM	HCHO
MDV5(10001～14000磅)										
Tier 1	0.6	7	2	—	—	0.86	10.3	2.77	0.12	—
LEV	0.3	7	1	—	0.036	0.43	10.3	1.5	0.12	0.052
ULEV	0.18	7	1	—	0.018	0.257	10.3	1.5	0.06	0.026
SULEV	0.09	3.5	0.5	—	0.009	0.13	5.2	0.7	0.06	0.013

注：a 所有 Tier 1 标准的 NMHC。

MDV——中型汽车（最大总质量介于8500～14000磅）。MDV根据车辆测试重量分为五类MDV1至MDV5。加利福尼亚州“测试重量”的定义与联邦ALVW相同。

NMOG——非甲烷碳氢。

HCHO——甲醛。

2. 低排放汽车排放标准Ⅱ（LEV Ⅱ）

1998年11月，加州空气资源委员会（CARB）通过了2004～2010年逐步实施的LEV Ⅱ排放标准。汽车制造商可以在2019年之前对符合LEV Ⅱ排放标准的车辆进行认证。

根据LEV Ⅱ规定，总重量低于8500磅的轻型卡车和中型汽车需重新分类并且必须满足乘用车的要求，如表17所示。因此，大多数皮卡和运动型多功能车（原MDV4和MDV5）必须满足乘用车排放标准。重新分类于2007年逐步执行完毕。

FTP－75测试的LEV Ⅱ排放标准总结在表17、表18中（其他SFTP标准也适用）。

表17　乘用及轻型汽车（<8500磅）LEV Ⅱ排放标准（FTP－75）

单位：g/mi

类型	50000英里/5年					120000英里/11年				
	NMOG	CO	NO_x	PM	HCHO	NMOG	CO	NO_x	PM	HCHO
LEV	0.075	3.4	0.05	—	0.015	0.09	4.2	0.07	0.01	0.018
ULEV	0.04	1.7	0.05	—	0.008	0.055	2.1	0.07	0.01	0.011
SULEV	—	—	—	—	—	0.01	1	0.02	0.01	0.004

表 18　适用于中型汽车的 LEV Ⅱ排放标准，耐久 120000 英里（FTP－75）

单位：g/mi

最大总质量(GVW)	类型	NMOG	CO	NO_x	PM	HCHO
8500～10000 磅	LEV	0.195	6.4	0.2	0.12	0.032
	ULEV	0.143	6.4	0.2	0.06	0.016
	SULEV	0.1	3.2	0.1	0.06	0.008
10001～14000 磅	LEV	0.23	7.3	0.4	0.12	0.04
	ULEV	0.167	7.3	0.4	0.06	0.021
	SULEV	0.117	3.7	0.2	0.06	0.01

与 LEV 标准相比，LEV Ⅱ标准加严了所有排放类别的 NO_x 和 PM 标准。同样的标准适用于所有车辆，无论燃料如何（根据 2001 年 11 月 15 日通过的修订，汽油车已不再免除 PM 标准）。因此，LEV Ⅱ标准只能通过具有先进排放控制技术的车辆来满足。

3. 低排放汽车排放标准Ⅲ（LEV Ⅲ）

2012 年 1 月确定 LEV Ⅲ排放标准，此标准将在 2015～2025 年分阶段实施。制造商在 2015 年之前就可以对车辆进行 LEV Ⅲ标准认证。从 2020 年开始，所有车辆必须通过 LEV Ⅲ标准认证。LEV Ⅲ标准从多方面对 LEV Ⅱ标准进行调整。

（1）将 NMOG 和 NO_x 标准结合到一个 NMOG＋NO_x 标准中。

（2）在 2015～2025 年引入更严格的车队平均 NMOG＋NO_x 排放限值。

（3）制定更严格的蒸发和 PM 排放指标。

（4）增加排放控制系统的耐久性要求。

表 19 中列出了 LEV Ⅲ的排放指标要求。

4. 颗粒物质标准

2017 年及以后，LEV Ⅲ PM 标准如表 20 所示。LEV Ⅲ PM 标准的分阶段要求如表 21 所示（数据表明制造商车辆中满足标准要求的车辆所占百分比）。

表 19　LEV Ⅲ排放标准，耐用 150000 英里（FTP－75）

单位：g/mi

车型	排放类型	$NMOG + NO_x$	CO	HCHO	PM[†]
PC	LEV160	0.16	4.2	4	0.01
LDT, GVW[a]≤8500 磅	ULEV125	0.125	2.1	4	0.01
MDPV	ULEV70	0.07	1.7	4	0.01
	ULEV50	0.05	1.7	4	0.01
	SULEV30	0.03	1	4	0.01
	SULEV20	0.02	1	4	0.01
MDV，8501≤GVW[b]≤10000 磅	LEV395	0.395	6.4	6	0.12
	ULEV340	0.34	6.4	6	0.06
	ULEV250	0.25	6.4	6	0.06
	ULEV200	0.2	4.2	6	0.06
	SULEV170	0.17	4.2	6	0.06
	SULEV150	0.15	3.2	6	0.06
MDV，10001≤GVW[b]≤14000 磅	LEV630	0.63	7.3	6	0.12
	ULEV570	0.57	7.3	6	0.06
	ULEV400	0.4	7.3	6	0.06
	ULEV270	0.27	4.2	6	0.06
	SULEV230	0.23	4.2	6	0.06
	SULEV200	0.2	3.7	6	0.06

注：† 仅适用于未包括在分阶段引入 PM 标准的 2017 年及以后的车辆。

a 装载车辆重量（LVW）。

b 调整后的载重量（ALVW）。

PC——乘用车。

LDT——轻型卡车。

MDPV——中型乘用车。

MDV——中型汽车。

表 20　LEV Ⅲ PM 标准（FTP－75）

车型	PM 限值(mg/mi)	实施时间
PC, LDT, MDPV	3	2017～2021 年
	1	2025～2028 年
MDV，8501≤GVW≤10000 磅	8	2017～2021 年
MDV，10001≤GVW≤14000 磅	10	2017～2021 年

表 21　LEV Ⅲ PM 标准的分阶段要求，占车辆的百分比

单位：%

年份	PC, LDT, MDPV		MDV
	PM = 3mg/mi	PM = 1mg/mi	PM = 8/10 mg/mi
2017	10	0	10
2018	20	0	20
2019	40	0	40
2020	70	0	70
2021	100	0	100
2022	100	0	100
2023	100	0	100
2024	100	0	100
2025	75	25	100
2026	50	50	100
2027	25	75	100
2028	0	100	100

二　欧盟政策法规研究

欧洲汽车由欧洲经济委员会（ECE）的法规和欧洲经济共同体（EEC，即现在的欧盟 EU）的排放指令共同加以实现的。法规是由 ECE 参与国根据协议自愿认可的，排放指令则是要求 EEC（EU）参与国强制执行的。ECE 法规一般均有 EEC（EU）指令相对应，它们在技术内容上相同，但实施日期有差别。

2009 年 4 月 23 日，欧盟发布了减少乘用车 CO_2 排放的指令——2009/443/EC，规定了以整备质量为依据的线性标准曲线和 2015 年及 2020 年全体车队的平均目标值：130g/km 和 95g/km。在此之前，欧洲只有油耗测量的试验方法法规，并没有控制汽车油耗或者温室气体排放的法规。欧盟原计划到 2020 年将新车平均 CO_2 排放降至 95g/km，但由于目标过高，2020 年之前难以达成，经过诸多车企的抗议和协商，欧盟方面作出轻微让步。2014 年 2 月 25

日，欧盟宣布敲定 CO_2 排放新标准，到 2021 年新车平均 CO_2 排放达到 95g/km 水平，较早先目标推迟一年；95% 的新车将在 2020 年满足 95g/km，100% 新车于 2021 年达标。欧洲新规新车平均 CO_2 排放量 95g/km，对应的油耗基本为 4L/100km 左右，而 2025 年新车油耗基本为 2.9 ~ 3.3L/100km。

（一）欧盟排放标准

轻型汽车的排放标准适用于所有 M1、M2、N1 和 N2 类车辆，质量不超过 2610kg（欧Ⅴ/Ⅵ）。欧盟法规对装有压燃式（柴油）和点燃式（汽油、NG、LPG、乙醇等）发动机的汽车规定了不同的排放限值。柴油车具有更严格的 CO 标准，但允许排放更高的 NO_x。欧Ⅳ标准中汽油发动机并未规定 PM 排放限值，而在欧Ⅴ、欧Ⅵ标准中汽油发动机也加入了 PM 排放限值，且排放限值与柴油发动机一致。早期引进高排放标准的车辆时，欧盟成员国可以享受税收优惠。欧盟排放标准总结如表 22、表 23 所示。

表 22　欧盟乘用车排放标准（M1* 类）

阶段	日期	CO	HC	HC + NO_x	NO_x	PM	PN
		g/km					个/km
点燃(汽油)							
欧Ⅰ†	1992.07	2.72 (3.16)	—	0.97 (1.13)	—	—	—
欧Ⅱ	1996.01	2.2	—	0.5	—	—	—
欧Ⅲ	2000.01	2.3	0.2	—	0.15	—	—
欧Ⅳ	2005.01	1	0.1	—	0.08	—	—
欧Ⅴ	2009.09	1	0.10	—	0.06	0.005	—
欧Ⅵ	2014.09	1	0.10	—	0.06	0.005	6.0 × 1011
压燃(柴油)							
欧Ⅰ†	1992.07	2.72 (3.16)	—	0.97 (1.13)	—	0.14 (0.18)	—
欧Ⅱ,IDI	1996.01	1	—	0.7	—	0.08	—
欧Ⅱ,DI	1996.01	1	—	0.9	—	0.1	—
欧Ⅲ	2000.01	0.64	—	0.56	0.5	0.05	—
欧Ⅳ	2005.01	0.5	—	0.3	0.25	0.025	—
欧Ⅴ	2009.09	0.5	—	0.23	0.18	0.005	—

续表

阶段	日期	CO	HC	HC + NOx	NOx	PM	PN
		g/km					个/km
压燃(柴油)							
欧Ⅴ	2011.09	0.5	—	0.23	0.18	0.005	6.0×10^{11}
欧Ⅵ	2014.09	0.5	—	0.17	0.08	0.005	6.0×10^{11}

注：* 在欧Ⅰ ~欧Ⅳ阶段，大于2500kg的乘用车被型式认证为N1类车辆。
† 括号中的值是生产（COP）限制的一致性。

表 23　欧盟轻型商用车排放标准

类别†	阶段	日期	CO	HC	HC + NO_x	NO_x	PM	PN
			g/km					个/km
点燃(汽油)								
N1，Ⅰ类 ≤1305kg	欧Ⅰ	1994.1	2.72	—	0.97	—	—	—
	欧Ⅱ	1998.01	2.2	—	0.5	—	—	—
	欧Ⅲ	2000.01	2.3	0.2	—	0.15	—	—
	欧Ⅳ	2005.01	1	0.1	—	0.08	—	—
	欧Ⅴ	2009.09	1	0.10	—	0.06	0.005	—
	欧Ⅵ	2014.09	1	0.10	—	0.06	0.005	6.0×10^{11}
N1，Ⅱ类 1305 ~1760kg	欧Ⅰ	1994.1	5.17	—	1.4	—	—	—
	欧Ⅱ	1998.01	4	—	0.65	—	—	—
	欧Ⅲ	2001.01	4.17	0.25	—	0.18	—	—
	欧Ⅳ	2006.01	1.81	0.13	—	0.1	—	—
	欧Ⅴ	2010.09	1.81	0.13	—	0.075	0.005	—
	欧Ⅵ	2015.09	1.81	0.13	—	0.075	0.005	6.0×10^{11}
N1，Ⅲ类 >1760kg	欧Ⅰ	1994.1	6.9	—	1.7	—	—	—
	欧Ⅱ	1998.01	5	—	0.8	—	—	—
	欧Ⅲ	2001.01	5.22	0.29	—	0.21	—	—
	欧Ⅳ	2006.01	2.27	0.16	—	0.11	—	—
	欧Ⅴ	2010.09	2.27	0.16	—	0.082	0.005	—
	欧Ⅵ	2015.09	2.27	0.16	—	0.082	0.005	6.0×10^{11}
N2	欧Ⅴ	2010.09	2.27	0.16	—	0.082	0.005	—
	欧Ⅵ	2015.09	2.27	0.16	—	0.082	0.005	6.0×10^{11}

续表

类别†	阶段	日期	CO	HC	HC + NO_x	NO_x	PM	PN
			g/km					个/km
压燃（柴油）								
N1，Ⅰ类 ≤1305kg	欧Ⅰ	1994.1	2.72	—	0.97	—	0.14	—
	欧Ⅱ IDI	1998.01	1	—	0.7	—	0.08	—
	欧Ⅱ DI	1998.01	1	—	0.9	—	0.1	—
	欧Ⅲ	2000.01	0.64	—	0.56	0.5	0.05	—
	欧Ⅳ	2005.01	0.5	—	0.3	0.25	0.025	—
	欧Ⅴ	2009.09	0.5	—	0.23	0.18	0.005	—
	欧Ⅴ	2011.09	0.5	—	0.23	0.18	0.005	6.0×10^{11}
	欧Ⅵ	2014.09	0.5	—	0.17	0.08	0.005	6.0×10^{11}
N1，Ⅱ类 1305～1760kg	欧Ⅰ	1994.1	5.17	—	1.4	—	0.19	—
	欧Ⅱ IDI	1998.01	1.25	—	1	—	0.12	—
	欧Ⅱ DI	1998.01	1.25	—	1.3	—	0.14	—
	欧Ⅲ	2001.01	0.8	—	0.72	0.65	0.07	—
	欧Ⅳ	2006.01	0.63	—	0.39	0.33	0.04	—
	欧Ⅴ	2010.09	0.63	—	0.295	0.235	0.005	—
	欧Ⅴ	2011.09	0.63	—	0.295	0.235	0.005	6.0×10^{11}
	欧Ⅵ	2015.09	0.63	—	0.195	0.105	0.005	6.0×10^{11}
N1，Ⅲ类 >1760kg	欧Ⅰ	1994.1	6.9	—	1.7	—	0.25	—
	欧Ⅱ IDI	1998.01	1.5	—	1.2	—	0.17	—
	欧Ⅱ DI	1998.01	1.5	—	1.6	—	0.2	—
	欧Ⅲ	2001.01	0.95	—	0.86	0.78	0.1	—
	欧Ⅳ	2006.01	0.74	—	0.46	0.39	0.06	—
	欧Ⅴ	2010.09	0.74	—	0.35	0.28	0.005	—
	欧Ⅴ	2011.09	0.74	—	0.35	0.28	0.005	6.0×10^{11}
	欧Ⅵ	2015.09	0.74	—	0.215	0.125	0.005	6.0×10^{11}
N2	欧Ⅴ	2010.09	0.74	—	0.35	0.28	0.005	—
	欧Ⅴ	2011.09	0.74	—	0.35	0.28	0.005	6.0×10^{11}
	欧Ⅵ	2015.09	0.74	—	0.215	0.125	0.005	6.0×10^{11}

注：† 对于欧Ⅰ、欧Ⅱ，N1 类参考质量等级为Ⅰ类≤1250kg，Ⅱ类 1250～1700kg，Ⅲ类 > 1700kg。

（二）排放测试

排放通过全球统一轻型车测试循环（WLTC）进行测试，WLTC 取代了原来的欧洲行驶循环（NEDC）。除了 WLTC 实验室测试之外，欧盟还补充了实际行驶排放（RDE）测试并在 2017 年开始逐步实施，以控制实验室排放测试之外的实际运行中的车辆排放。

1. 测试程序

排放在底盘测功机上进行测试，排放污染物以 g/km 表示（PN 除外，以个/km 表示）。新车排放的测试经历了以下发展历程。

（1）ECE 15 + EUDC：最初的欧盟测试循环（也称为 MVEG - A 测试），包括 4 个连续的 ECE 城市工况和一个 EUDC 高车速工况，测试前，允许车辆有 40 秒的怠速时间。

（2）NEDC：从 2000 年（欧Ⅲ）起，ECE 15 + EUDC 测试程序被更新，取消了排放测试前的发动机 40 秒怠速期，发动机在 0 秒的时候启动即开始收集排放物。这种改进的冷启动测试被称为新欧洲驾驶循环（NEDC）或 MVEG - B 测试。

（3）WLTP：全球统一轻型车测试程序（WLTP）和相应的测试循环（WLTC）取代了 NEDC 测试，相比 NEDC 在测试时间、模拟路况变化情况等方面都加大了测试强度，更接近真实条件下的路况。

2017 年 9 月，欧盟针对新车型引入了 WLTP 测试程序，取得旧的 NEDC 测试认证的汽车仍然可以出售；2018 年 9 月，所有新车必须根据 WLTP 测试程序进行认证；2019 年 1 月，经销商处的所有在售汽车均应取得 WLTP 的认证（部分车辆除外）。各国政府应根据 WLTP 排放值调整车辆税和财政激励措施，在过渡期间，使用 CO_2 MPAS 相关工具确定新车是否符合现有的基于 NEDC 的排放目标。2020 年，欧盟委员将会把基于 NEDC 的排放目标升级为更严格的 WLTP 排放目标。

欧Ⅴ、欧Ⅵ强制执行标准引入了一个新的 PM 和 PN 的排放测量方法（类似于美国 2007 年的程序），该方法由联合国和欧洲经委会微粒测量计划（PMP）制定，通过调整颗粒质量排放的限制条件来应对因为运用旧的和新的方法引起的结果差异。

2. 实际驾驶排放（RDE）

除实验室测试外，欧盟还要求在路上测试车辆排放，确保车辆在实际行驶过程中也能满足排放要求。欧洲从 2011 年到 2015 年就一直在研究 RDE 的测量要求，并在 2016 年发布了 RDE 法规的第 1 部分和第 2 部分的内容要求，提出了在实际行驶过程中采用便携式排放测试系统（PEMS）对车辆进行实际行驶排放测试的规程以及排放达标要求，2017 年欧盟发布了 RDE 法规的第 3 部分内容，补充了对混合动力汽车相关的规定，并引入了冷启动和微粒再生的相关规定，同时明确提出了 PN 符合性因子，2018 年发布了 RDE 法规的第 4 部分内容，调整了行程有效性判定要求，并不再要求市区、市郊和高速窗口数量比例。

RDE 测试持续 90～120 分钟，测试路线包括三个部分：城市（<60km/h）、市郊（60～90km/h）和高速公路（>90km/h），每个部分至少覆盖 16km 的测试距离，并且在所有欧Ⅵ车辆（乘用车和轻型商用车辆）上测量 NO_x 排放，在所有具有 PN 限值的欧Ⅵ车辆（柴油和汽油）上测量实际驾驶 PN 排放，所有欧Ⅵ车辆也必须测量和记录 CO 排放。RDE 第 4 部分内容调整后的判定方法明确只采用 CO_2 特征曲线以及窗口的公差带要求（EMROAD）处理 PEMS 收集的排放数据，删除了功率段方法（CLEAR），最终 RDE 的排放由“测得的 RDE 排放”和“评估因子”相乘计算而得。

（三）温室气体排放

乘用车首个 CO_2 排放目标是在 1998 年通过欧盟委员会和汽车行业之间的自愿协议确定的，第一次提出了 CO_2 排放目标，该协议包括三个汽车制造商协会代表：ACEA（欧洲汽车制造商协会）、JAMA（日本汽车制造商协会）和 KAMA（韩国汽车制造商协会）。协议的目标是新车 CO_2 排放从 1998 年的 186g/km 降至 2008 年的 140g/km，2012 年再降至 120g/km。尽管在最初几年里实现了 CO_2 减排，但自 2004 年左右以来，汽车制造商已无法实现其自愿协议的目标，到 2007 年时平均 CO_2 排放依旧高达 160g/km，实施效果低于预期。为此，欧盟委员会制定了强制性 CO_2 减排计划，使用两套分别涵盖了乘用车和轻型商用车的独立法规来控制 CO_2 的排放。

1. 乘用车

（1）CO_2 排放目标

2009 年 4 月欧盟确定，从 2015 年开始乘用车平均 CO_2 排放将降至 130g/km，同时还规定了 2020 年降至 95g/km 的长期目标。实际上 2012 年欧盟范围内新车平均 CO_2 排放达到 132g/km，减排效果明显。2014 年欧盟要求，2020 年欧盟范围内所销售的 95% 的新车平均 CO_2 排放须达到 95g/km，到 2021 年 100% 的新车平均 CO_2 排放需满足该要求。2019 年 4 月欧盟正式通过新标，要求 2030 年欧盟境内新车平均 CO_2 排放比 2021 年水平减少 37.5%，同时提出“2025 年欧盟境内新车平均 CO_2 排放比 2021 年减少 15%”的临时目标。

每个汽车制造商在一个日历年中的具体排放目标基于车辆质量，计算为该日历年登记的每辆新客车的 CO_2 排放量（g/km）的平均值。

$$CO_2\text{的比排放} = T + a \times (M - M_0)$$

其中，T：CO_2 排放目标。2012～2019 年，$T = 130$g/km；从 2020 年起，$T = 95$g/km。

a：系数，2012～2019 年，$a = 0.0457$；从 2020 年起，$a = 0.0333$。

M：车辆质量（kg）。

M_0：平均车辆质量，2012～2015 年，M_0 = 1372kg；2016 年 M_0 = 1392.4kg。从 2016 年开始，M_0 的值每年调整一次，以反映前三个日历年乘用车的平均质量。欧盟规定分阶段实现 2021 年的新车平均 CO_2 排放目标，2012 年 65% 的乘用车新车满足该排放目标，2013 年 75% 的新车满足排放目标，2014 年 80% 的新车满足排放目标，到 2020 年 95% 的新车满足排放目标，而到 2021 年 100% 的新车需满足 CO_2 排放目标。

（2）超级积分奖励

在最初阶段，CO_2 排放量低于 50g/km 的车辆可获得“超级积分”

（Super Credit）的额外奖励。根据该制度，2012 年和 2013 年每辆 CO_2 排放量低于 50g/km 的车辆按照 3.5 辆计算，2014 年和 2015 年分别按照 2.5 辆和 1.5 辆，2016～2019 年按照 1 辆计算。针对零排放和 CO_2 排放量 50g/km 以下的低排放汽车，超级积分制度允许 2020～2022 年，每辆低排放汽车可抵成 2 辆、1.67 辆、1.33 辆，车企使用超级积分的上限为 7.5g/km。

（3）超额排放费用

超过平均 CO_2 排放目标的汽车制造商将受到处罚：从 2012 年到 2018 年，每公里超额排放的第一克 CO_2 罚款为每辆车 5 欧元；超出的第二克罚款 15 欧元；超出的第三克罚款 25 欧元；从超出的第四克开始，每克罚款 95 欧元。从 2019 年开始，超出 CO_2 排放标准的新车将受到 95 欧元/g 的罚款。

2. 轻型商用车

（1）CO_2 排放目标

轻型商用车必须符合以下排放目标（NEDC 测试循环）：2017 年新车平均 CO_2 排放降至 175g/km，从 2020 年开始登记的新车平均 CO_2 排放量降至 147g/km。

该法规的结构类似于乘用车法规。每个制造商的年度 CO_2 排放目标是通过公式计算得来，其中：

$$CO_2\text{的比排放} = T + a \times (M - M_0)$$

其中，T：CO_2 排放目标。2014～2019 年，$T = 170$g/km；从 2020 年起，$T = 147$g/km

a：系数。2014～2019 年，$a = 0.093$；从 2020 年起，$a = 0.096$。

M：车辆质量（kg）。

M_0：平均轻型商用车质量。2014～2017 年，$M_0 = 1706$kg。从 2018 年开始，M_0 的值每年调整一次，以反映前三个日历年新轻型商用车的平均质量。

为了达到 2017 年的新车平均 CO_2 排放目标，欧盟规定，2014 年 70% 的轻型商用车新车满足该排放目标，2015 年 75% 的新车满足排放目标，2016 年 80% 的新车满足排放目标，到 2017 年 100% 的新车平均 CO_2 排放满足该目标。

（2）超级积分奖励

CO_2 排放量低于 50g/km 的低排放汽车在初期将获得额外的超级积分奖励，2014 年和 2015 年一辆低排放的车辆按照 3.5 辆计算，2016 年按照 2.5 辆计算，2017 年按照 1.5 辆计算，根据超级积分制度规定，从 2018 年起，不再享有超级积分的奖励。

（3）超额排放费用

超过平均 CO_2 排放目标的汽车制造商将受到处罚：每公里超额排放的第一克 CO_2 罚款为每辆车 5 欧元；超出的第二克罚款 15 欧元；超出的第三克罚款 25 欧元；从超出的第四克开始，每克罚款 120 欧元。从 2019 年开始，超出 CO_2 排放标准的新车将受到 120 欧元/克的罚款。

三　日本政策法规研究

（一）排放标准

1. 乘用车和轻型商用车

（1）乘用车

在日本可以建立两种类型的排放法规评价标准，即“平均值”（mean）和“最大值”（max）（“最大值”标准显示在表 24 的括号中）。“平均”标准作为对批量生产平均值的限制，“最大”标准通常作为对批量生产中个别的限制。表 24 列出了柴油乘用车的排放标准。表 25 列出了 2009 年及以后的汽油和液化石油气乘用车的排放标准。

从 2018 年开始，日本使用 WLTP 循环进行排放测试，替换了原有的 JC08 循环。

表 24　日本柴油乘用车排放标准

单位：g/km

车辆重量	实施时间	测试循环	CO	HC	NO_X	PM
			mean(max)	mean(max)	mean(max)	mean(max)
≤1250kg*	1986	10～15mode	2.1(2.7)	0.40(0.62)	0.70(0.98)	
	1990		2.1(2.7)	0.40(0.62)	0.50(0.72)	
	1994		2.1(2.7)	0.40(0.62)	0.50(0.72)	0.20(0.34)
	1997		2.1(2.7)	0.40(0.62)	0.40(0.55)	0.08(0.14)
	2002[a]		0.63	0.12	0.28	0.052
	2005[b]	JC08[c]	0.63	0.024[d]	0.14	0.013
	2009		0.63	0.024[d]	0.08	0.005
	2018	WLTP	0.63	0.024[d]	0.15	0.005
>1250kg*	1986	10～15mode	2.1(2.7)	0.40(0.62)	0.90(1.26)	
	1990		2.1(2.7)	0.40(0.62)	0.60(0.84)	
	1994		2.1(2.7)	0.40(0.62)	0.60(0.84)	0.20(0.34)
	1997		2.1(2.7)	0.40(0.62)	0.40(0.55)	0.08(0.14)
	2002[a]		0.63	0.12	0.3	0.056
	2005[b]	JC08[c]	0.63	0.024[d]	0.15	0.014
	2009		0.63	0.024[d]	0.08	0.005
	2018	WLTP	0.63	0.024[d]	0.15	0.005

注：*等效惯性重量（EIW）：汽车重量为1265kg。

a 2002 年 10 月对国内乘用车生效，2004 年 9 月对进口乘用车生效。

b 到 2005 年底全面实施。

c 到 2011 年完全采用。

d 非甲烷碳氢。

表 25　日本汽油和液化石油气乘用车排放标准

单位：g/km

时间	测试循环	CO	HC	NO_X	PM
		mean(max)	mean(max)	mean(max)	mean(max)
2009	JC08	1.15	0.05	0.05	0.005
2018	WLTP	1.15	0.1	0.05	0.005

（2）轻型商用车

表 26 为柴油燃料轻型商用车的排放标准，表 27 为以汽油和液化石油气为燃料的轻型商用车的排放标准。

表 26 柴油轻型商用车排放标准（GVW≤3500kg，2005 年前 GVW≤2500kg）

车辆重量	实施时间	测试循环	单位	CO	HC	NO_X	PM
				mean(max)	mean(max)	mean(max)	mean(max)
≤1770kg*	1988	10～15mode	g/km	2.1(2.7)	0.40(0.62)	0.90(1.26)	
	1993			2.1(2.7)	0.40(0.62)	0.60(0.84)	0.20(0.34)
	1997			2.1(2.7)	0.40(0.62)	0.40(0.55)	0.08(0.14)
	2002			0.63	0.12	0.28	0.052
	2005[b]	JC08[c]		0.63	0.024[d]	0.14	0.013
	2009			0.63	0.024[d]	0.08	0.005
	2018	WLTP		0.63	0.024[d]	0.15	0.005
>1770kg*	1988	6mode	ppm	790(980)	510(670)	DI:380(500) IDI:260(350)	
	1993	10～15mode	g/km	2.1(2.7)	0.40(0.62)	1.30(1.82)	0.25(0.43)
	1997[a]			2.1(2.7)	0.40(0.62)	0.70(0.97)	0.09(0.18)
	2003			0.63	0.12	0.49	0.06
	2005[b]	JC08[c]		0.63	0.024[d]	0.25	0.015
	2009[e]			0.63	0.024[d]	0.15	0.007
	2018	WLTP		0.63	0.024[d]	0.24	0.007

注：*最大总质量（GVW）。

a 1997：手动变速器车辆；1998 年：自动变速器车辆。

b 到 2005 年底全面实施。

c 到 2011 年完全采用。

d 非甲烷碳氢。

e 2009 年 10 月新国内型号，2010 年 9 月现有型号和进口。

表 27 汽油和液化石油气轻型商用车的排放标准（GVW≤3500kg）

单位：g/km

车辆重量	时间	测试循环	CO	HC	NO_X	PM
			mean(max)	mean(max)	mean(max)	mean(max)
Mini	2009	JC08	4.02	0.05	0.05	0.005
	2019	WLTP	4.02	0.1	0.05	0.005
≤1700kg	2009	JC08	1.15	0.05	0.05	0.005
	2019	WLTP	1.15	0.1	0.05	0.005
>1700kg	2009	JC08	2.55	0.05	0.07	0.007
	2019	WLTP	2.55	0.15	0.07	0.007

2. 重型商用车

（1）柴油发动机

表 28 总结了重型商用车辆中使用的柴油发动机的排放标准。

表 28 用于重型商用车辆的柴油发动机的排放标准

时间	测试	单位	CO	HC	NOx	PM
			mean(max)	mean(max)	mean(max)	mean(max)
1988 ~ 1989	6mode	ppm	790(980)	510(670)	DI:400(520) IDI:260(350)	
1994	13mode	g/kWh	7.40(9.20)	2.90(3.80)	DI:6.00(7.80) IDI:5.00(6.80)	0.70(0.96)
1997[a]			7.40(9.20)	2.90(3.80)	4.50(5.80)	0.25(0.49)
2003[b]			2.22	0.87	3.38	0.18
2005[c]	JE05		2.22	0.17[d]	2	0.027
2009[e]			2.22	0.17[d]	0.7	0.01
2016[f]	WHTC		2.22	0.17[d]	0.4	0.01

注：a 1997 年：GVW≤3500kg；1998 年：3500 < GVW≤12000kg；1999 年：GVW > 12000kg。

b 2003 年：GVW≤12000kg；2004 年：GVW > 12000kg。

c 到 2005 年底全面实施。

d 非甲烷碳氢。

e 2009 年：GVW > 12000kg；2010 年：GVW≤12000kg。

f 2016 年：GVW > 7500kg；2017 年：拖拉机；2018 年：3500 < GVW≤7500kg。

（2）全球统一重型发动机瞬态测试循环（WHTC）

WHTC 测试是由 UN ECE GRPE 工作组提出的重型发动机瞬态测试循环，即全球技术法规（GTR）。GTR 涵盖了重型发动机测试循环（WHDC）。该标准基于世界范围内真正重型商用车的使用工况。已经创建了两个具有代表性的测试循环，即全球统一重型发动机瞬态测试循环（WHTC）以及全球统一重型发动机稳态测试循环（WHSC），其涵盖了欧盟、美国、日本和澳大利亚的典型驾驶条件。欧Ⅵ重型发动机排放标准首次采用 WHTC 测试循环。WHTC 是一个持续 1800s 的瞬态测试循环，其发动机转速和扭矩值如图 1 所示。

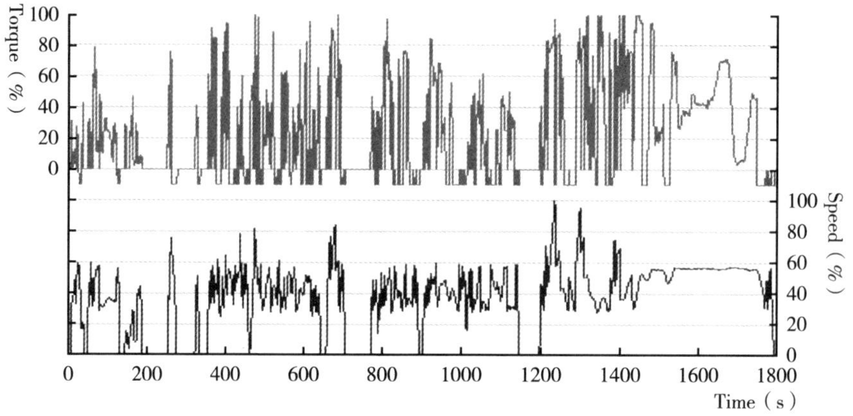

图1　全球统一重型发动机瞬态测试循环

（3）汽油和液化石油气发动机

表29总结了重型商用车使用的汽油和液化石油气发动机的排放标准。2018年后没有公布重型商用车使用的汽油和液化石油气发动机的新标准。

表29　重型商用车用汽油和液化石油气发动机的排放标准（GVW＞3500kg）

单位：g/kWh

时间	测试	CO	HC	NOx	PM
		mean(max)	mean(max)	mean(max)	mean(max)
2009	JE05	16	0.23	0.7	0.01

（4）日本JE05循环

日本2005年排放标准为最大总质量（GVW）超过3500kg的重型汽车引入了JE05排放测试循环（也称为ED12）。JE05循环是基于东京驾驶条件的瞬态测试，适用于柴油和汽油车辆。JE05测试循环如图2所示，测试持续时间约为1800s，平均速度为26.94km/h，最高速度为88km/h。

（二）燃油经济性

日本车辆燃油经济性法规是《节约能源法》的一部分。该法规于1976

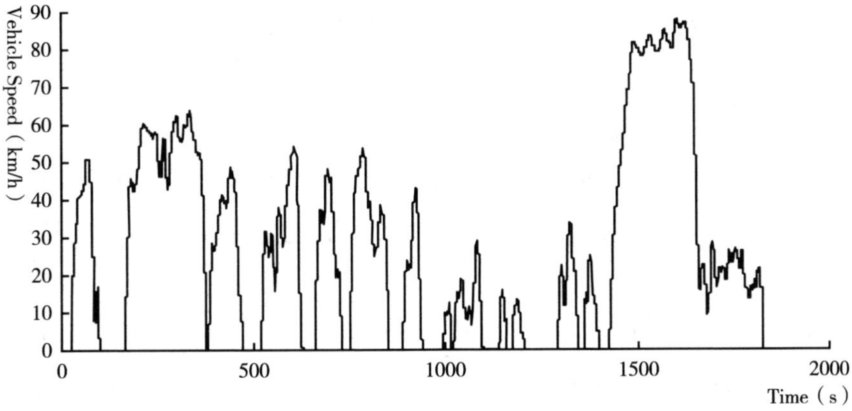

图 2　车辆的 JE05 测试循环（GVW >3500kg）

年通过并多次修订，涵盖了各种产品的能效要求。自 1998 年以来，《节约能源法》下的能效标准采用“领跑者”方法制定。在“领跑者”方法中，未来的燃油经济性目标基于市场上同重量类别车型中最节能的产品进行设定。同时考虑了其他因素，包括积极因素（如技术进步）和消极因素（如更严格的排放权衡）。

1999 年汽油乘用车和轻型商用车的 2010 年燃油经济性目标（2005 年对柴油车辆有效）通过。2003 年通过液化石油气汽车燃油经济性标准（2010 年目标）。2006 年通过超过 3. 5t 重型汽车燃油经济性标准（2015 年目标）。2007 年通过 2015 年轻型汽车燃油经济性目标，包括对乘用车和轻型商用车燃油经济性标准的修订以及适用于小型公交车的新标准。

在日本，燃油经济性目标是基于车辆最大总质量（GVW）进行分类计算的。制造商必须确保在每个财政年度，每种重量类别的车辆的平均燃油经济性符合标准。但是，标准也存在灵活性，其允许制造商在一个重量类别中积累信用额度以用于另一个重量类别。虽然燃油经济性目标是强制性的，但是未达到目标的惩罚并不大。

标准的有效性通过财政激励措施得到加强，例如，按车辆重量和发动机排量征收的累进税，以此促进消费者购买轻型汽车；满足燃油经济性标准和排放标准的车辆也有资格获得额外的车辆税减免等。

1. 轻型汽车：2010年目标

燃油经济性标准适用于 GVW≤2. 5t 的新认证乘用车和轻型卡车。汽油和液化石油气车辆的标准从 2010 年起生效，而柴油车辆的标准从 2005 年起生效。根据政府估计，当达到目标时，平均燃油经济性将达到如下标准。

乘用车：15. 1km/L（CO_2 排放为 153. 8g/km），与 1995 年 12. 3km/L（CO_2 排放为 188. 8g/km）相比，燃油效率提升 22. 8%；轻型卡车：16. 3km/L（CO_2 排放为 124. 4g/km），与 1995 年的 14. 4km/L（CO_2 排放为 161. 2g/km）相比，燃油效率提升 13. 2%。汽油、柴油和 LPG 乘用车（≤10 名乘客）的燃油经济性标准如表 30 所示。

表 30　2010 年乘用车燃油经济性标准

单位：km/L

车辆重量(kg)	燃油效率目标		
	汽油	柴油*	LPG
<703	21. 2	18. 9	15. 9
703 ~ 827	18. 8		14. 1
828 ~ 1015	17. 9		13. 5
1016 ~ 1265	16	16. 2	12
1266 ~ 1515	13	13. 2	9. 8
1516 ~ 1765	10. 5	11. 9	7. 9
1766 ~ 2015	8. 9	10. 8	6. 7
2016 ~ 2265	7. 8	9. 8	5. 9
>2265	6. 4	8. 7	4. 8

注：柴油车的目标从 2005 年起生效。

用于运输货物的汽油和柴油燃料轻型商用车（GVW≤2. 5t）燃油经济性标准，分别列于表 31 和表 32。标准取决于变速器的类型（MT——手动；AT——自动）和车辆结构。

表 31　2010 年汽油轻型商用车燃油经济性标准

单位：km/L

种类	变速器	GVW(kg)	结构	燃油效率目标
Mini Cargo Vehicles	MT	<703	A	20.2
			B	17
		703~828	A	18
			B	16.7
		>828		15.5
	AT	<703	A	18.9
			B	16.2
		703~827	A	16.5
			B	15.5
		>828		14.9
Small Cargo Vehicles GVW≤1.7t	MT	<1016		17.8
		≥1016		15.7
	AT	<1016		14.9
		≥1016		13.8
Medium Cargo Vehicles 1.7t<GVW≤2.5t	MT	<1266	A	14.5
		1266~1515	B	12.3
		≥1516		10.7
	AT	<1266		9.3
			A	12.5
		≥1266	B	11.2
				10.3

表 32　2010 年柴油轻型商用车燃油经济性标准

单位：km/L

种类	变速器	GVW(kg)	结构	燃油效率目标
Small Cargo Vehicles GVW≤1.7t	MT			17.7
	AT			15.1
Medium Cargo Vehicles 1.7t<GVW≤2.5t	MT	<1266	A	17.4
			B	14.6
		1266~1515		14.1
		≥1516		12.5

续表

种类	变速器	GVW(kg)	结构	燃油效率目标
	AT	<1266	A	14.5
			B	12.6
		1266~1515		12.3
		1516~1765		10.8
		≥1766		10.3

注：测试为在热启动 10/15 工况循环中测试燃料消耗。

2. 轻型汽车：2015年目标

2015 年燃油经济性标准适用于更多车型。标准中增加了适用于小型公共汽车的新标准，轻型卡车（货车）标准的适用范围扩大到 GVW≤3.5t 的车辆。因此，2015 年目标适用于 3.5t 以下的大多数车辆（乘用车以外的 LPG 车辆，以及使用除汽油、柴油或液化石油气以外的燃料的车辆除外）。当达到 2015 年目标时，车队平均燃油经济性估计为：乘用车：16.8km/L，与 2004 年的 13.6km/L 相比，燃油效率提高 23.5%；轻型卡车（3.5t）：15.2km/L，与 2004 年的 13.5km/L 相比，燃油效率提高 12.6%；小型公交车：8.9km/L，与 2004 年的 8.3km/L 相比，燃油效率提高 7.2%；乘用车的燃油经济性标准（≤10 名乘客）如表 33 所示。同样的标准适用于汽油和柴油车，但热值校正适用于柴油机。

表 33　2015 年乘用车燃油经济性标准

单位：km/L

种类	车辆重量(kg)	燃油效率目标	种类	车辆重量(kg)	燃油效率目标
1	≤600	22.5	9	1421~1530	14.4
2	601~740	21.8	10	1531~1650	13.2
3	741~855	21	11	1651~1760	12.2
4	856~970	20.8	12	1761~1870	11.1
5	971~1080	20.5	13	1871~1990	10.2
6	1081~1195	18.7	14	1991~2100	9.4
7	1196~1310	17.2	15	2101~2270	8.7
8	1311~1420	15.8	16	≥2271	7.4

表 34　2015 年小型客车的燃油经济性标准

单位：km/L

种类	燃油种类	燃油效率目标	种类	燃油种类	燃油效率目标
1	Gasoline	8.5	2	Diesel	9.7

表 35、表 36、表 37 总结了 GVW≤3.5t 的轻型卡车（货车）的燃油经济性标准。标准取决于变速器的类型（MT——手动；AT——自动）和车辆结构。

表 35　2015 年小型货车燃油经济性标准

单位：km/L

种类	结构	变速器	车辆重量(kg)	燃油效率目标
1	A	MT	≤740	23.2
2			≥741	20.3
3		AT	≤740	20.9
4			741～855	19.6
5			≥856	20.5
6	B	MT	≤740	18.2
7			741～855	18
8			856～970	17.2
9			≥971	16.4
10		AT	≤740	16.4
11			741～855	16
12			856～970	15.4
13			≥971	14.7

表 36　2015 年轻型货车燃油经济性标准（GVW≤1.7t）

单位：km/L

种类	变速器	车辆重量(kg)	燃油效率目标
1	MT	≤1080	18.5
2		≥1081	17.1
3	AT	≤1080	17.4
4		1081～1195	15.8
5		≥1196	14.7

表 37　2015 年汽油中型货车燃油经济性标准（1.7 t ＜GVW≤3.5t）

单位：km/L

种类	结构	变速器	车辆重量(kg)	燃油效率目标
1	A	MT	—	14.2
2		AT	≤1310	13.3
3			≥1311	12.7
4	B1	MT	≤1310	11.9
5			1311～1420	10.6
6			1421～1530	10.3
7			1531～1650	10
8			1651～1760	9.8
9			≥1761	9.7
10		AT	≤1310	10.9
11			1311～1420	9.8
12			1421～1530	9.6
13			1531～1650	9.4
14			1651～1760	9.1
15			1761～1870	8.8
16			≥1871	8.5
17	B2	MT	≤1310	11.2
18			1311～1420	10.2
19			1421～1530	9.9
20			1531～1650	9.7
21			1651～1760	9.3
22			≥1761	8.9
23		AT	≤1310	10.5
24			1311～1420	9.7
25			1421～1530	8.9
26			1531～1650	8.6
27			≥1651	7.9
28	A&B1	MT	≤1420	14.5
29			1421～1530	14.1
30			1531～1650	13.8
31			1651～1760	13.6
32			1761～1870	13.3
33			1871～1990	12.8
34			1991～2100	12.3
35			≥2101	11.7

续表

种类	结构	变速器	车辆重量(kg)	燃油效率目标
36	A&B1	AT	≤1420	13.1
37			1421~1530	12.8
38			1531~1650	11.5
39			1651~1760	11.3
40			1761~1870	11
41			1871~1990	10.8
42			1991~2100	10.3
43			≥2101	9.4
44	B2	MT	≤1420	14.3
45			1421~1530	12.9
46			1531~1650	12.6
47			1651~1760	12.4
48			1761~1870	12
49			1871~1990	11.3
50			1991~2100	11.2
51			≥2101	11.1
52		AT	≤1420	12.5
53			1421~1530	11.8
54			1531~1650	10.9
55			1651~1760	10.6
56			1761~1870	9.7
57			1871~1990	9.5
58			1991~2100	9
59			≥2101	8.8

2015年燃料消耗测试在JC08周期内进行，完全取代2011年的10/15模式测试。JC08采用组合工况作为驾驶循环，组合工况包括JC08循环冷启动和JC08循环热启动，加权系数分别为0.25和0.75（见图3、图4）。

3. 重型汽车：2015年目标

重型汽车的燃油经济性标准（从2015年起生效）适用于GVW>3.5t的柴油燃料、法规认可的商用车，包括设计用于运载11名或更多乘客的卡车和公共汽车。该标准也适用于配备有C. O或其他排放控制装置的非型式认

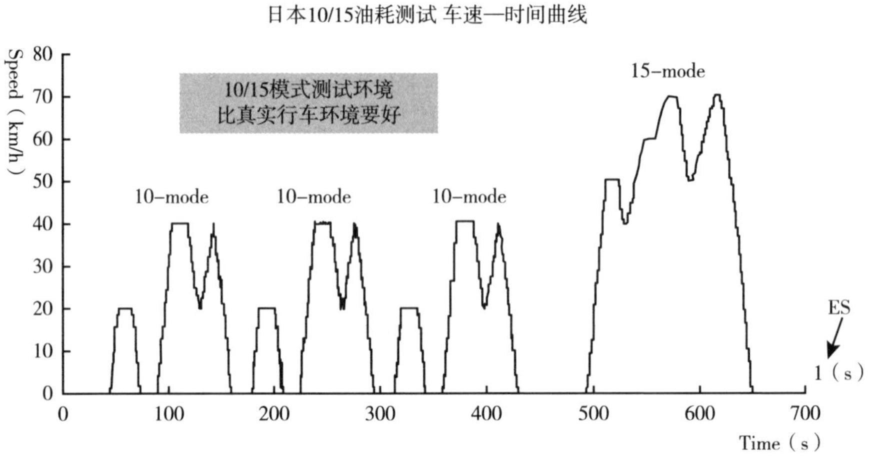

图3 日本10/15油耗测试

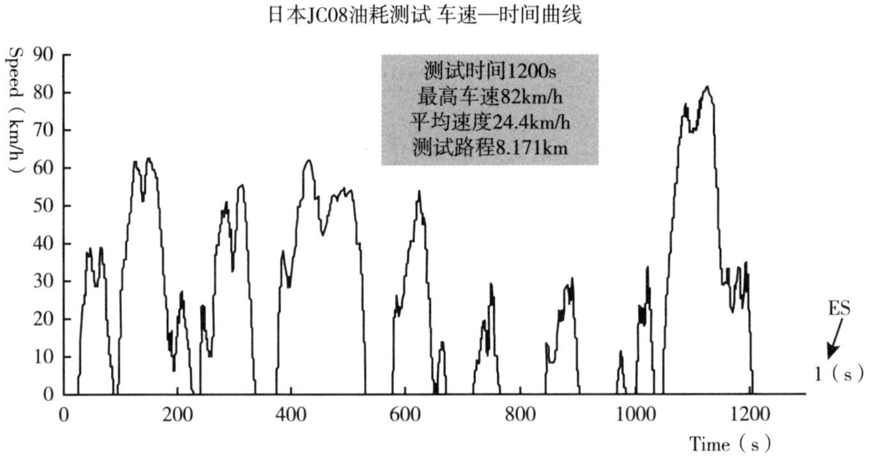

图4 日本JC08油耗测试

可的柴油车辆。由汽油、液化石油气或其他替代燃料提供动力的重型汽车的燃油经济性不受此标准监管。当目标完全达到时，平均燃油经济性将达到：卡车：7.09km/L（CO_2 排放369.6g/km），与2002年的6.32km/L（CO_2 排放414.6g/km）相比，燃油效率提高12.2%；公共汽车：6.30km/L（CO_2

排放 416.0g/km），与 2002 年的 5.62km/L（CO_2 排放 466.3g/km）相比，燃油效率提高 12.1%。重型汽车的燃油经济性标准总结在表 38 ~ 表 41 中。

表 38　2015 年重型公交车燃油经济性标准

单位：km/L

类别	GVW(t)	燃油效率目标
1	6 < GVW ≤ 8	6.97
2	8 < GVW ≤ 10	6.3
3	10 < GVW ≤ 12	5.77
4	12 < GVW ≤ 14	5.14
5	14 < GVW	4.23

表 39　2015 年重型一般（非运输）公共汽车的燃油经济性标准

单位：km/L

类别	GVW(t)	燃油效率目标
1	3.5 < GVW ≤ 6	9.04
2	6 < GVW ≤ 8	6.52
3	8 < GVW ≤ 10	6.37
4	10 < GVW ≤ 12	5.7
5	12 < GVW ≤ 14	5.21
6	14 < GVW ≤ 16	4.06
7	16 < GVW	3.57

表 40　2015 年重型卡车燃油经济性标准（不包括拖拉机）

单位：km/L

类别	GVW(t)	最大负荷(L)(t)	燃油效率目标
1	3.5 < GVW ≤ 7.5	L ≤ 1.5	10.83
2		1.5 < L ≤ 2	10.35
3		2 < L ≤ 3	9.51
4		3 < L	8.12
5	7.5 < GVW ≤ 8		7.24
6	8 < GVW ≤ 10		6.52
7	10 < GVW ≤ 12		6
8	12 < GVW ≤ 14		5.69
9	14 < GVW ≤ 16		4.97
10	16 < GVW ≤ 20		4.15
11	20 < GVW		4.04

表41　2015年重型拖拉机燃油效率指标

单位：km/L

类别	GVW(t)	燃油效率目标
1	GVW≤20	3.09
2	GVW＞20	2.01

B.5
我国政策法规研究

摘　要： 工业和信息化部装备工业司组织行业机构、重点企业等单位研究开展了新版强制性国家标准《乘用车燃料消耗量限值》和《乘用车燃料消耗量评价方法及指标》的制定工作，并于2019年1月24日形成征求意见稿，公开征求社会各界意见。本报告详细阐述了我国乘用车、轻型商用车、重型商用车油耗法规、排放法规，对测试循环进行了深入研究，并分析了我国节能减排政策。

关键词： 政策法规　乘用车　轻型商用车　重型商用车　国Ⅵ

一　2018~2019年国内油耗法规研究

（一）乘用车油耗法规概述

国务院发布《节能与新能源汽车产业发展规划（2012~2020年）》，明确了我国汽车节能标准的整体目标，要求2020年乘用车新车平均燃料消耗量达到5.0L/100km，2016~2020年，车企平均油耗需达到的目标分别是百公里6.7L、6.4L、6L、5.5L和5.0L（见图1）。为此，中国不断提高对新型乘用车和轻型商用车的排放要求，并且，将于2020年实行最新的更加严苛的国Ⅵ排放标准。与此同时，为了促进汽车节能技术的发展，加大对环境的保护，国务院印发《中国制造2025》，明确提出将节能汽车、新能源汽车、智能网联汽车作为重点发展领域。通过新能源技术有望进一步降低车辆的整体油耗，并于2025年将乘用车新车整体油耗降至4L/100km左右。对此，工业和信息化部装备工业司组织行业机构、重点企业等单位研究开展了新版强制性国家标准《乘用车燃料消耗量限值》和《乘用车燃料消耗量评价方法及指标》的制定工作，并于2019年1月24日形成征求意见稿，公开征求社会各界意见。

工信部在新政策解读中表示，《乘用车燃料消耗量限值》国家标准和《乘用车燃料消耗量评价方法及指标》国家标准是贯彻落实《中华人民共和国节约能源法》《中国制造2025》《汽车产业中长期发展规划》的重要措施，旨在持续推动传统燃油汽车节能降耗，同时服务和促进新能源汽车发展，确保实现新能源汽车发展目标，最终达到我国乘用车新车平均燃料消耗量水平在2025年下降至4L/100km，对应CO_2排放约为95g/km的国家总体节能目标。

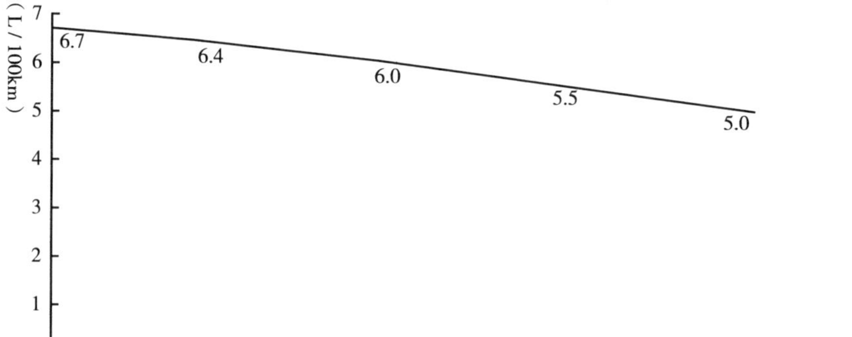

图1　2016～2020年燃油消耗量限值

乘用车企业生产的所有乘用车型的平均油耗达到此燃料消耗量限值标准即可，乘用车的企业平均燃料消耗量计算公式介绍如下。

$$\text{企业平均燃料消耗量} = \frac{\sum(\text{车型综合工况燃料消耗量} \times \text{对应核算基数})}{\sum \text{车型核算基数}}$$

$$CAFC = \frac{\sum_{1}^{N} FC_i \times V_i}{\sum_{1}^{N} V_i}$$

i 表示乘用车车型序号。

FC_i 表示第 i 个车型的燃料消耗量。

V_i 表示第 i 个车型的年度生产、进口或销售量。

乘用车对应的企业平均燃料消耗量目标值计算公式介绍如下。

$$企业平均燃料消耗量 = \frac{\sum(车型综合工况燃料消耗量目标值 \times 对应核算基数)}{\sum 车型核算基数}$$

$$T_{CAFC} = \frac{\sum_{1}^{N} T_i \times V_i}{\sum_{1}^{N} V_i}$$

i 表示乘用车车型序号。

T_i 表示第 i 个车型对应燃料消耗量目标值。

T_{CAFC} 表示企业平均燃料消耗量目标值。

V_i 表示第 i 个车型的年度生产、进口或销售量。

表 1　不同车型对应的折算倍数

车型	折算倍数(计入核算基数之和)
纯电动乘用车、燃料电池乘用车、纯电动驱动模式综合工况续驶里程达到 50km 及以上的插电式混合动力乘用车	5
综合工况燃料消耗量实际值低于 2.8L/100km(含)的车型(不含纯电动、燃料电池乘用车)	3

值得注意的是，纯电动乘用车、燃料电池乘用车、纯电动驱动模式综合工况续驶里程达到 50km 及以上的插电式混合动力乘用车的综合工况燃料消耗量实际值要按 0 计算。

由2014~2017年我国乘用车平均质量对比发现（见图2），我国消费者还是偏爱尺寸较大的车型，这在一定程度上增加了燃料消耗量，使实际耗油量明显高于当年耗油量目标值。

目前我国采用第四阶段油耗法规，评价体系依然是“车型燃料消耗量限值+企业平均燃料消耗量目标值”，按照整备质量分组设定燃料消耗量目标值；着重监管整备质量大的车型的燃料消耗量，而整备质量小的车型监管力度可适度放松。从不同整备质量段车型对燃料消耗量目标值的斜率可以看出，随着汽车整备质量的增大，燃料消耗量标准更加严格（见图3）。

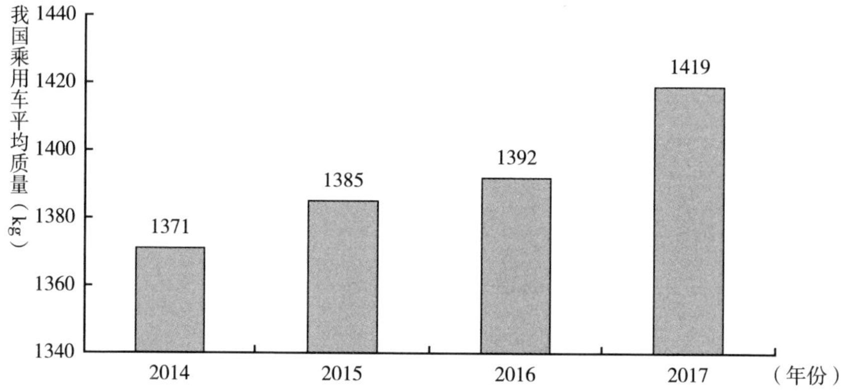

图2　2014~2017年我国乘用车平均质量对比

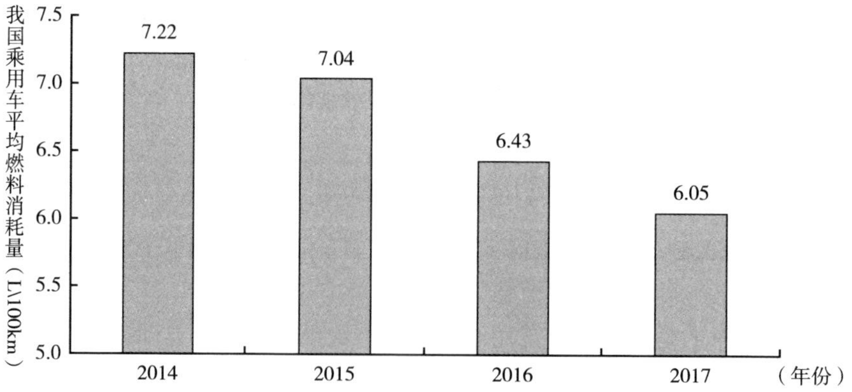

图3　2014~2017年我国乘用车平均燃料消耗量对比

（二）欧洲行驶循环（NEDC）

现阶段，工信部油耗测试采用的仍是欧洲行驶循环（NEDC），其中包含市区工况和市郊工况。而常用的油耗测量方法有流量计法及碳平衡法，工信部采用的是碳平衡法，这种方法通过测量汽车尾气的流量及其中碳化合物气体的含量，从而测算出车辆燃油消耗量。碳平衡法属于间接测量法，可以比较准确地测定汽车油耗，在国际上也是主流的测试方法。

一个完整的测试循环共计1180秒，由四个市区工况小循环和一个郊区工况组成，其中市区工况共780秒，最高车速50km/h。郊区工况400秒，最高车速120km/h。实验中，测试车辆分别要在怠速、减速、换挡、加速、等速等状态下运行。在市区工况下，平均时速只有19km/h，而且怠速行驶时间较长。在市郊工况下，平均时速超过60km/h，等速行驶时间会更多一些。至于我们常见的综合油耗，就是用市区和市郊两个循环的总排放量，除以完成这两个循环的总里程，利用排放量对应计算出燃料消耗值（见图4）。

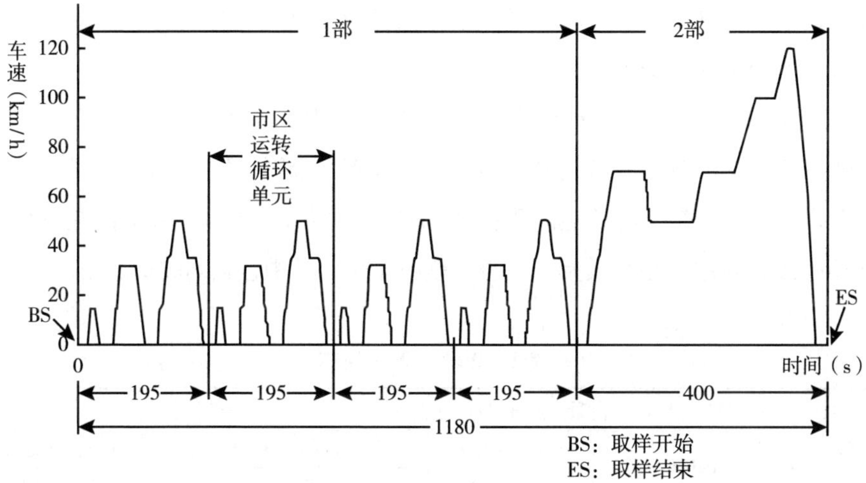

图4　燃油消耗试验循环测试法

虽然该测试方法已经非常严格，但在实际使用中，实际油耗总会比官方油耗多2～3L/100km。简要分析产生差距的原因：首先，测试环境无风阻，风阻是影响汽车油耗的重要因素之一，汽车低速行驶时主要克服的是轮胎与地面之间的摩擦阻力，而在车速较高时，空气阻力成为首要克服的阻力；其次，模拟试验的路况比较简单，跟国内实际复杂的路况相比更加省油；最后，实际车辆的动力调校及驾驶员的驾驶习惯等因素都与车辆油耗息息相关。尽管如此，工信部的官方油耗仍有借鉴意义，方便我们对各车型进行横向比较，了解哪款车型更加省油。

（三）全球统一轻型汽车测试循环（WLTC）

全球统一轻型汽车测试循环是2020年排放法规国Ⅵ标准的油耗测试循环；WLTC采用底盘测功机测试，用于确定轻型汽车的排放和燃料消耗。WLTC循环是全球统一轻型汽车测试程序（WLTP）的一部分，作为UNECE全球技术法规第15号（GTR 15）出版。虽然缩写词WLTP和WLTC有时可互换使用，但WLTP除了WLTC测试循环之外还定义了许多其他程序，这些程序是批准车辆类型所必需的。WLTP取代了基于NEDC的轻型汽车型式认可测试程序，从NEDC到WLTP的过渡发生在2017～2019年。WLTP也被引入日本的车辆认证。

WLTP包括几个适用于不同功率—质量（PMR）比率的车辆类别的WLTC测试循环，表2 PMR参数定义为额定功率（W）/路缘质量（kg）。路缘质量是指ECE R83中定义的“空载质量”，不包括驱动器。然而，欧盟法规与GTR 15不一致，并用“运行质量”代替了整备质量，其中包括驾驶员。

表2　WLTC测试循环

类别	PMR(W/kg)	最大速度(km/h)	速度相序
Class 3b	PMR > 34	v_max≥120	Low 3 + Medium 3 − 2 + High 3 − 2 + Extra High 3
Class 3a		v_max < 120	Low 3 + Medium 3 − 1 + High 3 − 1 + Extra High 3
Class 2	34≥PMR > 22	—	Low 2 + Medium 2 + High 2 + Extra High 2
Class 1	PMR≤22	—	Low 1 + Medium 1 + Low 1

1. WLTC 测试循环

WLTC 测试循环对不同功率质量比的车辆具有不同的测试循环。3 级循环具有最高的功率质量比，代表了欧洲和日本的车辆。3 级车辆根据其最大速度分为 2 个子类：3a 级，v_ max < 120km/h；3b 级，v_ max ≥120km/h。表 3 中给出了 3 类循环的选定参数，图 5 展示了 3b 类的车速。

表 3　WLTP Class 3 循环：选定的参数

相位	持续时间（s）	停止持续时间（s）	距离（m）	p_stop（%）	v_max（km/h）	v_ave w/o stops（km/h）	v_ave w/stops（km/h）	a_min（m/s^2）	a_max（m/s^2）
Class 3b（v_max≥120km/h）									
Low 3	589	156	3095	26.50	56.5	25.7	18.9	-1.47	1.47
Medium 3-2	433	48	4756	11.10	76.6	44.5	39.5	-1.49	1.57
High 3-2	455	31	7162	6.80	97.4	60.8	56.7	-1.49	1.58
Extra-High 3	323	7	8254	2.20	131.3	94	92	-1.21	1.03
Total	1800	242	23266						
Class 3a（v_max < 120km/h）									
Low 3	589	156	3095	26.50	56.5	25.7	18.9	-1.47	1.47
Medium 3-1	433	48	4721	11.10	76.6	44.1	39.3	-1.47	1.28
High 3-1	455	31	7124	6.80	97.4	60.5	56.4	-1.49	1.58
Extra-High 3	323	7	8254	2.20	131.3	94	92	-1.21	1.03
Total	1800	242	23194						

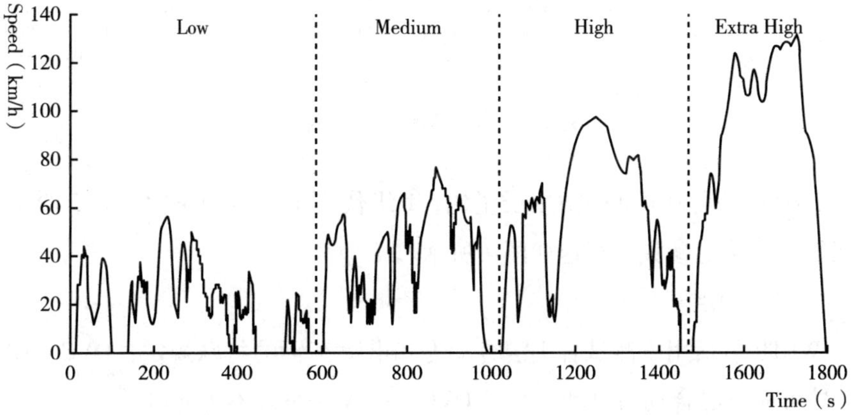

图 5　b 类车辆的 WLTC 循环

2 级代表印度的驱动车辆与日本和欧洲驱动的低功率车辆。表 4 给出了 2 级循环的选定参数，车速如图 6 所示。

表 4　WLTP Class 2 循环：选定的参数

相位	持续时间（s）	停止持续时间（s）	距离（m）	p_stop（%）	v_max（km/h）	v_ave w/o stops（km/h）	v_ave w/ stops（km/h）	a_min（m/s^2）	a_max（m/s^2）
Low 2	589	155	3101	26. 30	51. 4	25. 7	19	-0. 94	0. 9
Medium 2	433	48	4737	11. 10	74. 7	44. 3	39. 4	-0. 93	0. 96
High 2	455	30	6792	6. 60	85. 2	57. 5	53. 7	-1. 11	0. 85
Extra - High 2	323	7	8019	2. 20	123. 1	91. 4	89. 4	-1. 06	0. 65
Total	1800	240	22649						

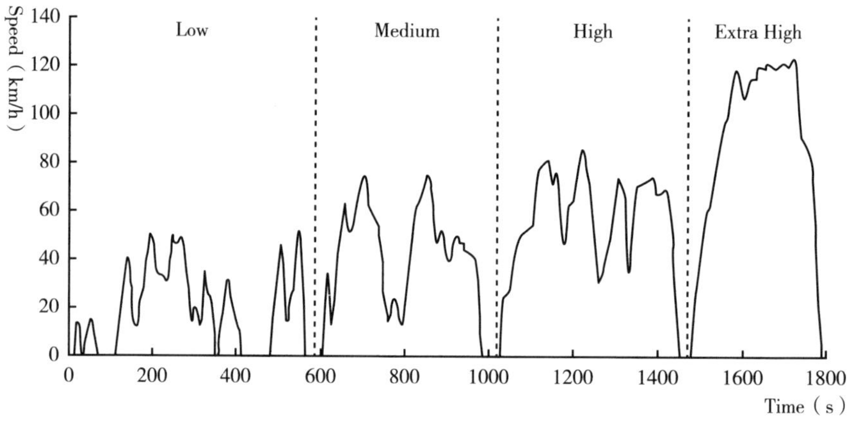

图 6　2 类车辆的 WLTC 循环

1 级循环代表最低的功率质量比；1 级代表了印度的车辆。表 5 给出了 1 级循环的选定参数，车速如图 7 所示。

2. 特殊规定

WLTP 包括用于测试各类混合动力和电动车辆的特殊规定：OVC - HEV（车外可充电混合动力电动车）、NOVC - HEV（车外不可充电的混合动力电动车）和 PEV（纯电动汽车）。

表 5 WLTP Class 1 循环：选定的参数

相位	持续时间（s）	停止持续时间（s）	距离（m）	p_stop（%）	v_max（km/h）	v_ave w/o stops（km/h）	v_ave w/stops（km/h）	a_min（m/s^2）	a_max（m/s^2）
Low 1	589	154	3330	26.10	49.1	27.6	20.4	-1	0.76
Medium 1	433	48	4767	11.10	64.4	44.6	39.6	-0.53	0.63
Low 1	589	154	3330	26.10	49.1	27.6	20.4	-1	0.76
Total	1611	356	11428						

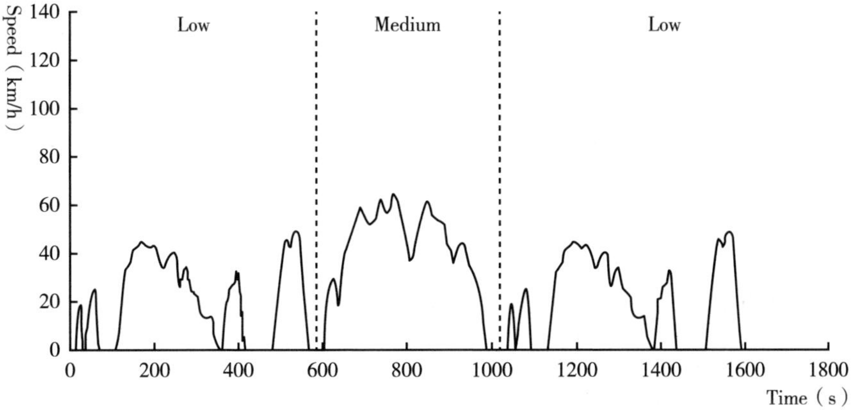

图 7 1 类车辆的 WLTC 循环

所有 OVC－HEV、NOVC－HEV 和 PEV 均归类为 3 类车辆。在相应的电荷和电荷维持模式下，在相应的 3 类（3a 类或 3b 类）循环内测试排放和许多其他参数。此外，某些参数在 WLTC 城市循环上进行测试，仅由低速和中速组成。测试矩阵总结在表 6 中。

表 6 用于混合动力和电动汽车的 WLTC 测试矩阵

类别		WLTP	WLTP city	
		电量消耗模式	电量维持模式	电量消耗模式
		排放标准，FC，CO_2，AER，EAER，R_{CDC}，R_{CDA}，E_{AC}	排放标准，FC，CO_2	AERcity，E_{AC}city
OVC－HEV	Class 3a	Low 3 + Medium 3 - 1 + High 3 - 1 + Extra High 3	Low 3 + Medium 3 - 1 + High 3 - 1 + Extra High 3	Low 3 + Medium 3 - 1
	Class 3b	Low 3 + Medium 3 - 2 + High 3 - 2 + Extra High 3	Low 3 + Medium 3 - 2 + High 3 - 2 + ExtraHigh 3	Low 3 + Medium 3 - 2

续表

类别		WLTP	WLTP city	
		电量消耗模式	电量维持模式	电量消耗模式
		排放标准,FC，CO_2，AER，EAER，R_{CDC}，R_{CDA}，E_{AC}	排放标准，FC，CO_2	AERcity，E_{AC}city
NOVC - HEV	Class 3a	—	Low 3 + Medium 3 - 1 + High 3 - 1 + ExtraHigh 3	—
	Class 3b	—	Low 3 + Medium 3 - 2 + High 3 - 2 + Extra High 3	—
PEV	Class 3a	Low 3 + Medium 3 - 1 + High 3 - 1 + Extra High 3	—	Low 3 + Medium 3 - 1
	Class 3b	Low 3 + Medium 3 - 2 + High 3 - 2 + Extra High 3	—	Low 3 + Medium 3 - 2

注：AER——全电动范围。
EAER——等效的全电动范围。
EAC——充电能量。
FC——油耗。
NOVC - HEV——不是越野车充电混合动力汽车。
OVC - HEV——越野车充电混合动力汽车。
PEV——纯电动汽车。
RCDA——电荷消耗的实际范围。
RCDC——电荷消耗循环范围。

二　2018 ~2019年国内排放法规研究

（一）乘用车和轻型商用车

1. 乘用车和轻型商用车排放标准实施

中国对乘用车和轻型商用车的排放标准基于欧洲法规，迄今为止我国轻型汽车的排放标准具体实施可以分为六个阶段。2000 ~ 2013 年我国实施了从国Ⅰ到国Ⅳ四个不同阶段的排放标准，2013 年至今实施第五阶段排放标准（国Ⅴ标准），并且将于 2020 年实施第六阶段排放标准（国Ⅵ标准）。表 7 列出了我国不同阶段的排放标准以及各排放法规的实施区域。

表 7　轻型汽车排放标准的实施日期

阶段	日期	地区	批注	参考
国Ⅰ	2000.01(2000.07[†])	全国范围		欧Ⅰ
国Ⅱ	2002.08	北京		欧Ⅱ
	2003.03	上海		
	PI:2004.07(2005.07 CI:2003.09[†])	全国范围		
国Ⅲ	2005.12	北京	欧 OBD 2006.12	欧Ⅲ
	2006.01	广州	欧 OBD	
	2007.01	上海	欧 OBD	
	2007.07	全国范围	EOBD:型 1 2008.07;型 2 2010.07	
国Ⅳ	2008.03	北京		欧Ⅳ
	2009.11	上海		
	PI:2011.07	全国范围		
	CI:2015.01			
国Ⅴ	2013.02	北京		欧Ⅴ
	2014.05	上海		
	2016.04[b,c]	全国范围		
	2017.01[b]			
	2018.01[d]			
国Ⅵ-a	2020.07	全国范围		欧Ⅵ
国Ⅵ-b	2023.07	全国范围		

注：PI——点燃式（汽油、天然气）；CI——压燃式（柴油）。

† 生产符合性第一次注册。

b 适用于公共巴士、卫生和邮政车辆。

c 仅 11 个东部省份（北京、天津、河北、辽宁、上海、江苏、浙江、福建、山东、广东和海南）。

d 所有车辆。

2. 乘用车和轻型商用车排放标准研究

随着我国排放法规的不断完善，排放限值要求也越来越严格，以国Ⅲ至国Ⅴ以及国Ⅵ排放标准限值表格用于说明。国Ⅲ至国Ⅴ的排放限值如表 8（汽油车辆）和表 9（柴油车辆）所示，国Ⅵ排放标准如表 13 所示，以国Ⅴ、国Ⅵ排放法规为主。

（1）排放法规的发展

中国对新型乘用车分类基于欧盟分类，但有一些变化。

表 8　装有点燃式发动机的车辆的排放标准

阶段	分类	级别	CO	HC	NMHC	NO_x	PM
			g/km				个/km
国Ⅲ	第一类车		2.3	0.2	—	0.15	—
	第二类车	Ⅰ	2.3	0.2	—	0.15	—
		Ⅱ	4.17	0.25	—	0.18	—
		Ⅲ	5.22	0.29	—	0.21	—
国Ⅳ	第一类车		1	0.1	—	0.08	—
	第二类车	Ⅰ	1	0.1	—	0.08	—
		Ⅱ	1.81	0.13	—	0.1	—
		Ⅲ	2.27	0.16	—	0.11	—
国Ⅴ	第一类车		1	0.1	0.068	0.06	0.0045[a]
	第二类车	Ⅰ	1	0.1	0.068	0.06	0.0045[a]
		Ⅱ	1.81	0.13	0.068	0.075	0.0045[a]
		Ⅲ	2.27	0.16	0.068	0.082	0.0045[a]

注：a 仅适用于直喷式点燃式发动机［包括国Ⅴ在内的新型汽油车也必须达到 2 克/标准（SHED）的蒸发排放限值］。

表 9　装有压燃式发动机的车辆的排放标准

阶段	类别	等级	CO	HC + NO_x	NO_x	PM	PN
			g/km				个/km
国Ⅲ	第一类车		0.64	0.56	0.5	0.05	
	第二类车	Ⅰ	0.64	0.56	0.5	0.05	
		Ⅱ	0.8	0.72	0.65	0.07	
		Ⅲ	0.95	0.86	0.78	0.1	
国Ⅳ	第一类车		0.5	0.3	0.25	0.025	
	第二类车	Ⅰ	0.5	0.3	0.25	0.025	
		Ⅱ	0.63	0.39	0.33	0.04	
		Ⅲ	0.74	0.46	0.39	0.06	
国Ⅴ	第一类车		0.5	0.23	0.18	0.0045	6×10^{11}
	第二类车	Ⅰ	0.5	0.23	0.18	0.0045	6×10^{11}
		Ⅱ	0.63	0.295	0.235	0.0045	6×10^{11}
		Ⅲ	0.74	0.35	0.28	0.0045	6×10^{11}

注：国Ⅲ的耐久性要求为 8 万公里，国Ⅳ和国Ⅴ的耐久性要求为 10 万公里。

第一类车：M_1 车辆，包括驾驶员座位在内，座位数不超过6，GVW≤2.5t。

第二类车：其他轻型汽车根据测试质量（TM）进一步分为如下三类。

Ⅰ级：TM≤1305kg。

Ⅱ级：1305kg＜TM≤1760kg。

Ⅲ级：TM＞1760kg。

（2）国Ⅴ标准

国Ⅴ标准大幅度加严了污染物排放限值，以轿车为例：首次增加了颗粒物粒子数量这一污染物控制项目，氮氧化物也将降低25%～28%。汽油车的氮氧化物加严25%，柴油车的氮氧化物加严28%，颗粒物加严82%。对汽车污染控制装置的耐久性里程，由8万公里增加到16万公里，即在16万公里以内，汽车污染物排放应达到本标准限值要求。对于大多数家用轿车来说，16万公里基本涵盖了整个使用寿命期。

国Ⅴ标准提出了三个新的技术要求：一是增加排放控制关键零部件检查要求，其中催化转化器的贵金属种类及含量与尾气排放控制密切相关，碳罐是控制油气蒸发排放的核心部件，直接影响车辆实际使用过程中的油气回收效率；二是改进生产一致性检查判定程序，对批量生产汽车的环保抽查和合格性判定增加了可操作性强的新判定程序；三是提高车载诊断系统功能要求，我国从第三阶段标准开始提出排放控制相关的车载诊断（OBD）系统要求。与第四阶段相比，国Ⅴ标准加严了OBD限值，同时OBD系统的监测项目和功能也有所增加。国Ⅴ标准实施方案进一步突出了“车油适配”原则。

表10　国Ⅴ标准排放测试项目

代号	实验类型	点燃式发动机汽车			压燃式发动机汽车
		汽油车	两用燃料车	气体燃料车	
Ⅰ型	常温冷启动	√	试验两种燃料	√	√
Ⅲ型	曲轴箱排放	√	只试验汽油	√	
Ⅳ型	蒸发污染排放	√	只试验汽油		
Ⅴ型	污染控制装置耐久性	√	只试验汽油	√	√
Ⅵ型	低温启动CO和HC排放	√	只试验汽油		
双怠速实验	双怠速实验	√	试验两种燃料	√	
OBD实验	OBD性能检测	√	只试验汽油	√	√

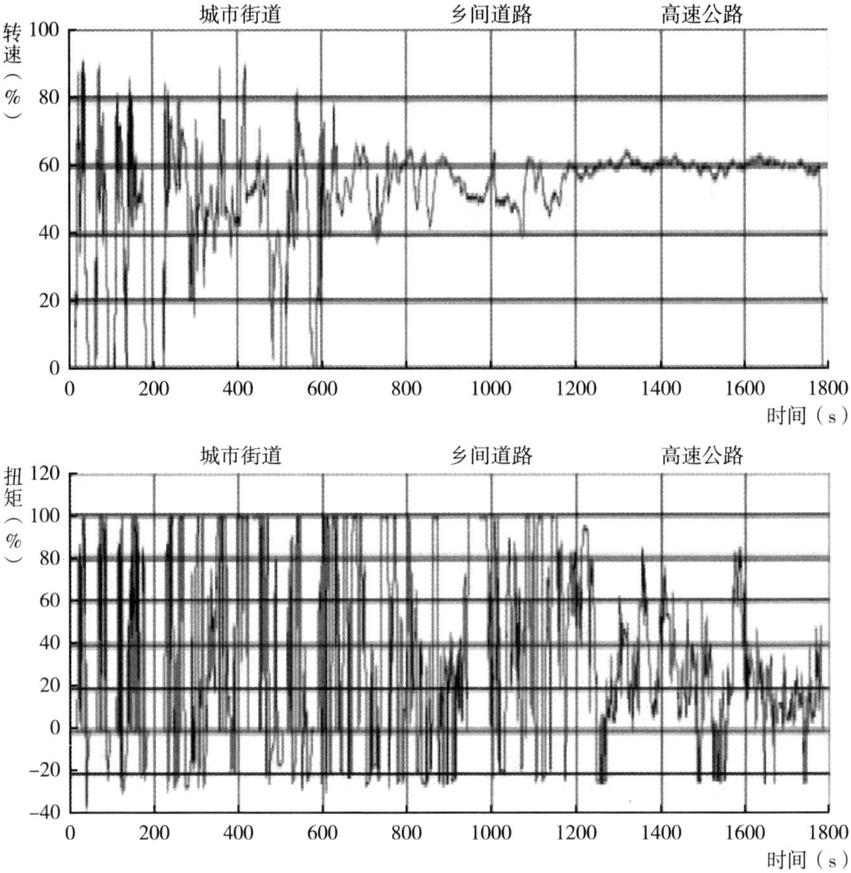

图 8　国Ⅴ标准 ETC 排放测试循环

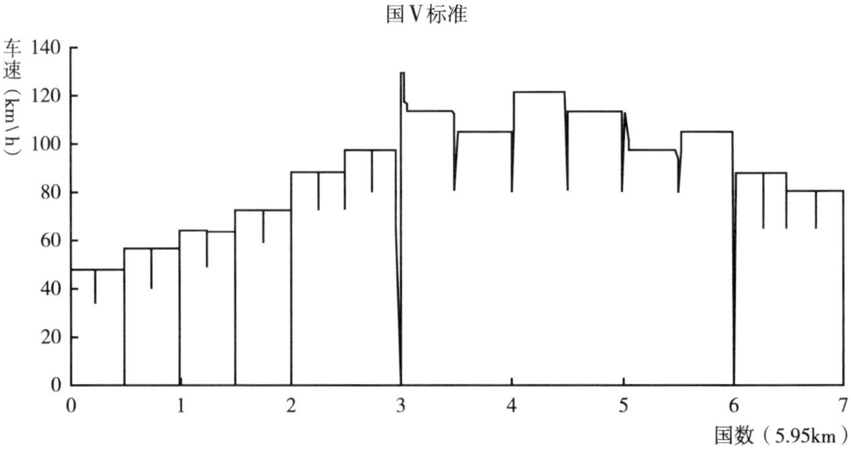

图 9　道路循环规定的整车老化方法

表 11　国Ⅴ标准排放限值

类别	级别	基准质量(RM)(kg)	限值													
			CO		THC		NMHC		NO_x		THC + NO_x		PM		PN	
			L1 (g/km)		L2 (g/km)		L3 (g/km)		L4 (g/km)		L2 + L4 (g/km)		L5 (g/km)		L6 (个/km)	
			PI	CI	PI	CI	PI	CI	PI	CI	PI	CI	PI	CI	PI	CI
第一类车	—	全部	1. 00	0. 50	0. 100	—	0. 068	—	0. 060	0. 180	—	0. 230	0. 0045	0. 0045	—	6.0×10^{11}
第二类车	Ⅰ	RM≤1305	1. 00	0. 50	0. 100	—	0. 068	—	0. 060	0. 180	—	0. 230	0. 0045	0. 0045	—	6.0×10^{11}
	Ⅱ	1305 < RM≤1760	1. 81	0. 63	0. 130	—	0. 090	—	0. 075	0. 235	—	0. 295	0. 0045	0. 0045	—	6.0×10^{11}
	Ⅲ	1760 < RM	2. 27	0. 74	0. 160	—	0. 108	—	0. 082	0. 280	—	0. 350	0. 0045	0. 0045	—	6.0×10^{11}

（3）国Ⅵ标准

2016年12月23日，为贯彻《中华人民共和国环境保护法》和《中华人民共和国大气污染防治法》，防治污染，保护和改善生态环境，保障人体健康，现批准《轻型汽车污染物排放限值及测量方法（中国第六阶段）》为国家污染物排放标准，并由环境保护部与国家质量监督检验检疫总局联合发布。《轻型汽车污染物排放限值及测量方法（中国第六阶段）》（GB18352.6—2016），按有关法律规定，该标准具有强制执行的效力。该标准自发布之日起生效，即自发布之日起，可依据该标准进行新车型式检验。自2020年7月1日起，所有销售和注册登记的轻型汽车应符合国Ⅵ-a限值要求。自2020年7月1日起，该标准替代《轻型汽车污染物排放限值及测量方法（中国第五阶段）》（GB18352.5-2013）。自2023年7月1日起，所有销售和注册登记的轻型汽车应符合国Ⅵ-b限值要求，但在2025年7月1日前，第五阶段轻型汽车的“在用符合性检查”仍执行GB18352.5-2013的相关要求。目前，北京、广州、深圳、成都等城市计划于2019年7月1日起开始执行国Ⅵ标准。

表12　国Ⅵ标准型式检验试验项目

型式检验试验类型	实验类型	点燃式发动机汽车			压燃式发动机汽车
		汽油车	两用燃料车	单一气体燃料车	
Ⅰ型气态污染物	常温冷启动	√	试验两种燃料	√	√
Ⅰ型颗粒物质量	常温冷启动	√	只试验汽油		√
Ⅱ型	实际行驶污染物排放	√	只试验汽油	√	√
Ⅲ型	曲轴箱排放	√	只试验汽油	√	√
Ⅳ型	蒸发污染排放	√	只试验汽油		
Ⅴ型	污染控制装置耐久性	√	只试验气体燃料	√	√
Ⅵ型	低温启动CO、THC及NO_x排放	√	只试验汽油		√
Ⅶ型	加油过程蒸发污染物排放	√	只试验汽油	√	
OBD实验	OBD性能检测	√	试验两种燃料	√	√

表 13　国Ⅵ排放标准

阶段	类别	级别	CO	HC	NMHC	NO_x	N_2O	PM	PN
			g/km						个/km
国Ⅵ－a	第一类车		0.7	0.1	0.068	0.06	0.02	0.0045	6×10^{11}
	第二类车	Ⅰ	0.7	0.1	0.068	0.06	0.02	0.0045	6×10^{11}
		Ⅱ	0.88	0.13	0.09	0.075	0.025	0.0045	6×10^{11}
		Ⅲ	1	0.16	0.108	0.082	0.03	0.0045	6×10^{11}
国Ⅵ－b	第一类车		0.5	0.05	0.035	0.035	0.02	0.003	6×10^{11}
	第二类车	Ⅰ	0.5	0.05	0.035	0.035	0.02	0.003	6×10^{11}
		Ⅱ	0.63	0.065	0.045	0.045	0.025	0.003	6×10^{11}
		Ⅲ	0.74	0.08	0.055	0.05	0.03	0.003	6×10^{11}

国Ⅵ－b 的目标是碳氢化合物减少 50%，氮氧化物减少 40%，PM 减少 33%。国Ⅵ的排放耐久性要求为 16 万公里。

（二）重型商用车

1. 重型商用车法规实施

除少数例外情况，我国重型商用车和发动机的排放标准均基于欧洲标准。表 14 列出了排放标准的实施日期。国Ⅵ－a 和国Ⅵ－b 标准包括相同的排放限值，但国Ⅵ－b 包括一些更严格的使用中测试和监测要求。

表 14　排放标准实施日期

阶段		北京	上海	广州	全国范围		最初计划
					类型认证	所有车辆	
国Ⅰ					2000.09	2001.09	
国Ⅱ					2003.09	2004.01	
国Ⅲ	PI	2010.07	2010.08	2009.07	2009.07	2010.07	2007.07
	CI	2006.01	2007.01	2007.07	2007.01	2008.01	2007.01
国Ⅳ	PI	2011.01			2012.07	2013.07	2010.01
	CI	2011.01	2009.11	2010.08	2010.01	2015.01	2010.01
国Ⅴ		2013.02[a,c] 2015.06[b]	2014.01[a]	2016.01[a]		2016.04[d,e] 2017.01[e] 2017.07[b]	2012.01

续表

阶段		北京	上海	广州	全国范围		最初计划
					类型认证	所有车辆	
国 VI - a	Gas					2019.07	
	All					2021.07[f]	
国 VI - b	Gas					2021.07	
	All					2023.07	

注：a 公共汽车和市政服务车辆；b 所有车辆；c 从 2016 年 1 月开始，新的公共 HDDV（公共汽车和市政服务车辆）也需要 DPF；d 北京、上海、天津、河北、辽宁、江苏、浙江、福建、山东和广州；e 公共交通巴士、卫生和邮政车辆；f 2020 年 7 月用于城市 HDV。

2. 重型商用车排放标准

（1）国Ⅲ～国Ⅴ阶段排放限值

国Ⅲ～国Ⅴ阶段的立法分别以欧Ⅲ～欧Ⅴ为基础，并于 2005 年通过。排放限值如表 15 所示。

表 15　国Ⅲ～国Ⅴ阶段重型发动机排放标准

阶段	测试循环	CO	HC	NMHC	NO_x	PM	NH3	烟度
		g/kWh					ppm	m^{-1}
国Ⅲ	ESC + ELR	2.1	0.66	—	5	0.10		0.8
	ETC	5.45	—	0.78	5	0.16		—
国Ⅳ	ESC + ELR	1.5	0.46	—	3.5	0.02		0.5
	ETC	4	—	0.55	3.5	0.03		—
国Ⅴ	ESC + ELR	1.5	0.46	—	2	0.02	10b	0.5
	ETC	4	—	0.55	2	0.03	10b	—

（2）补充国Ⅳ～国Ⅴ要求

世界协调瞬态循环（WHTC）限制适用于全国；PEMS 测试要求首先适用于北京，然后适用于全国。北京市环境保护局（EPB）于 2013 年 2 月发布了两项地方标准，环境保护部于 2014 年 1 月通过了国家标准。这些标准是对国Ⅳ和国Ⅴ标准的补充，适用 GVW > 3500kg 的国Ⅳ和国Ⅴ车型，分别在北京和全国注册。

（3）WHTC 限制

2013 年 3 月 1 日实施的北京标准之一和 2015 年 1 月 1 日实施的国家标准要求国Ⅳ和国Ⅴ发动机除了 ETC 之外还需要通过 WHTC 测试（在欧洲，直到欧Ⅵ阶段才需要进行 WHTC 测试。北京标准适用于柴油和燃气发动机，而国家标准仅适用于柴油发动机。需要冷启动和热启动测试，结果分别加权 14% 和 86% 。表 16 和表 17 展示了国Ⅳ和国Ⅴ级的 WHTC 循环限值。大部分极限值等于欧Ⅳ/Ⅴ ETC 值，除了 NO_x 排放量。

表 16　北京Ⅳ和Ⅴ阶段柴油和天然气发动机 WHTC 排放限值

单位：g/kWh

阶段	日期	CO	NMHC	CH4[a]	NO_x	PM[b]
国Ⅳ	2013. 03	4	0. 55	1. 1	3. 7	0. 03
国Ⅴ	2013. 07[c]	4	0. 55	1. 1	2. 8	0. 03

注：a 只有燃气发动机；b 不适用于燃气发动机；c 公共汽车和卫生车辆，其他车辆有适当的燃料供应。

表 17　国Ⅳ和国Ⅴ柴油发动机 WHTC 排放限值

单位：g/kWh

阶段	日期	CO	NMHC	NO_x	PM
国Ⅳ	2015. 01	4	0. 55	3. 7	0. 03
国Ⅴ	in line with China V	4	0. 55	2. 8	0. 03

（4）国Ⅵ排放标准

基于欧Ⅵ标准的国Ⅵ排放标准的第一个提案于 2015 年由北京市发布。最终的国Ⅵ排放标准于 2018 年公布，分阶段计划从 2019 年 7 月到 2023 年 7 月实施。排放限值如表 18 所示。

国Ⅵ标准包括两个阶段，国Ⅵ－a 和国Ⅵ－b。国Ⅵ－a 大致相当于欧Ⅵ标准。国Ⅵ－b 引入更严格的测试要求和远程排放监测系统。

（5）排放耐久性

表 19 列出了排放耐久性要求，包括发动机使用寿命和最短后处理试验期。

表 18　国Ⅵ重型发动机排放标准

阶段	测试循环	CO	HC	NMHC	CH_4	NO_x	PM	PN	NH_3
		mg/kWh						个/kWh	ppm
国 VI CI	WHSC	1500	130	—	—	400	10	8.0×10^{11}	10
	WHTC	4000	160	—	—	460	10	6.0×10^{11}	10
	WNTE	2000	220	—	—	600	16	—	—
国 VI PI	WHTC	4000	—	160	500	460	10	6.0×10^{11}	10
	WNTE	2000	220	—	—	600	16	—	—

表 19　排放耐久性要求

种类	使用寿命		后处理测试	
	国Ⅰ~国Ⅴ	国Ⅵ	GB 20890 - 2007	HJ 438 - 2008
M1(GVW>3.5t) M2	100000km/5 年	200000km/5 年	50000km	100000km
M3(GVW≤7.5t) N2 and N3(GVW≤16t)	200000km/6 年	300000km/6 年	60000km	125000km
M3(GVW>7.5t) N3(GVW>16t)	500000km/7 年	700000km/7 年	80000km	167000km

（6）OBD 要求

国Ⅵ标准包括基于欧Ⅵ OBD 计划的 OBD 要求。提出必须在所有国Ⅵ发动机和车辆上安装 OBD 系统，以识别、记录和传达故障类型。OBD 阈值限制在表 20 中列出。如果排放超过 OBD 阈值超过一定时间，则必须在计算机中存储永久性代码。

表 20　OBD 阈值限值

单位：mg/kWh

发动机种类	NO_x	PM	CO
压燃式点火	1200	25	—
点燃式点火	1200	—	7500

国Ⅵ - b 标准要求 HDV 配备车载远程排放监测系统（远程 OBD）。汽车制造商要保证车辆在全生命周期内，按要求进行车辆 OBD 信息和发动机

排放数据的发送，由生态环境主管部门和生产企业进行数据接收。

3. 重型商用车测试循环

（1）稳态循环（ESC）

ESC 测试循环与 ETC（瞬态循环）和 ELR（负荷烟度试验）一起生效（指令 1999/96/EC，2000 年生效），用于重型柴油机的排放测试。ESC 是一个 13 工况稳态循环，取代了 R－49 测试。最初，该测试也称为 OICA 循环或 ACEA 循环。

发动机在发动机测功机上进行一系列稳态工况试验（见表 21、图 10）。发动机必须在每种工况下运行规定的时间，在最初的 20 秒内完成发动机转速和负荷的变化。转速应保持在指定转速的 ±50rpm 范围内，并且规定的扭矩应保持在测试速度下最大扭矩的 ±2% 范围内。在每种工况期间测量排放并使用一组加权因子计算循环中的平均排放。通过一个过滤器对 13 个工况的颗粒物质排放进行采样。最终排放结果以 g/kWh 表示。

表 21　ESC 测试工况

工况	发动机速度	负载(%)	权重(%)	持续时间(min)
1	怠速	0	15	4
2	A	100	8	2
3	B	50	10	2
4	B	75	10	2
5	A	50	5	2
6	A	75	5	2
7	A	25	5	2
8	B	100	9	2
9	B	25	10	2
10	C	100	8	2
11	C	25	5	2
12	C	75	5	2
13	C	50	5	2

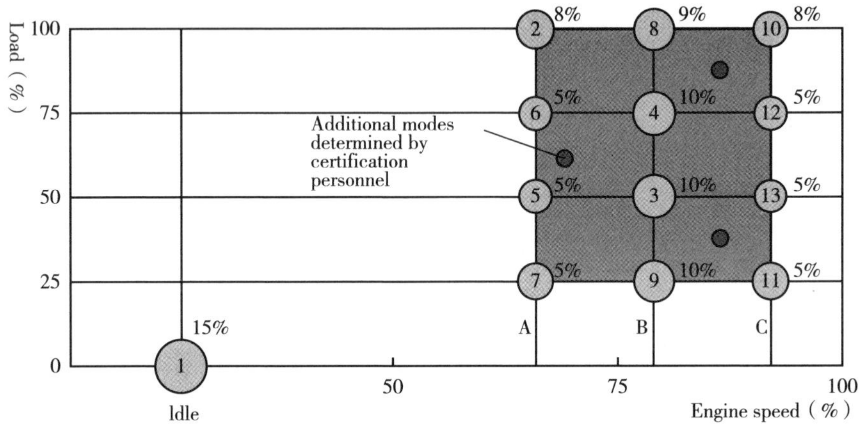

图 10　稳态循环（ESC）

发动机转速定义如下：功率曲线上，最大净功率的 70% 对应的发动机高转速定义为 n_{hi}。最大净功率的 50% 对应的发动机低转速定义为 n_{lo}。然后，根据以下公式计算在测试期间使用的发动机转速 A、B 和 C。

$$A = n_{lo} + 0.25(n_{hi} - n_{lo})$$
$$B = n_{lo} + 0.50(n_{hi} - n_{lo})$$
$$C = n_{lo} + 0.75(n_{hi} - n_{lo})$$

在排放测试期间，测试人员可以在循环控制区域内随机测试其他工况（见图 10）。这些额外工况下的最大排放通过相邻常规测试其他工况的结果之间的插值来确定。

（2）负荷烟度试验（ELR）

负荷烟度试验（ELR）于 2000 年生效——用于测试重型柴油发动机的烟雾不透明度。ELR 测试分 4 个部分，在转速 A、B 和 C（转速定义与 ESC 循环相同）下分别进行动态加载试验，然后在测试人员选择的任意转速下进行突然加载试验。测试引擎上测功机操作的顺序如图 11 所示。

在 ELR 测试期间，连续采样烟雾测量值，频率至少为 20 Hz，然后分析烟雾痕迹以通过计算确定烟度。在转速 A、B 和 C 下取各自平均值，最终的烟度为在转速 A（权重 0.43）、B（权重 0.56）和 C（权重 0.01）的平均值

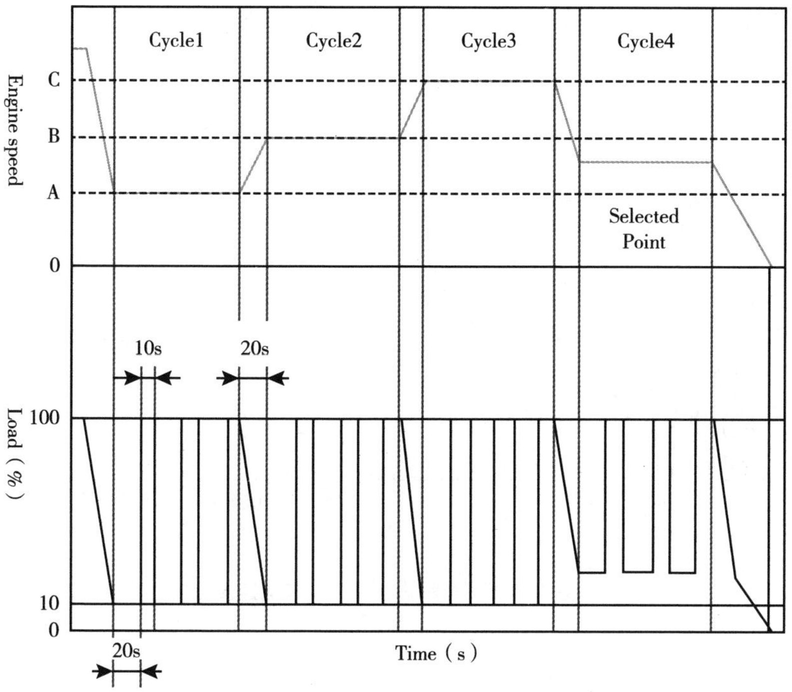

图 11　ELR 测试

的加权平均值。

（3）瞬态循环（ETC）

2000 年，ETC 测试循环与 ESC 和 ELR 同时生效。ETC 循环（也称为 FIGE 瞬态循环）由德国亚琛 FIGE 研究所基于重型汽车的实际道路循环测量开发。最终的 ETC 循环是原始 FIGE 提议的简化和略微修改的版本。不同的驾驶条件由 ETC 循环的三个部分表示，分别是城市道路、乡村道路和高速公路。整个循环的持续时间是 1800s。每个部分的持续时间是 600s。

第一部分代表城市道路工况，最高时速为 50km，频繁启动、停止和空转。第二部分是乡村道路工况，包括急加速，平均速度约为 72km/h。第三部分是高速公路工况，平均速度约为 88km/h。

FIGE 研究所在底盘测功机和发动机测功机上进行 ETC 循环测试。车辆速度与循环持续时间的关系时间如图 12 所示。出于发动机认证的目的，

ETC 循环可以在发动机测功机上进行，发动机转速和扭矩曲线如图 13 和图 14 所示。

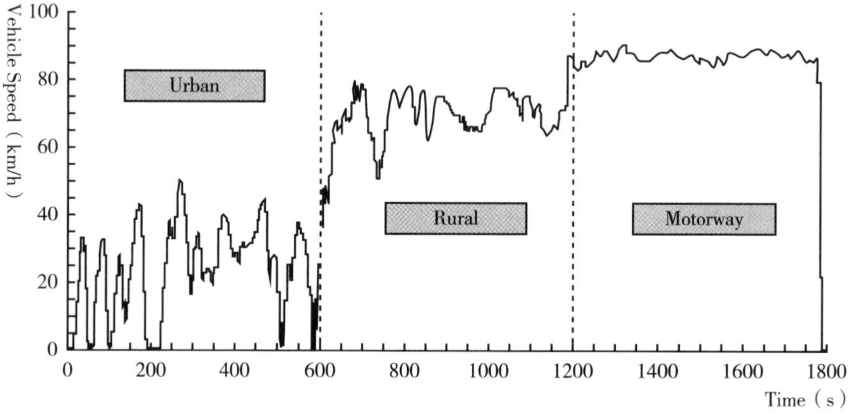

图 12　FIGE 瞬态循环 – 车辆速度

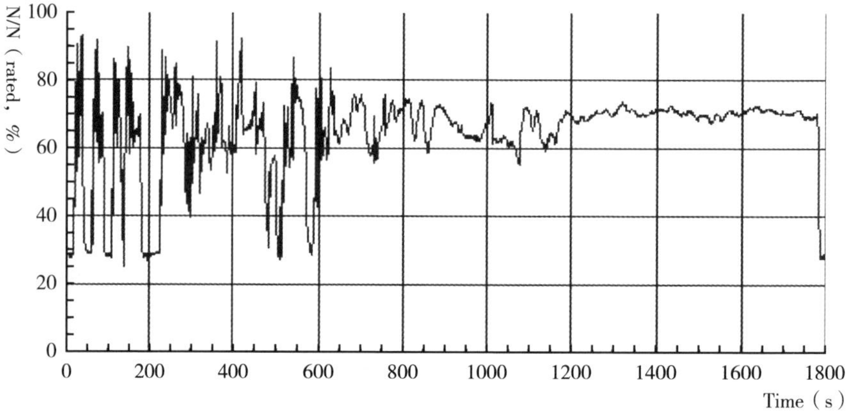

图 13　ETC 瞬态循环——发动机转速

（三）2018～2019年国内节能减排相关政策介绍

2019 年，国家对新能源车的补贴政策会有所变化。虽然目前还未正式出台 2019 年国家新能源汽车的补贴标准，但预计新一阶段的新能源汽车补

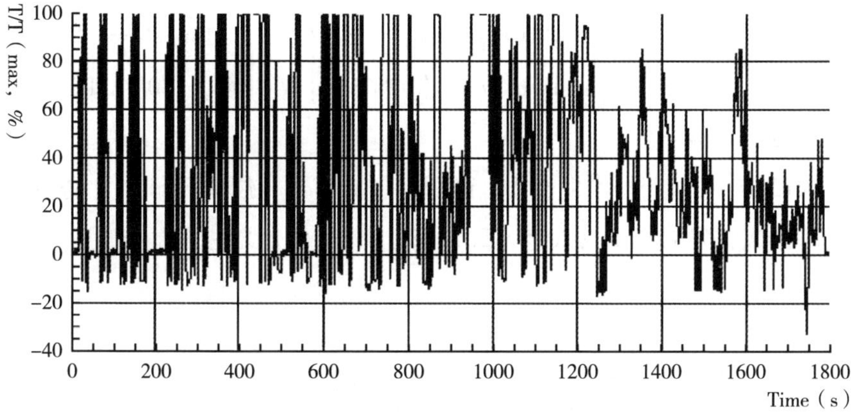

图 14　ETC 瞬态循环发动机扭矩

贴门槛将会提高，其主要原因或为对新能源汽车的技术性和安全性要求的日趋严格。

表 22 为 2013～2018 年国家新能源汽车补贴政策对续航要求的数据整合。

表 22　新能源汽车补贴政策对续航的要求

单位：万元

里程	80≤R<100	100≤R<150	150≤R<200	200≤R<250	250≤R<300	300≤R<400	R≥400
2013 年	3.5	3.5	5	5	6	6	6
2014 年	2.825	2.825	4.75	4.75	5.7	5.7	5.7
2015 年	3.15	3.15	4.5	4.5	5.4	5.4	5.4
2016 年	0	2.5	4.5	4.5	5.5	5.5	5.5
2017 年	0	2	3.6	3.6	4.4	4.4	4.4
2018 年	0	0	1.5	2.4	3.4	4.5	5

注：R 纯电续航里程。

根据该补贴标准，并与 2015 年新能源车补贴政策比较，2018 年纯电动乘用车的续驶里程由大于等于 80km 提升至 150km，补贴减少 1.65 万元。此外，2017 年的要求是电池能量密度不低于 90Wh/kg，并对高于 120Wh/kg 的按 1.1 倍给予补贴；2018 年的要求是对能量密度不低于 105Wh/kg，105（含）～120Wh/kg 的车型按 0.6 倍补贴，120（含）～140Wh/kg 的车型按 1 倍补贴，140（含）～160Wh/kg 的车型按 1.1 倍补贴，160Wh/kg 及以上的车型按 1.2 倍补贴。

2015 年 10 月，国家发改委、能源局、工信部、住建部印发《电动汽车充电基础设施发展指南（2015～2020 年）》，具体计划建设基础设施数量如表 23 所示。

表 23　2015～2020 年计划建设电动汽车充电基础设施

计划建设电动汽车充电基础设施	拟建充电站数量
公交车充换电站	3848 座
出租车充换电站	2462 座
环卫、物流等专用车充电站	2438 座
公务车与私家车用户专用充电桩	430 万个
城市公共充电站	2397 座
分散式公共充电桩	50 万个
城际快充站	842 座

财政部、工信部、科技部、国家发改委四部委联合发布了《关于调整完善新能源汽车推广应用财政补贴政策的通知》。通知明确，新政策从 2 月 12 日起实施，2 月 12 日至 6 月 11 日为过渡期，过渡期间上牌的新能源乘用车、新能源客车按照此前对应标准的 0.7 倍补贴，新能源货车和专用车按 0.4 倍补贴，燃料电池汽车补贴标准不变。此外，从 2018 年起将新能源汽车地方购置补贴资金逐渐转为支持充电基础设施建设和运营、新能源汽车使用和运营等环节。

工信部发布了 2019 年第 1 批《新能源汽车推广应用推荐车型目录》，共包括 49 家企业的 106 款车型，其中纯电动产品共 48 家企业 98 款型号、插电式混合动力产品共 7 家企业 8 款型号，其中，比亚迪、速达、小鹏、观致等品牌均入榜。从车型数量上来看，目录的推广数量较 2018 年第 1 批的 118 款下降了 12 款，较 2018 年最后一批的 161 款减少 55 款。在目录中，纯电动乘用车平均续航里程有了大幅提升，续航在 300 ~ 399 公里及 400 公里以上的车型增加较多。未来高续航里程的车型将进一步增长。此外，河南速达是自资质重启后新进入目录中的第一家企业。

2019 年 3 月 8 日，工信部发布了第 317 批《道路机动车辆生产企业及产品公告》。申报本批公告的汽车、摩托车生产企业共计 325 家，新产品共计 1369 个。同时，本批公告中发布了《新能源汽车推广应用推荐车型目录（2019 年第 2 批）》，共包括 37 家企业的 84 款车型，其中纯电动产品共 36 家企业 83 款车型、插电式混合动力产品共 1 家企业 1 款车型。此次发布的产品名单中包含了北汽新能源、欧拉、江淮、比亚迪、宝骏、力帆等多款乘用车产品入选推荐目录，且续航里程普遍在 400 公里左右。

产品技术篇

B.6 乘用车节能技术发展跟踪评估

摘　要： 近年来，传统燃料乘用车节能技术应用范围不断扩大，我国乘用车平均油耗明显降低，而乘用车节能潜力尚有进一步挖掘空间。本报告选取了发动机、变速器、混合动力等六个领域，对国内乘用车主流节能技术研发、生产应用情况和节能效果进行综合分析和深入研究。

关键词： 乘用车　发动机　变速器　混合动力　节能技术

面对油耗和环保法规的日益严苛，通过应用先进内燃机、高效变速器、混合动力等节能技术，我国汽车平均油耗明显降低。混合动力汽车开始进入市场，极大地促进了传统汽车产业的技术升级。天然气汽车技术基本成熟，初步实现产业化，形成了一定市场规模。但是与国际先进水平相比，我国的单车油耗水平仍然偏高，汽车节能核心技术尚未完全掌握，汽车产品结构也有待于进一步调整、优化。

一 乘用车汽油发动机技术

1. 高效燃烧基础理论

发动机的本质是燃烧做功，基础燃烧理论的进步是发动机节能技术的重要一环。经过多年机型开发经验，目前国内的燃烧系统开发已经初步具备米勒/阿特金森循环、高滚流气道、外部冷却 EGR（NA/LP/HP）的设计与应用能力。但是对于先进的燃烧系统，如对 HCCI、GCI 等技术的研究和更高的稀释率（>30% EGR 率或 $\lambda>2$）、压缩比（>15）以及升功率（>100kW/L）的自主开发能力仍然欠缺。由于国内小型化增压机型迅速铺开，对于如低速早燃等异常燃烧的研究也投入了很大的精力。至目前为止已基本形成对于 LSPI 等异常燃烧的设计预防与开发诊断的能力建设。除此之外，针对不同的需求，对于缸内的传热需要不同的设计，如针对爆震控制需求使用的头部/杆部中空气门、镜面盘部气门、油冷活塞、高导热座圈/气门导管/缸盖材料等，以及针对降低缸内传热损失使用的绝热喷涂工艺（TBC 与 TSC）。

2. 电控技术及电控逻辑

面对电动化的发展趋势，更多新型电子技术应用于发动机，使发动机电控系统复杂化程度呈几何级提升。国内车企加速推进 ECU、PCU 控制及标定的自主研发。如在 ECU 软件开发及标定领域，比亚迪汽车、一汽基于供应商（联合汽车电子、德尔福等）的软件及核心标定，已经自主开发 ECU 软件实现量产；吉利汽车正在基于 Volvo 平台进行自主软件及标定的开发；长安汽车等企业正在研究开发中。在 PCU 软件开发及标定领域，长安汽车、广汽、上汽、一汽、吉利汽车的自主 PCU 软件及标定已经处于成熟阶段。同时，随着更多节能技术的应用，更多的执行机构和传感器应用于发动机，使发动机电控系统愈加复杂，电控系统直接影响到具体技术实施的节油效果。国内企业均已认识到电控逻辑开发及标定对于节能减排的重要性，但国内企业电控开发起步较晚，且电控开发对基础设施、专业人员能力、资源投入要求极高，很难在短时间内实现储备。

3. 电动 VVT 及电动气门

电动 VVT 可以加快 VVT 的调节速度，用于提升发动机的瞬态工作水平。爱信、舍弗勒、电装等国外零部件供应商均已推出成熟的电动 VVT 系统并已搭载国外主要的主机厂机型上。目前，国内供应商也有相同产品，但在产品可靠性、开发支持方面仍然落后于国外一流水平，国内主机厂搭载应用较少。DVVT 可分别对进排气门正时进行灵活的控制，现阶段已是成熟技术；CVVL 可对气门升程进行控制，需对发动机的配气机构硬件进行调整，目前国内长城汽车研发的 1.5GDIT 汽油机，配置了 CVVL 技术。

4. 汽油机压缩比

提高压缩比是提高热效率的根本途径，提高压缩比在外特性区域会导致爆震和过高的缸内压力。常规的定压缩比发动机为保证全工况不发生爆震，压缩比限制得较低，热效率无法显著提升。针对此矛盾，产生了两种解决思路：第一，如日产、AVL 等企业提出的可变压缩比方案，确保压缩比在一定区间内可变（如日产 8 ~ 14 的压缩比区间），针对不同工况选择合适的压缩比，兼顾动力性和燃油经济性；第二，设定较高压缩比，通过 EGR、结构优化和标定优化来抑制爆震。国内目前热效率大于 38% 的机型，压缩比基本均在 12 以上。

5. 超稀薄燃烧技术

超稀薄燃烧作为汽油机下一代燃烧理念，融合汽油/柴油发动机技术发挥各自特点，常用工况实现压燃，热效率提升，可明显扩大经济油耗运行区间。天津大学、上海交通大学、清华大学、吉林大学等高校对此展开了相关研究，长城汽车、吉利汽车等企业也正在开展相关预研工作。

6. 后处理技术

为了应对更加严苛的排放法规，目前两级 TWC + GPF 的后处理方案已基本成了各大主机厂的主要研究方向，并且 GPF 得到了大量应用，有成为标配的趋势，如东风汽车、上汽集团、五菱汽车等国内车企的大部分车型均已集成了 GPF。但面对未来稀燃汽油机的后处理系统使用的 LNT、GOC、主/被动式 SCR 的匹配、策略开发还在前期研究中。冷却 EGR 能有效改善排放和降低油耗，同时可抑制爆震。但随着 EGR 率的增加，需配备高能点火解决失火等问题。目前，国内供应商不成熟，仍需依靠国外企业进行产品开发。同样，国内的应用也处于起步阶段，目前国内仅长安汽车、广汽开展汽油机低压中冷 EGR 的应用研究。

二　乘用车变速器技术

1. DCT 技术

国内主要汽车厂商都将 DCT 作为变速器技术发展的重点，目前量产的以湿式 6 速和湿式 7 速 DCT 居多，代表车企有上汽集团、长城汽车、长安汽车、吉利汽车和比亚迪汽车等，长城汽车同时在推进 9DCT 开发。为进一步推进节能减排，部分车企在 DCT 技术上扩展混动技术，长城汽车、吉利汽车、长安汽车等企业均正在推进混动 DCT 变速器开发。

2. CVT 技术

在 CVT 变速器控制逻辑开发及标定方面，湖南容大在国内率先实现电器硬件及软件独立自主开发，拥有先进的核心控制算法及标定技术。在 CVT 传动带方面，杭州东华链条集团已为国内 CVT 自主品牌企业进行配套开发链式传动带，目前处于工程样机研制阶段，突破博世及舍弗勒集团技术垄断地位。

3. AT 技术

国内的东安三菱、盛瑞传动等均实现了 AT 变速器的产业化，但与国外相比，在技术水平、产业规模等方面还有较大差距。盛瑞传动股份有限公司成功设计开发了具有完全自主知识产权的首款前置前驱 8AT，并已发展到第三代，完成了自动变速器机械和液压系统工程化关键技术、电控系统（TCU）软件关键技术、工程化及产业化关键技术、与发动机和整车的匹配标定技术、试验检测关键技术五个方面的研究。该公司掌握了自动变速器开发的关键技术，具备了开展多挡位自动变速器系统创新、集成设计的能力，形成了年产十万台的生产能力，成功实现由概念到样机、由样机到产品、由产品到商品的转变。

4. 电控技术

国内主要汽车厂商都已陆续掌握DCT电控开发关键技术，如长安汽车、上汽集团等都已实现控制软件白盒化，并完成了控制软件自主开发和产业化应用，其他如长城汽车、广汽集团等也正在积极推进电控系统自主开发和应用。

5. 传动减震技术

目前国内多家离合器厂家实现了双质量飞轮的量产，打破国外企业的技术垄断。但整体技术仍然相对落后，研发匹配能力较弱，市场竞争力不足。

三 乘用车混合动力技术

1. 混合动力专用发动机

长安汽车高压缩比米勒循环发动机实现40%热效率，掌握了双涡管单流道增压和智能热管理等关键技术，实现低压EGR产业化集成，以进一步降低米勒循环发动机在目标工况的油耗和扩大最佳油耗区工况边界。

2. 专用动力耦合机构、混合动力系统构型优化

当前，国内驱动电机已基本从“纯电磁设计+热实验校核”阶段过渡为“电磁设计部分耦合热设计”阶段。科力远研发的CHS系列混合动力机电耦合装置，可适用于不同级别的乘用车和商用车，搭载CHS1800系列的吉利帝豪、东风小康风光580车型，油耗分别为4.9L/100km和5.8L/100km，相较于原型车均节能35%以上。

3. 高性能电机

当前国内企业通过改善磁路结构设计，使用扁铜线绕组等技术手段已有部分驱动电机产品质量功率密度达到4kW/kg；高速驱动电机最高转速≥16000r/min，最高效率≥97%，超过85%的高效区占比≥80%，与国外先进水平相当；此外，长安汽车已开发出电机油水混合冷却技术和新型扁铜线电机定子绕组工艺。

4. 电力电子集成控制器

日本、美国和欧洲国家的功率控制单元，集成的部件共享主控制芯片、

对外通信模块、传感器、冷却等资源，功率密度高，重量体积小，材料成本低；我国电机控制器、车载充电机和 DC/DC 等车载电力电子变换器大多进行简单的物理集成，功率密度低，重量大，材料成本高，系统集成和优化程度亟待提高。

5. 高功率密度电机控制器

电机驱动控制器功率密度和体积密度与国外同类产品存在 20% ~30% 的差距，在电机驱动控制器集成度方面，目前我国规模化生产的电机驱动控制器功率密度为 15 ~20kW/L，低于 20 ~25kW/L 的国际先进水平，且国外在研的最新一代碳化硅基模块控制器功率密度预计可达到 45kW/L。

6. 高水平电池

目前国内运用最多的是三元锂电池和镍氢电池。截至 2018 年，功率型三元锂电池的比功率提高达 10%，电池寿命达 8 年 15 万千米以上，成本下降 8%，预计到 2020 年下降达到 10%，但相比能量型的锂电池价格还是偏高；截至 2018 年，镍氢电池比功率提高达 15%，成本下降达 30%，已接近锂电池价格，电池寿命达到 8 年 15 万千米以上。

7. 电控逻辑自主开发及优化

科力远、吉利汽车、长安汽车、上汽和比亚迪汽车等企业的专用动力耦合机构构型不同，但其电控系统均已实现自主开发，目前实际系统搭载的控制器应用层软件已完全实现自主开发。通过不断优化控制逻辑，运用智能算法离线优化关键部件的 MAP 图，或利用云端大数据进行智能能量管理，使混合动力系统的性能不断提升。

四　乘用车替代燃料技术

1. 专用发动机

国内已开发 CNG 专用发动机，采用单一 ECU 控制，天然气高压喷射，当量燃烧 + 三元催化达国Ⅵ排放标准，利用燃料辛烷值高特性，采用高压缩比燃烧室设计，实现高燃烧速率，采用高能点火并重新优化点火正时、凸轮型线和配气相位有效控制后燃，并重新优化冷却系统，解决发动机热负荷，重新优化摩擦副材料/设计，进一步降低自耗功率，耐磨的气门/座圈设计与材料优化，实现发动机耐久性能提升。

2. 天然气发动热力学开发平台

由国家燃气汽车技术研究中心筹建的替代燃料热力学开发平台基本建成，开展基于发动机热力学性能开发、服务替代燃料发动机性能优化、关键零部件的选型验证、发动机的正向开发等活动，基本具备发动机及零部件仿真计算、燃烧仿真分析、零部件选型实验及优化设计等能力（见图 1）。

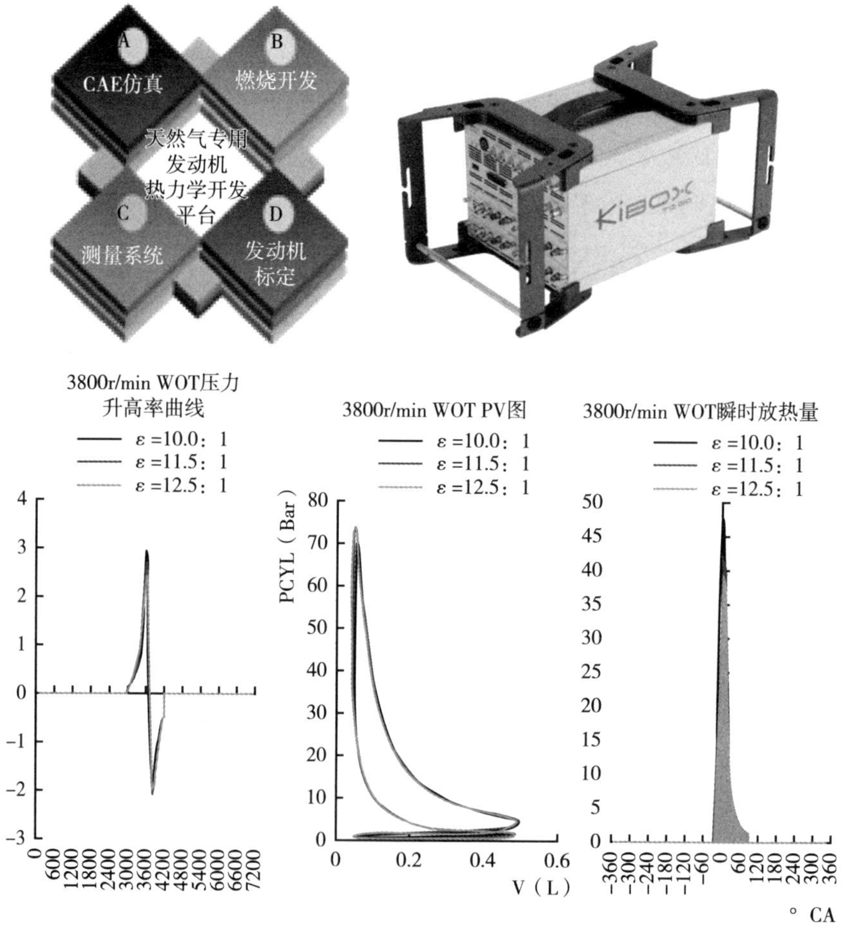

图 1　天然气发动热力学开发平台

五　乘用车低阻力技术

1. 低黏度机油

在汽油机油方面，国产汽车企业装车油黏度级别以 5W－30 为主，但在新车型中 5W－20 的使用越来越多，质量级别达到 GF－5/SN（SN＋）、GF－4/SM，有的生产厂商开始要求汽油机油满足 ACEA C5－16 要求。目前，国内欧美合资企业装车油黏度级别以 5W－30 为主，质量级别达到 GF－5/SN（SN＋），或 ACEA A3/B4，日系合资企业装车油黏度级别由 5W－30 快速向 5W－20 过渡，一些新发动机车型可能要求 0W－20，质量级别达到 GF－5/SN（SN＋）；在柴油机油方面，黏度级别分类与 SAE J300 一致，由于柴油机油规格 GB 11122 是 2006 年发布的，国内各润滑油生产厂生产 CJ－4 及以上质量级别柴油机油时，沿用 API 标准国内重负荷柴油车油黏度级别以15W－40、20W－50 为主，质量级别提升较快，CH－4、CI－4 逐渐成为主流。

2. 低滚阻轮胎

目前，国内轮胎品牌中低端比例偏高，高端领域基本被外资控制，特别是在乘用车市场外资份额在 75% 以上，一线轿车品牌配套轮胎全部使用外资品牌。国内轮胎企业的设计技术、工艺技术及生产技术大多照搬外资企业，进行消化吸收利用，仍然处于生产模式，自主研发设计能力薄弱。轮胎产品的研发依赖大量的实验研究和基础材料研究，诸如 DMA 测试、电镜扫描、粘弹谱仪、核磁共振波谱仪等材料测试仪器，99% 的国内企业都不具备，材料基础研究落后。现阶段国内尚不具备自主开发轮胎帘线的轮胎企业，国内帘线生产商的研发模式同样处于引进吸收的阶段，自主研发任重而道远。芳纶帘线具有质量小、模量高、动态性能好等优点，在降低滚动阻力方面大有前途，但是价格一直居高不下，在轮胎中的应用受到限制。目前，国内轮胎企业尚无成体系的设计理论，用于轮胎的结构设计，轮胎力学基础研究处于空白。近年来，有限元仿真技术的飞速发展，带动轮胎企业采用仿真分析的方法研究轮胎的受力情况，轮胎滚动阻力仿真有了长足的发展，例如，清华大学、哈尔滨工业大学、中国科技大学、北京化工大学等院校都开展轮胎仿真技术研发。

3. 低风阻外观设计

目前，各大车企已初步形成各自的设计理念，正在逐步形成有中国特色并能赢得市场的汽车造型设计。国内的汽车设计技术是通过模仿加自主的设计理念，进步很大，风阻系数也在接近国际水平。但是，还有很多车型设计还是比较落后的，国内乘用车的车身设计仍处在较低水平，平均风阻数据在0. 37 ~0. 38 的水平。

六　乘用车电子电器技术

1. 48V 电池系统

由于锂离子电池具有高比能量、高比功率、长寿命的优点，所以目前节能汽车搭载的48V 电池基本都采用锂离子电池，48V 电池产品主要生产企业集中在中国，其中以锂离子电池 - 磷酸铁锂体系为代表，市场应用最早也最广泛，从储存的能量来看，市场上的产品普遍在 8 ~12A · h，对应储能 369 ~518kW · h，功率为 15kW 左右，P/E 倍率 30 左右。随着固体电解质锂离子电池技术和工艺的突破，到 2035 年固体锂离子电池取代目前的液态 48V 锂离子电池应用，进一步提升电池的能量密度、寿命、安全性等关键指标。

2. 48V 电机系统

对于 48V 电机系统，关键的成型绕组以及功率电子集成技术主要掌握在欧美企业手中，技术相对成熟的供应商主要有法雷奥、大陆、博世、德尔福和博格华纳等。在国内完成批产应用的是法雷奥 48VBSG 电机系统。国内上海电驱动开发了 48V 风冷感应电机 BSG 总成，定子采用扁导线绕组技术，达到功能安全 ASIL B 水平，达到国Ⅵ排放标准，并为上汽通用混合动力发动机平台进行配套，2019 年 11 月实现量产；同时，郑煤机通过收购博世 BSG 业务，布局 48VBSG 产品，精进电动、苏州超力等开发了 48VBSG 样机。

B.7

商用车节能技术发展跟踪评估

摘　要： 商用车在汽车产业中保有量较小，但消耗了超过一半的燃油并排放了大部分尾气和污染物，商用车节能技术的发展对汽车产业的整体节能减排贡献巨大。本报告对近年商用车在整车动力学、动传系统、替代燃料等方面的技术进展进行综合分析。

关键词： 商用车　节能减排　替代燃料

一　商用车整车动力学技术

国内商用车动力学技术经过近50年的发展，与欧、美、日的差距不大，接近国际先进水平，同时国内排放及燃油限值方面的法规加严，也在推动动力学技术的高速发展。

（一）整车降风阻

国内法规对载重货车的长度限制，为了追求货运效率，国内载重货车驾驶室多采用平头驾驶室，与国外主流的长头驾驶室相比，平头驾驶室风阻稍高。国内重型车主车与挂车大多分属不同的制造商制造，主挂匹配还存在提升空间；定制化的低风阻挂车验证技术比较成熟，但商品化应用较少。

整车降风阻的技术树如图1所示，下面分三个维度来分析整车降风阻技术的进展。

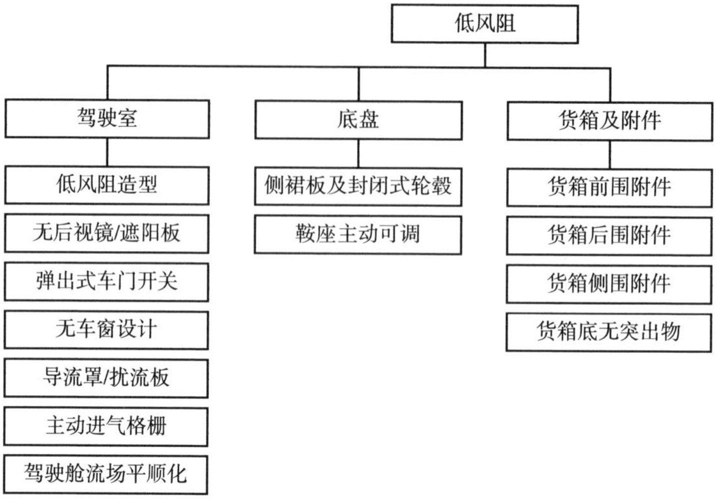

图1　整车降风阻技术树

1. 当前成熟且正在商品化的技术方案

低风阻驾驶室、无遮阳板、导流罩、扰流板等属于技术较成熟且正在商品化的技术方案，对低风阻驾驶室的开发，每个整车制造商在满足法规及货运效率最大化的前提下，尽可能地通过造型来降低整车风阻，每一次的升级换代，风阻对造型来说都是必不可少的一个考虑因素，图 2 为风阻随造型前脸收窄变化而变化的关系，由图 2 可知，随着前脸的变窄，风阻越来越低，但到一定程度后，造型不能完全前桥及轮胎后，风阻不会再继续降低反而增加。

除驾驶室造型对风阻的影响较大外，导流罩及扰流板对风阻的影响也很大，有无导流罩的整车风阻相差 5% 以上，而遮阳板、气喇叭等功能件对风阻的影响相对没那么大。

2. 有应用前景且短期能商品化的技术方案

当前的载重货车制造商对整车降风阻工作较为重视，对主挂匹配及挂车降风阻工作重视度稍低，主要由于挂车属于单独的制造商。但通过大量的技术研究发现，挂车降风阻潜力巨大，且技术难度及制造难度较小，更容易实

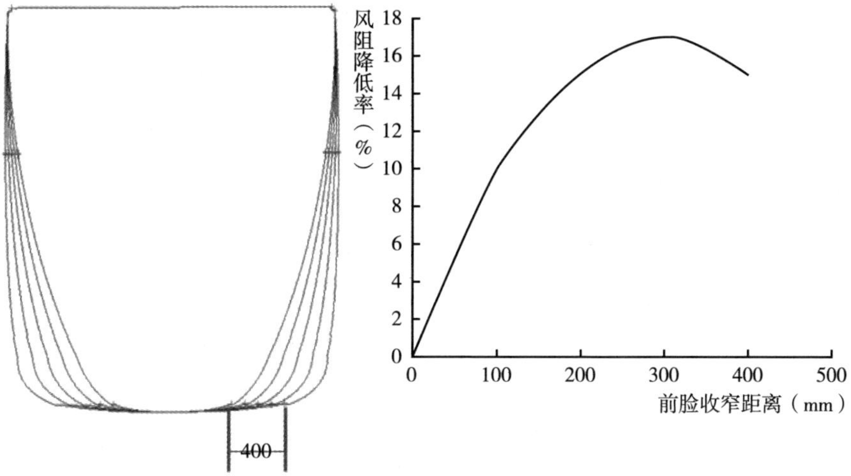

图 2　风阻随造型前脸收窄变化关系

现商品化。挂车增加组件后整车风阻的变化如图 3 所示，降风阻潜力接近 20%。

方案	风阻变化
基础挂箱	—
挂箱前导流	-4.97%
挂箱前导流+裙板	-8.35%
挂箱前导流+裙板+后导流	-16.7%

图 3　挂车增加组件后整车风阻变化

3. 有降风阻潜力但短期无法商品化技术方案

除了从单车自身降风阻外，队列行驶技术也是降风阻的关键技术（见图 4），暂无具体数据证明列队行驶技术对整车降风阻的影响，通过整车油耗测算的办法间接测量队列行驶技术对降风阻的影响是较为突出的。车队中，车与车之间的距离越小，节油效果越大，当距离大于 80 英尺时，效果则基本可忽略。列队行驶技术对电控的要求极高，国内短期内无法实现列队行驶技术商品化，但随着商用车智能化技术的高速发展，列队行驶技术商品化前景较为乐观。

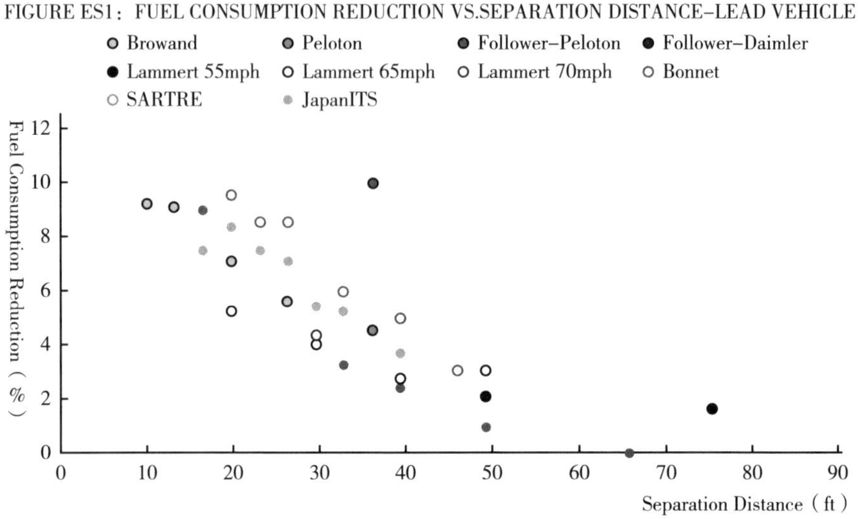

图4　队列技术对整车油耗的影响

（二）低滚阻轮胎

国内轮胎的滚阻系数较国际先进水平总体晚3～5年，差距不大。低滚阻轮胎推广应用方面，目前大型客车应用的低滚阻轮胎其滚动阻力系数，最低可以为5～6，国内公交客车轮胎还在6～7，技术路线图中的超级单胎，只有小批量试装，但未实现规模应用。低滚阻轮胎在国内有商品化应用，但受成本限制，应用率不高，主要是客户点单式生产。应用较少的原因与滚阻的关系不大，主要在其他方面，如耐磨里程。

国内载重商用车的轮胎滚阻级别较国外先进水平晚一代的水平，当前滚阻平均值在C～D级，2025年主流产品进入B级，2030年部分进入A级，2035年主流进入A级。降滚阻技术有独立的供应商研发、生产，一般情况下整车只对轮胎厂家提出低滚阻需求，但这并不妨碍降滚阻技术的快速进步，这主要体现在两个方面。第一，国家燃油限值法规的加严，整车厂必然会对轮胎滚阻系数提出更高的要求，同时对载重型货车而言，滚阻对油耗的影响大，对整车厂而言属于投入小、产出大的节油技术，虽然不是整车的关键技术。第二，轮胎厂家之间竞争激烈，谁能开发出性价比高轮胎，谁就能在激烈的竞争中取胜，这也促使轮胎厂家投入资源提升技术。总体来说，轮胎滚阻系数的提升会稳步前进，主要在轮胎的配方、花纹及硫化工艺上提升，短期内无实质性突破。

二　商用车传动系统技术

（一）变速器

变速器对于节能有重要的影响，自动变速器的应用、高效的传动效率仍是节能的有效途径，虽然自动变速器研发方面取得了一定成绩，但变速器的提升很大程度上依赖基础制造工艺的提升，相对来说基础较弱。国内卡车仍以手动挡为主，自动挡用量很少，但处于上升的趋势；目前国内的公路客车还是以手动变速器为主，但自动变速器已开始推广，主要用于出口海外的产品上。手动变速器的研发逐步成熟，产品覆盖 5～16 挡产品。主要的变速器厂家具备研发的能力，如法士特、上汽齿、万里扬等。但与国外产品相比在齿轮材料、产品设计理论及验证、产品质量稳定性方面还存在差距。自动变速器方面，经过多年的努力，国内自动变速器的研发目前取得了突破进步，上汽、长城汽车、江淮汽车、吉利汽车、比亚迪等都相继研发成功了 DCT，山东盛瑞传动、东安动力的 AT、浙江万里扬、湖南容大的 CVT 都取得了成功。但在总成电子控制、可靠性，尤其是在关键零部件等方面仍与国际高水平存在差距，如双离合控制模块、系统控制软件、变矩器、电磁阀等。在商用车 AMT 方面，德国 ZF、奔驰、克诺尔等技术成熟，国内一汽、东风汽车、法士特、万里扬等相继研发了 AMT 产品，但在产品性能、软件控制、可靠性等方面存在差距，目前仍然没有广泛的应用。

（二）驱动桥

驱动桥作为商用车驱动重要零部件，整个传动系统的匹配对汽车节能有至关重要的影响。随着商用车性能要求的不断提高，汽车在节能、环保和舒适等方面的性能显著提升，驱动桥产品的性能要求进一步提高，根据商用车发展的业内共识，除了对驱动桥有着高性能、低成本的共性需求外，不同用途的商用车，对驱动桥的典型需求也各不相同。在承载组件、传动组件、制动组件上，有一些最新节能技术产品得到应用，如高传动效率节能技术、小速比主减总成节能技术、制动器节能技术等。

三　商用车替代燃料技术

（一）商用车天然气发动机

目前我国天然气发动机在商用车领域应用较多，以天然气为主要替代燃料的客车有一定的规模应用。传统点燃式天然气发动机是在柴油机基础上改进和开发，与国外相比我国天然气发动机技术较落后，国内市场上天然气发动机热效率低于38%，而欧洲天然气发动机热效率已达到40%，主要原因是各大主机厂在天然气发动机节能研究方面起步较晚。2018 年潍柴 HPDI 天然气发动机已完成国Ⅵ排放水平的开发验证，该发动机采用柴油微引燃缸内直喷天然气的燃料喷射系统（见图 5），实现类似柴油机的扩散燃烧方式，在原柴油机结构基础上无须改变活塞压缩比，无节流阀，因此设计改动较少。相比于传统点燃式天然气发动机，HPDI 发动机动力性强，经济性好，试验结果表明，在满足国Ⅵ排放前提下能够达到与柴油机相同的功率和转矩，同时其热效率超过45%。

（二）甲醇商用车

2012 年，工信部开始甲醇汽车试点工作，包括重卡、客车、公交、多用途车等不同类型的甲醇商用车投入试点，正式拉开了中国甲醇汽车产业化的序幕。目前国内甲醇商用车技术主要有山西靖烨公司、吉利公司的单一甲醇燃料的点燃式技术以及天津大学开发的柴油/甲醇双燃料燃烧或柴油/甲醇

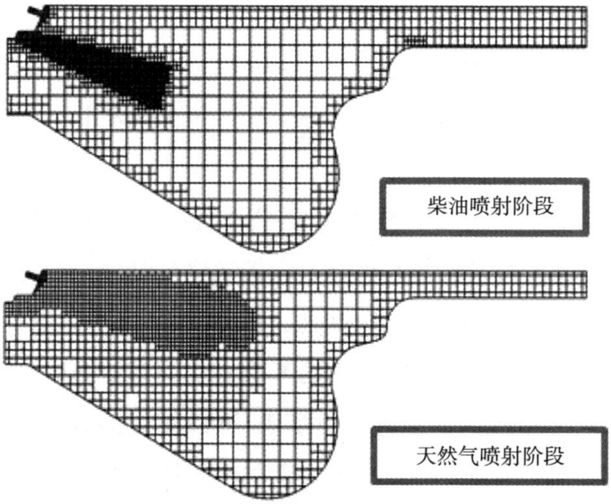

图 5　潍柴 HPDI 天然气发动机燃料喷射系统

组合燃烧技术。与山西靖烨公司和吉利汽车的点燃式甲醇商用车不同，天津大学的柴油/甲醇组合燃烧技术是以压燃方式工作。经过五年的试点验证，之前国内甲醇商用车甲醇的腐蚀性、高温气阻、甲醇溶胀性以及冷起动的技术难题已经基本解决，并且在动力学和经济性方面均取得了非常好的成绩。2018 年初，各城市的甲醇汽车试点工作全部通过工信部、国家发改委、科技部联合开展项目验收。在 2019 年 3 月工信部等八部委联合印发的《关于在部分地区开展甲醇汽车应用的指导意见》，推动我国的甲醇汽车发展进入快车道。吉利公司在 2019 年 4 月 26 日正式推出了吉利远程 M100 全球首款甲醇重卡牵引车，该发动机在潍柴 12.54L 柴油机基础上设计改进而成，采用汽油起动、暖车后转为纯甲醇运行，最大功率达 460PS，最大爬坡度达到 30%，与传统柴油机车不相上下。

四　商用车混合动力技术

（一）卡车混合动力

国内在卡车混合动力产品开发、推广方面进展不如国外大，但最近有开始启动、加速的趋势。

主要产品类型、技术种类包括：①并联混合动力系统——主要用于物流输送用中、重卡；②串联混合动力——目标市场包括轻卡物流车、矿用车和一些非道路车辆。

并联混合动力系统在货运中重卡领域的推广，产品、技术发展重点在于：更长寿命和更高可靠性的离合器自动控制执行机构；更高效可靠的升挡发动机降速辅助机构；改善 NVH 性能；高效可靠的缓速器；自适应（坡度、载重）高效换挡策略；故障与服务预警；更高节油率的控制策略。

串联混合动力系统产品在轻卡、矿山/港口应用的重卡、非道路车辆、农用车辆领域应用开发和推广。技术、产品的发展重点在于：高效、紧凑的增程器用发动机；无电池串联系统中的满功率覆盖技术（电压控制、更快的转矩与速度响应速度与更高的控制精度）；长寿命、高可靠性的驱动电机；改善 NVH 特性；更高节油率的能量管理与控制策略。

商用车 48V 微混系统发展重点在于：更高功率和转矩；更高效可靠的一体化集成设计；适用于更严苛的商用车应用环境与长寿命要求（IP 防护、振动、温度、盐雾等）；能借助商用车产品降低价格。

（二）客车混合动力

由于普通混合动力在国内不属于新能源产品，没有政策补贴，因此未能得到大规模的推广，宇通已经出口海外的客车产品中逐渐开始推广以超级电容储能的混联构型的混合动力系统，但规模尚小。

五　商用车电子电器技术

（一）道路预见

道路预见行驶技术受到地图数据的精度、发动机和变速器的逻辑处理算法、报文发送内容、GPS 信号、道路等级属性等多种因素影响。根据市场调研得知，目前国内仅一汽、北汽福田完成道路预见行驶的技术开发并且满足量产状况，但限于国内地图“两号”未获得国家批复，并未实现批量生产。根据道路验证测试反馈，道路预见行驶技术在国内高速公路路段节油效果为3%左右。

（二）列队行驶

国内近些年来也有很多针对列队行驶的研究（见图6）。由于国内公路道路情况相对复杂，多家企业选择先在港口、干线物流园区等封闭、半封闭场景进行含编队行驶功能的L4级自动驾驶示范运营，或选择园区－港口间固定高速路线编队行驶。目前国内最优技术能够做到车速保持在80km/h时车间距15m。北汽福田、东风商用车、中国重汽等企业纷纷实现了特定场景测试、运营及路测，日后在高速公路、城市配送方面也将实现列队行驶落地。但也存在部分问题：单体卡车的昂贵造价，卡车若想满足队列驾驶，自身的硬件是基本，诸多的摄像头、雷达、控制单元等，会使其造价远高于普通卡车；对车队中卡车的一致性要求较高，队列驾驶车队所使用的卡车，在马力配置、货物重量方面，需要保持一定的同步；在任何情况下车辆之间各种信息都能保证快速稳定的传输。

图6　列队行驶技术

（三）驾驶行为辅助系统

近十几年，中国车辆保有量急速膨胀，驾驶员对车辆的操控能力参差不齐，道路质量等级跨度大，亟须分车型对驾驶员的不良驾驶习惯进行指正，起到改进助手的作用。在车辆动力特性分析、驾驶员驾驶行为采集、大数据分析方面中国比欧美日起步晚，研究的样品量和深度有差距。驾驶员改进助手的技术短板是车辆动力特性的基础研究不够深入，构建数据模型和大数据分析能力弱。驾驶员改进建议必须有针对性，需要结合车辆动力特性、道路基础设置和交通拥堵状况，有针对性地提出改进建议。在高速公路上，驾驶技术娴熟的比驾驶技术一般的驾驶员平均节约燃油 8% ~10%；通过指导驾驶技术一般的驾驶，尽量匀速行驶、在经济行驶区行驶，减少不必要的急加速、急减速，可节油 5% ~9%。

（四）载重分析

关键指标是计量精度、可适用的路况和需要车辆运行的时间。中国在载重分析方面起步比较晚，近 5 年来，有多家校企尝试开发载重分析系统，尚处于样机研发阶段，测试环境下的计量精度能够达到 ±15%，尚不满足批量应用的需要。载重分析的技术短板是构建数据模型、确定数据参数及其采集周期，设定触发条件。载重分析除了受车辆动力特性影响以外，还受道路摩擦系数、坡度、风力风向、车辆风阻系数、轮胎半径及其摩擦系数等诸多因素影响。

专题研究篇

B.8
混合动力专用发动机研发及应用情况分析

摘　要： 混合动力专用发动机作为发动机产业未来的主要发展方向之一。本报告针对混合动力专用发动机，分析了其技术特点，重点对标了国内外代表企业在该领域的研究和应用情况，并对其未来发展前景进行了展望。

关键词： 专用发动机　混合动力系统　热效率

一　混合动力专用发动机概述

（一）混合动力专用发动机概念

目前，行业针对混合动力专用发动机（以下简称“专用发动机”）并无清晰的定义，按照字面的意思可简单理解其是一款专门为混合动力系统设计开发的，且只应用于混合动力系统的发动机。

不同的混合动力系统（构型），专用发动机开发的重点功能不同。如串联式混合动力系统，主要是发电功能；并联式混合动力系统，主要是高速直驱功能；混联式混合动力系统，主要是综合串联和并联的功能。因而，可以进一步理解专用发动机是一款专门为特定的混合动力系统（构型）设计开发的发动机。

然而，当前真正意义上的专用发动机较少，而从传统发动机适应性拓展混合动力系统匹配的专用发动机较多。面对这样的现状，本报告规定了所涉及的专用发动机范围：真正意义上的专用发动机和传统发动机同平台适应性拓展的专用发动机。同时，针对本报告中提及的混合动力汽车，无特别说明的情况下，多指包含强混 HEV、PHEV，不包括 48V 微混和市面上已较少的中混。

（二）混合动力专用发动机技术特点

混合动力系统由专用发动机、变速器、电机、电池和电控五要素组成，包含两个动力源和一个储能装置。在两个动力源的配合使用下，构成混合动力系统多种工作模式，如常见的纯电驱动、发动机驱动、联合驱动、行车充电、制动能量回收和停车发电等工作模式。这些工作模式在不同应用场景之间进行切换，将进一步明确发动机的运行边界，形成专用发动机无须一直运行、运行区域更窄、高效区域扩大、升功率要求降低、结构更加紧凑和 NVH 要求更高等典型的技术特点。

（1）专用发动机无须同传统发动机一样，自起动到停止的整个过程均保持运行，而是根据驾驶员的实际驾驶需求和电池 SOC（State Of Charge，电量状态），实现行进间发动机的自动起停。

从图 1 实际驾驶时驱动车辆的方式中可以看出，发动机参与驱动包括四个典型工况：启动/加速和低中速巡航阶段，当电池电量 SOC 不足或纯电驱动无法满足驾驶需求时，发动机启动联合电机共同驱动车辆；在急加速阶段，发动机联合电机共同驱动车辆；高速巡航阶段的发动机直接驱动；减速阶段下发动机处于停机状态。

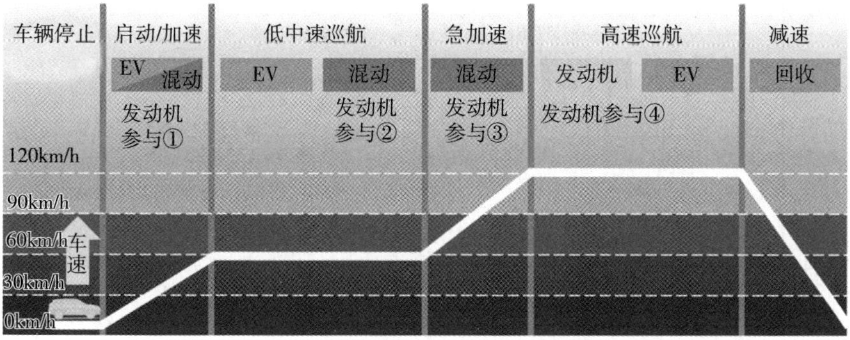

图1　实际驾驶时驱动车辆的方式

另外，从电池 SOC 来看，由于高压 HEV 电池电量有限，无法支撑长时间的纯电驱动，因而在 HEV 实际运行时，发动机是除去减速工况以外的其他工况均处于运行状态；而对于电池电量较多的 PHEV，在电量维持阶段发动机运行状态与 HEV 无异，而在电量下降阶段则存在两种不同的运行方式：一是发动机不启动，电机单独驱动，实现全速 - 全负荷范围内的动力性需求；二是发动机多在车速高、负荷大的工况启动来保证整车动力性需求。

（2）与传统发动机经常运行于低速低负荷区域不同，专用发动机的运行区域向高效区域靠近且要求高效区域更广。

（3）在拥有两个动力源的混合动力车上，电机既可调整发动机运行工况点，让其接近于高效率区间，提高系统的总体效率，也可助力发动机的功率输出，共同满足不同工况下整车的动力性需求。因而，在专用发动机的开发上，其核心追求往往是改善经济性，降低实际能耗，动力性相关指标如升功率的要求可适当降低。

如图 2 所示，专用发动机升功率较同排量传统发动机的低，并且随着热效率的提高，降低得越多。

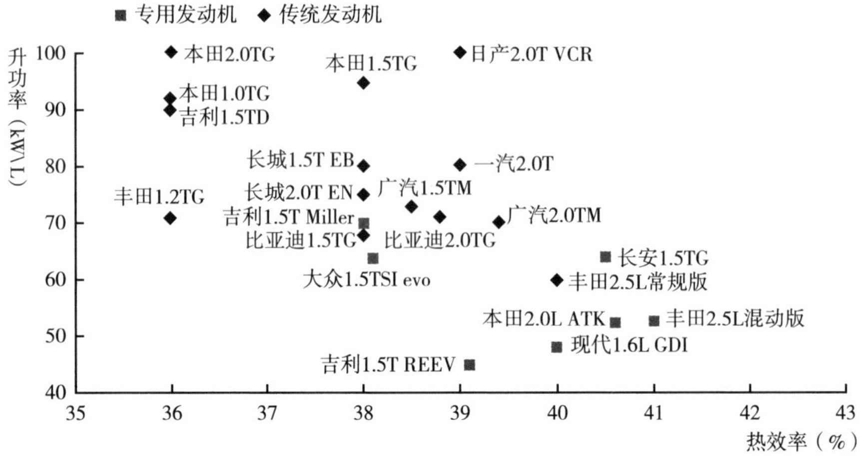

图 2　专用发动机和传统发动机性能指标的对比

（4）基于整车机舱布置的平台适应性和机舱拓展性，要求开发结构紧凑的专用发动机。同时，附件电动化进一步使专用发动机结构尺寸紧凑。

（5）如前文所述，专用发动机在结构上的变化，如采用了电动化附件，前端轮系结构改变等；同时专用发动机在运行方面的变化，如行进间的频繁启动发动机，发动机运行工况集中等。这些与传统发动机明显的差异，均将对专用发动机 NVH 提出全新的要求。

（三）混合动力专用发动机技术应用现状及趋势

围绕专用发动机典型的技术特点，在其技术应用方面，从已推出的专用发动机来看，米勒/阿特金森循环 + 高压缩比 + 冷却 EGR 因可改善燃烧，提高发动机的热效率，已成为其主流的技术选择，如表 1 所示。

表 1　已推出专用发动机的技术应用情况

已推出的专用发动机	主要应用的技术
现代 1. 6 GDI	阿特金森循环 + 13 高压缩比 + 冷却 EGR + 1. 35 行径比 + GDI + 双节温 + 两级变排量机油泵 + 低摩擦等
通用 1. 5 GDI 串联式	阿特金森循环 + 12. 5 压缩比 + 1. 17 行径比 + 缸内直喷 + 集成排气歧管 + 两级可变机油泵等

续表

已推出的专用发电机	主要应用的技术
通用 1.8 GDI 混联式	缸内直喷 + 11.5 压缩比 + 外部冷却 EGR + 热管理 + 低摩擦 + NVH 优化技术等
丰田 2.5L 混动发动机	阿特金森循环 + 14 高压缩比 + 冷却 EGR + 1.2 的行程 - 缸径比 + 高滚流比 + 加宽气门夹角 + 低摩擦/低损失化技术 + 电子化附件 + 双喷射等
本田第三代 i - MMD 2.0L	阿特金森循环 + 13.5 高压缩比 + 冷却 EGR + 进气侧可变气门升程 + IEM + 低摩擦等
日产 HR12DE e-Power	米勒循环 + 12 高压缩比 + 冷却 EGR + 进气连续可变 VVT + 双喷射 + 电子水泵 + 取消皮带传动 + 低摩擦等

未来，针对专用发动机高热效率区域扩大并逐步提高的需求，如表 2 所示，从理论分析和技术成熟度两个维度给出米勒/阿特金森循环、冷却 EGR、排气余热回收技术、稀薄燃烧、超高压缩比、超高喷射压力等技术在专用发动机上的应用推荐。发现如下。一是米勒/阿特金森循环仍然是重点推荐的技术。二是排气余热回收技术可减少发动机热量损失，适当弥补混合动力车型电能的需求，目前已在日本等的混合动力车型上应用，受限于当前的成本认为其是未来潜在的技术选择之一；三是还有一些不成熟的技术，如稀薄燃烧、超高压缩比和超高喷射压力等，因其能大幅改善燃烧，提高效率，故而认为其在专用发动机上将有所作为，但未来需要投入更多的资源进行研究。

表 2　专用发动机的技术推荐理论分析

技术	技术特征	理论分析	成熟度	推荐情况
米勒/阿特金森循环	膨胀比大于有效压缩比	①该技术能改善发动机泵气损失；②该技术实现门槛低，无须增加复杂的结构和成本	较成熟	★★★★★
冷却 EGR	将部分排气通过 EGR 系统重新引入缸内参加燃烧	①降低缸内烧温度，改善 $N0_x$ 的排放；②减少汽缸壁的热损失，提高燃烧效率；③EGR 率控制困难，高的 EGR 率将需要增加点火能量	成熟	★★★★

续表

技术	技术特征	理论分析	成熟度	推荐情况
排气余热回收技术	将排气带走的能量利用回收装置用于发电、加热、取暖等	①可降低发动机的排气损失,提高热效率;②可用于整车暖通,加热混合动力系统电池等;③成本较高	不成熟	★★★
稀薄燃烧	空燃比大于理论空燃比(汽 14.7∶1)的燃烧	①可显著改善排放和燃油经济性,提高燃烧效率;②点火困难,滞燃期延长,点火能量增加,火焰传播存在中断风险;③喷油定时和点火提前角控制困难	不成熟	★★★★
超高压缩比	通过优化燃烧室形状和增大行程实现超高压缩比(>16∶1)	①显著提高理论热效率,有效压缩比需进一步控制;②爆震风险增加,需多项抑制爆震的技术共同配合	不成熟	★★★★
超高喷射压力	≥500bar 的高压直喷系统	①雾化更好,有利于混合气的形成;②显著降低颗粒物的排放;③成本高	不成熟	★★★★

注:★越多越推荐。

二　国内外研究及应用情况

综观专用发动机的开发历程，存在两个明显的发展阶段。第一个阶段为适应性开发阶段，该阶段主要发生在 HEV 和 PHEV 兴起到成熟时，多数 OEM 直接采取原有传统发动机，如丰田第一代 Prius，或在其传统机型上，通过技术升级、标定优化、附件电动化等手段快速实现专用发动机的开发，如大众 Golf GTE、现代 IONIQ 等；第二个阶段为专用发动机开发阶段，该阶段主要发生在 HEV 和 PHEV 成熟后，多数 OEM 基于平台化开发的理念，实现传统发动机和专用发动机同平台开发，并提高两者的技术和零部件通用性。如丰田 TNGA 架构下的专用发动机、吉利 GEP3 1.5T 系列发动机等。下面将针对国内外代表企业在专用发动机领域的研究和应用情况开展详细的技术对标。

（一）日韩地区代表企业专用发动机技术对标

日本作为全球最先推行混合动力汽车的国家，毫无疑问，其混合动力技术全球领先。尤其是丰田和本田以及日产的混合动力系统，在全球都是独树一帜。韩国现代也不甘落后，推出了 P2 并联式混合动力系统。本小节将重点介绍丰田、本田、日产和现代在专用发动机上的研究和应用情况。

1. 丰田汽车

早在 1997 年，丰田就推出了首款混合动力汽车 Prius，而后，丰田基于该产品，完成了四代 Prius 的开发。跟随产品迭代，丰田 THS 技术也随之提升，尤其是混合动力系统匹配的发动机，通过排量升级、热管理、燃烧优化等技术手段，完成由最初的 1. 5L 传统发动机向 1. 8L 专用发动机升级。如图 3 虚线框内所示。

发动机	1.5L直列四缸（1NZ-FXE，Atk）	1.5L直列四缸（1NZ-FXE，Atk）	2ZR-FXE1.8L直列四缸（热效率38.8%）	2ZR-FXE1.8L直列四缸（热效率40%）
发动机优化路径	1.5L → 1.5L	· 排量升级 · 水冷EGR · 电子水泵 · 废气余热回收 · 低摩擦技术	1.8L → · 电子化附件的应用 · 热管理优化 · 燃烧系统优化 · 低摩擦技术	1.8L
发动机最大功率	43kW/4000rpm	57kW/5000rpm	73kW/5200rpm	73kW/5200rpm
混动系统	THS Ⅱ	THS Ⅱ	THS Ⅱ	THS Ⅱ
供电系统	288V镍氢电池	202V镍氢电池	202V镍氢电池	202V镍氢电池
电机功率	33kW	50kW	60kW	53kW
电机转速	6000rpm	6400rpm	13500rpm	17500rpm
电机扭矩	320Nm	500Nm	207Nm	163Nm
高电压化	-	500V	650V	600V

图 3　丰田 Prius 车型的发展情况

如图 4 所示，丰田基于其 TNGA（Toyota New Global Architecture，丰田新的全球架构）提出其未来的混合动力系统的规划，共计划推出 6 套混合动力系统 10 款变量。目前，基于该平台，丰田已推出 1.8L THS－Ⅱ、2.0L THS－Ⅱ、2.5L THS－Ⅱ、3.5T Multi-stage THS－Ⅱ等多款专用发动机，且部分机型具有同排量的传统发动机版本，如丰田 2.0L THS－Ⅱ和 2.5L THS－Ⅱ。

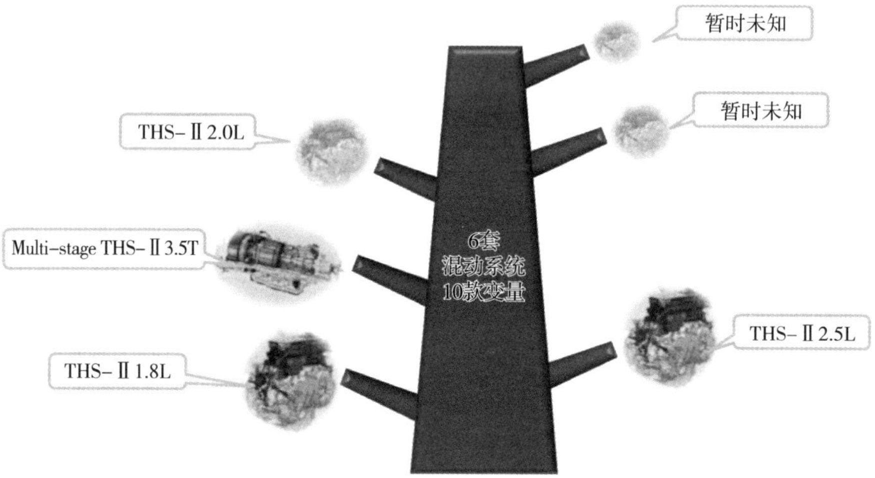

图 4　丰田 TNGA 架构下混合动力系统规划

从表 3 所示的丰田专用发动机中可以看出：针对不同车型丰田匹配不同的专用发动机，但技术应用上保持了和传统发动机的通用性和延续性，以降低成本并满足多样化的市场需求。如丰田的 2.5L THS－Ⅱ，采用了和传统发动机一样的主流技术：阿特金森循环＋高压缩比＋长行径比＋冷却 EGR 等，处于全球量产机型中的最高水平。

表 3　丰田专用发动机技术参数及技术应用情况

专用发动机	1.8L THS－Ⅱ	2.5L THS－Ⅱ	3.5L THS－Ⅱ
排量(CC)	1798	2487	3456
缸径×行程(mm×mm)	Φ80.5×88.3	Φ87.5×103.4	Φ83×94
行径比	1.10	1.18	1.13

续表

专用发动机	1. 8L THS - Ⅱ	2. 5L THS - Ⅱ	3. 5L THS - Ⅱ
压缩比	13	14	13
最大功率(kW/rpm)	72/5200	131/5700	220/6600
最大扭矩(Nm/rpm)	142/3600	221/3600 ~ 5200	350/5100
主要技术应用情况	阿特金森循环;13 高压缩比; 1. 10 的行程 - 缸径比;高滚流比; 冷却 EGR;低摩擦技术等	阿特金森循环;14 高压缩比; 高滚流比;1. 18 的行程 - 缸径比;GDI + PFI;冷却 EGR;低摩擦技术等	阿特金森循环;13 高压缩比; 1. 13 的行程 - 缸径比; GDI + PFI; 双 VVT - i 等
主要应用情况	雷凌、卡罗拉等	凯美瑞、亚洲龙等	Lexus LS500h

2. 本田汽车

在混合动力发展方面，本田在放弃早期 IMA 混合动力系统后，针对旗下不同车型，采取不同的混合动力系统。如小型车采用单电机 i-DCD 系统；中型车采用 i-MMD 双电机系统；大型车采用 SH-AWD 三电机系统。目前，i-MMD 作为本田混合动力系统的佼佼者，通过技术升级和结构优化等手段已发展至第三代，并且已成功搭载多款车型上市。接下来，将重点介绍本田 i-MMD 混合动力系统搭载的专用发动机 2. 0L 的研究情况。

如图 5 所示，本田 i-MMD 混合动力系统一直采用 2. 0L 专用发动机。其第二代专用发动机，主要是在第一代的进气侧增加了本田独有的 VTEC 技术，将阿特金森循环控制在最佳状态，实现其热效率提高至 38. 9%；而第三代专用发动机，除了沿用阿特金森循环、1. 19 长行径、i-VTEC、电子水泵等技术外，同时在燃烧、热管理和结构等方面开展了大量的优化设计，如增大 EGR 流速，扩大 EGR 利用率至 23%；提高压缩比至 13. 5；提高节气门开启温度等技术手段，实现 BSFC 降低了 8g/kWh 至 208. 1g/kWh（对应热效率达到 40. 6%），处于本田 i-MMD 系统 Hybrid drive 模式下的最佳经济运行线上，同时其高效区间也进一步扩大。

<table>
<tr><td>专用发动机</td><td>2.0L i-MMD 第二代</td><td>技术升级途径</td><td>2.0L i-MMD 第三代</td></tr>
<tr><td>排量(CC)</td><td>1993</td><td rowspan="7">燃烧优化
• 压缩比由 13 增加至 13.5
• EGR 流速增加，由 230L/min 增加至 450L/min</td><td>1993</td></tr>
<tr><td>缸径×行程(mm×mm)</td><td>Ø81×96.7</td><td>Ø81×96.7</td></tr>
<tr><td>行径比</td><td>1.19</td><td>1.19</td></tr>
<tr><td>压缩比</td><td>13</td><td>13.5</td></tr>
<tr><td>热效率(%)/BSFC(g/kWh)</td><td>38.9/216</td><td>40.6/208.1</td></tr>
<tr><td>最大功率(kW/rpm)</td><td>107/6200</td><td>107/6200</td></tr>
<tr><td>最大扭矩(Nm/rpm)</td><td>175/4000</td><td>175/4000</td></tr>
<tr><td>主要技术应用情况</td><td>• 阿特金森循环
• 13 高压缩比
• 1.19 行径比
• 进气 VTEC 和 E-VTC
• 冷却 EGR(17%)
• 电子水泵
• 热管优化
• 低摩擦</td><td>热管理优化
• 节温器开启温度升高，由 78℃ 增加至 82℃</td><td>• 阿特金森循环
• 13.5 高压缩比
• 1.19 行径比
• 进气 VTEC 和 E-VTC
• 冷却 EGR(23%)
• 电子水泵
• 热管理优化
• 低摩擦</td></tr>
<tr><td>性能对比</td><td>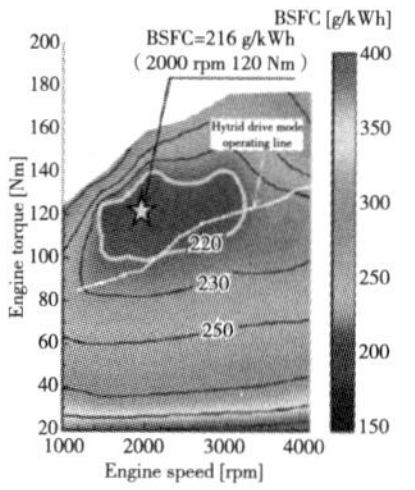</td><td>结构优化
• 曲轴平衡块优化
• EGR 阀直径增加
• 优化敲击和机械损失</td><td>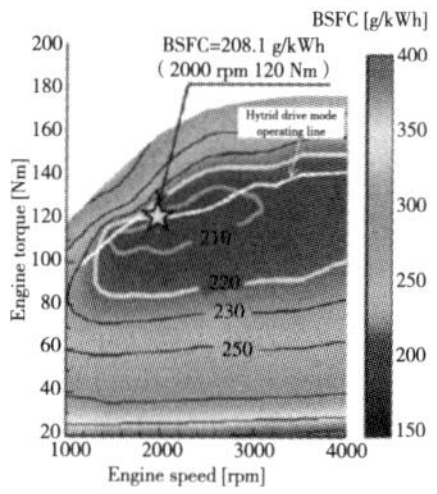</td></tr>
<tr><td>主要应用情况</td><td colspan="3">雅阁、CRV、思铂睿、奥德赛、CDX</td></tr>
</table>

图 5　本田 i-MMD 系统 2.0L 阿特金森循环专用发动机升级情况

3. 日产汽车

2018 年，日产在其本土市场日本推出了 e-Power。经研究发现：日产 e-Power 混合动力系统并不是一个全新的混合动力系统，而是属于串联式混合动力系统。众所周知，串联式混合动力系统的发动机因不直接参与车辆驱动，主要用于发电，发出的电能既能被存储于电池内，也能用于提供驱动电机的电能，协助驱动。因而，其具有与其他构型下的专用发动机不一样的特点，这些特点是在设计之初就应该予以考虑的。如：常选用成本低的小排量自然吸气发动机；发动机常用工况点多为点控制或者线性控制；发动机应避免低效率区域和高速运行区域（高转速发动机 NVH 将变差），重点对低转速区（<4000rpm 以下）的工况点进行优化设计。

如图 6 左侧所示，e-Power 专用发动机是基于日产现有的 1.2L 三缸小排量自然吸气发动机，在本体结构不变的情况下，集成米勒循环、12 高压缩比、电子水泵、双喷射、冷却 EGR 等技术，同时对发动机前端轮系进行优化，如取消皮带传动等。此外，在发动机的运行转速控制方面，通过相应的技术手段，相较于原机型，其转速得以有效降低。如在 5400rpm 达到其最大功率 58kW，3600 ~ 5200rpm 范围内实现其最大扭矩 103Nm。同时，通过匹配电机、驱动机构等系统，实现搭载整车后，专用发动机运行工况点集中于 2500rpm 左右，如图 6 右下图红点所示（红点的大小表示发动机在该工况点下运行的时长），有效避免了发动机进入 NVH 恶化的区域，降低控制和优化成本等。

专用发动机	HR12DE 3 缸 e-Power	HR12DE 3 缸传统
排量(CC)	1198	1198
缸径×行程(mm×mm)	—	—
行径比	—	—
压缩比	12	10.2
热效率(%)	—	—
最大功率(kW/rpm)	58/5400	58/6000
最大扭矩(Nm/rpm)	103/3600 ~ 5200	106/4400
主要技术应用情况	• 米勒循环 • 12 高压缩比 • 进气连续可变 WT • 双喷射 • 冷却 EGR • 电子水泵 • 取消皮带传动 • 低摩擦	• 奥拓循环 • 进气连续可变 WT • PFI • 有皮带传统 • 机械水泵
主要应用情况	e-Power	—

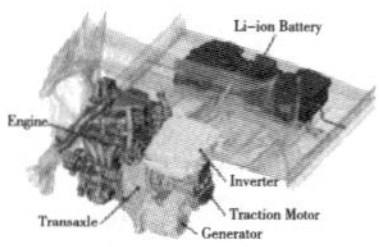

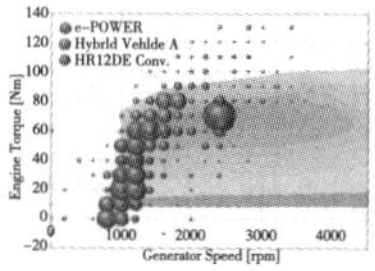

图 6　日产 e-Power 专用发动机 HR12DE 的技术特点及运行特征

4. 现代汽车

近几年，现代汽车基于并联式 P2 构型共开发出两套合动力系统，一套为 2.0L GDI + 6AT，主要搭载索纳塔 PHEV 车型；另一套为 1.6L GDI +

6DCT，专门搭载起亚极睿（NIRO）和现代 IONIQ 等混合动力车型。两款发动机均是基于现代现有机型或平台共同开发的。其中，2.0L GDI 是基于 Nu 平台开发的，另有一款同排量自然吸气传统发动机；1.6L GDI 是基于 kappa 1.4PFI，在缸径不变的情况下，通过增加行程至 97 实现排量增加，同时，该机型通过阿特金森循环、13 高压缩比、200bar GDI、冷却EGR、小缸径长行程的高滚流燃烧系统、热管理优化、低摩擦等技术完成升级，实现其热效率达到 40%，如表 4 所示。

表 4　现代 Kappa1.6L GDI 专用发动机的技术参数和应用情况

<table>
<tr><td>专用发动机</td><td colspan="4">Kappa 1.6GDI</td></tr>
<tr><td>排量(CC)</td><td>1580</td><td rowspan="7">主要技术应用情况</td><td rowspan="3">提高指示效率</td><td rowspan="3">200bar GDI + 13 高压缩比 + 阿特金森循环;小缸径长行程 + 直管型进气道 + 浅碟形活;塞顶 + 活塞内冷油道 + PCJ + 充钠气门 + 铜合金气门导轨;废气余热回收系统等</td></tr>
<tr><td>缸径×行程(mm×mm)</td><td>Φ72×97</td></tr>
<tr><td>行径比</td><td>1.35</td></tr>
<tr><td>压缩比</td><td>13</td><td rowspan="2">降泵气损失</td><td rowspan="2">DVVT,进气中间锁止;冷却 EGR + 高能点火等</td></tr>
<tr><td>热效率(%)</td><td>40</td></tr>
<tr><td>最大功率(kW/rpm)</td><td>77.2</td><td rowspan="2">降机械损失</td><td rowspan="2">曲轴偏置 + 低摩擦涂层;两级变排量机油泵 + 0W - 20 润滑油等</td></tr>
<tr><td>最大扭矩(Nm/rpm)</td><td>147</td></tr>
<tr><td>主要应用情况</td><td colspan="4">现代 loniq、起亚 Niro 等</td></tr>
</table>

从图 7 所示的现代汽车未来发动机规划可知：未来，现代将继续提升发动机热效率至 50%，包含两款高热效率专用发动机的开发，一款是 2020 年前后将推出热效率约为 43% 的 2.0L HEV 发动机；另一款是 2025 年前后将推出热效率约为 45% 的 2.7L HEV 发动机。

（二）欧美地区代表企业专用发动机技术对标

继日本之后，欧美汽车企业也着手布局混合动力汽车，但其发展速度和规模尚不及日本企业。这种差距在专用发动机方面同样存在，大多数欧美汽车企业缺乏专用发动机，基本上采取适应性开发，仍处于发展的第一阶段，如大众、宝马、奔驰等，只有极少数企业如通用，针对其混合动力系统开发了专用发动

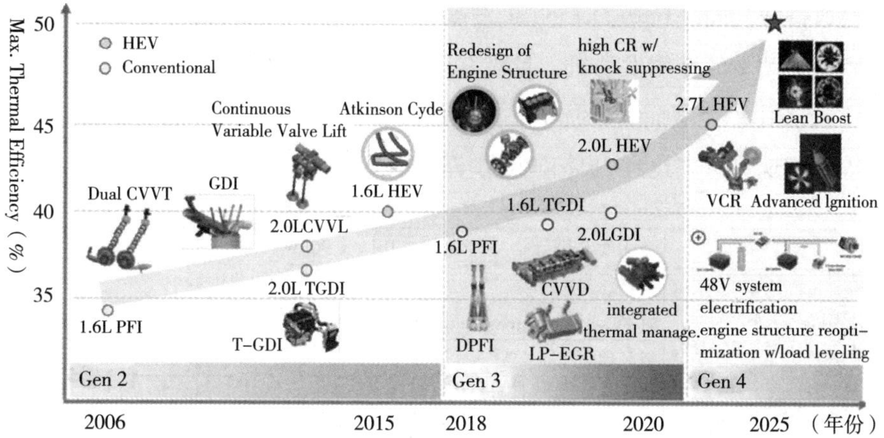

图7　现代汽车未来发动机产品和技术规划

机。所以，本小节将重点介绍大众和通用在专用发动机上的研究和应用情况。

1. 大众集团

目前，大众 Golf GTE 等多款混合动力汽车搭载的专用发动机均为来自 EA211 的 1.4TSI 发动机，该机型与传统发动机相比，技术上采用继承策略，主要是对电动化附件引起发动机前端轮系的变化而进行结构优化，其变化点如图 8 所示。

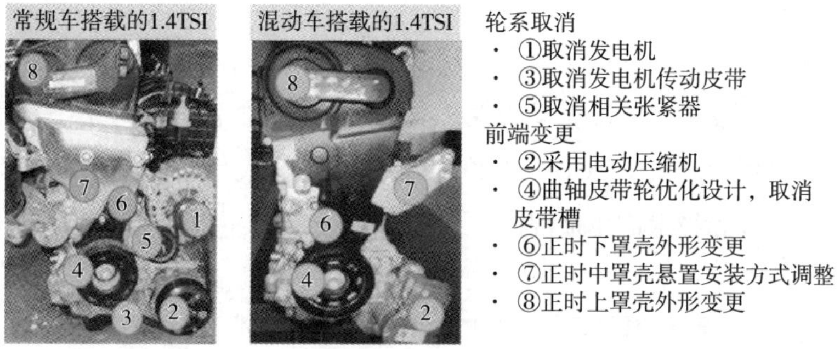

图8　大众 1.4TSI 发动机搭载传统车和混动车的前端轮系对比

如图 9 所示，大众已明确未来将用 1.0T 和 1.5T 两个排量精简 EA211 平台现有发动机，而且大众计划未来几年内要完成现有搭载 1.4TSI 的车型切换成搭载其同平台新款1.5TSI发动机。因而，未来大众混合动力汽车将搭载1.5TSI evo专用发动机，且极有可能为采用米勒循环、12.5高压缩比、1.15行径比、变截面涡轮技术、主动停缸、350bar GDI、热管理、低摩擦技术等，实现热效率达到38%的低功率版本。

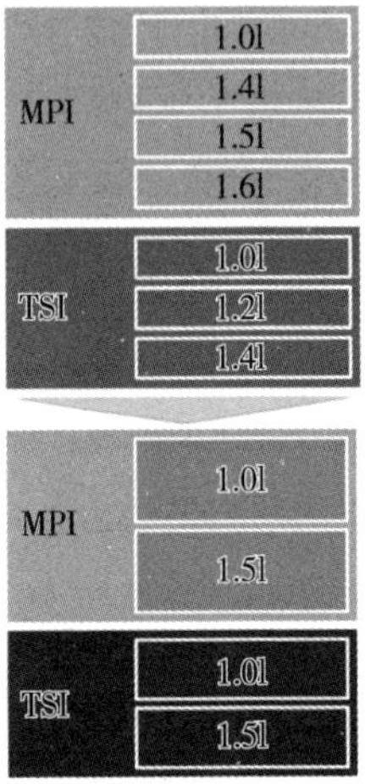

专用发动机	1.5TSI evo 96kW	1.5TSI evo 110kW
排量(CC)	1498	1498
缸径×行程(mm×mm)	Ø74.4×85.9	Ø74.5×85.9
行径比	1.15	1.15
压缩比	12.5	10.5
热效率(%)	38	—
最大功率(kW/rpm)	96/4750~5500	110
最大扭矩(Nm/rpm)	200/1300~4500	250
主要技术应用情况	• 米勒循环 • 12.5高压缩比 • 变截面涡轮技术 • 主动停缸技术 • 350bar GDI • 热管理技术 • 低摩擦技术	• 带废气旁通阀的涡轮增压 • APS缸套涂覆 • 主动停缸技术 • 350bar GDI • 热管理技术 • 低摩擦技术

图9 大众1.5TSI evo相关技术参数和技术应用情况

2.通用汽车

在混合动力系统领域，通用采用双行星排和三行星排的两条混合动力技术路线，并开发出多套混合动力系统。为匹配不同的混合动力系统，通用已推出三款专用发动机1.5GDI、1.8GDI和2.0TG，表5给出了三款专用发动机的技术参数和技术应用情况。

表5 通用三款专用发动机技术参数和技术应用情况

专用发动机	1.5GDI	1.8L DI-NA	2.0T LTG
排量(CC)	1490	1796	1998
缸径×行程(mm×mm)	Φ74×86.6	Φ80.5×88.2	Φ86×86
行径比	1.17	1.096	1

续表

专用发动机	1.5GDI	1.8L DI-NA	2.0T LTG
压缩比	12.5	11.5	9.5
热效率(%)	—	—	
最大功率(kW/rpm)	78/5800	91/5000	198/5500
最大扭矩(Nm/rpm)	138/4400	176/4750	400/3000～4300
主要技术应用情况	Atkinson 循环;12.5 高压缩比;1.17 行径比;缸内直喷;集成排气歧管;两级可变机油泵	缸内直喷;11.5 压缩比;外部冷却 EGR;热管理技术;低摩擦技术;NVH 优化技术	双涡管增压;缸内直喷;DVVT;活塞喷雾冷却;两级可变排量机油
主要应用情况	Velite5 等	君威、迈瑞宝等	凯迪拉克 XT5 等

通用在 1.5GDI 上，集成了阿特金森循环、12.5 高压缩比、1.17 行径比、缸内直喷、集成排气歧管等技术，实现发动机热效率大幅提升，同时与第二代 VOLTEC 增程型电驱技术（双行星排）匹配，应用于 Velite5 上实现 NEDC 循环下的百公里综合油耗达到 0.9L/100km（纯电里程为 116km）。通用在 2.0TG 上，主要是基于 LTG 平台进行前端轮系的适应性更改并沿用平台大量技术，快速满足车型的搭载需求。

通用 1.8GDI，是基于其第三代 1.8L 自然吸气发动机进行开发。以传统发动机为基础，通过外部冷却 EGR、优化热管理和降低摩擦等技术，进一步提高燃油经济性，使其全 MAP 最低燃油消耗率为 224g/kWh。如在降低摩擦方面，采用两级可变排量机油泵、取消空调压缩机和发电机，并优化活塞环张力等。同时，通用在发动机的 NVH 方面采用声学材料包覆、结构设计优化，使其发动机整体噪声降低 3～5dB，如图 10 所示。在降低 NVH 采用的技术方面，包括：一体化锻造（带 8 个重量块的曲轴）+曲轴优化设计，降低 2 级振动；利用进气相位可变进行优化设计，同时在发动机启动时，采用扭矩控制启动，再利用电机进行转速控制改善起停性能；优化进气歧管结构进行歧管包覆（两层硬塑料壳 + 嵌入式减震器）来降低歧管辐射；同时加强燃油泵和排气侧的控制和结构优化等。

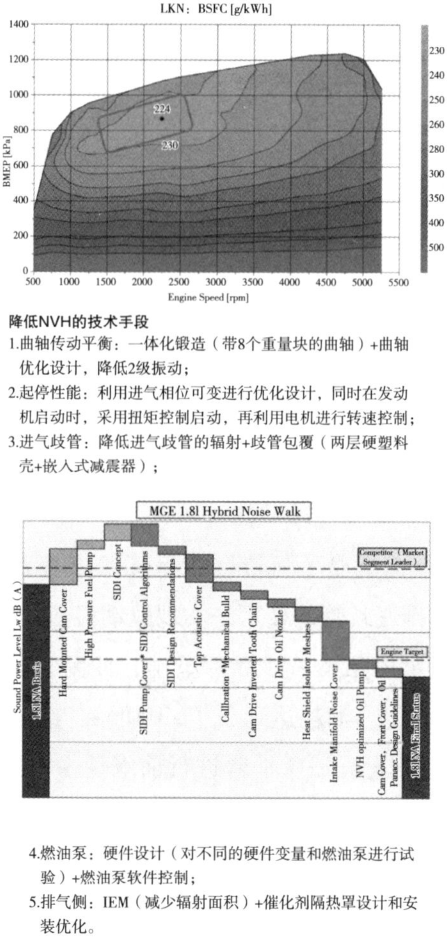

图 10　通用 1.8GDI 专用发动机燃油 Map 和 NVH 改善途径

（三）国内代表企业专用发动机技术对标

国内企业是继日韩、欧美企业之后，在我国政策的引导下，从 2016 年才开始大规模研究混合动力汽车。虽然我国已处于落后地位，但是国内企业仍在奋力追赶，积极布局。通过几年的努力，绝大多数企业已向市场交付了产品，如表 6 所示。同时，在专用发动机研究方面，部分国内企业也开展了相关研究，并对外进行了展示，如吉利、比亚迪和长安等。本小节将重点介绍吉利、比亚迪和长安等国内企业在专用发动机上的研究和应用情况。

表 6　国内企业混合动力汽车产品和相关战略

	上汽		比亚迪		吉利		长城		广汽传祺		长安	
	HEV	PHEV	HEV	PHEV	HEV	PHEV	HEV	PHEV	HEV	PHEV	HEV	PHEV
相关产品	750	E550E950 Erx5 Ei6 名爵 6		F3 秦 唐 100 宋 max 宋 pro 秦 pro		领克 01 领克 03 领克 02 博瑞 GE 缤越 帝豪 GL 嘉际		Weyp8		GA5 GS4 祺智		逸动 CS75
战略规划/行业目标	绿芯产品,EDU 已发展至第二代		新能源汽车引领者		蓝色吉利行动，2020 年 65% 为混合动力汽车						香格里拉计划，2025 年三大新能源平台等	

1. 吉利汽车

自收购沃尔沃（Volvo）以来，吉利就不断地从 Volvo 引进相关产品和技术，包括引进了 Volvo GEP3 1.5T 三缸发动机平台，并基于该发动机平台，开发出三款专用发动机——1.5TD、1.5T 米勒和 1.5TG，分别用于匹配 REEV 增程式、P2.5 HEV 和 P2.5 PHEV 三套混合动力系统。

如表 7 所示，为匹配不同的混合动力系统，三款专用发动机采取了不同的技术方案，性能差异明显。如面向增程式开发的 1.5TD REEV 专用发动机，通过集成深度米勒循环、13 压缩比、中置 GDI、集成排气歧管、平衡轴等技术，实现其热效率达到 39.1%，同时，为避开 NVH 性能较差的高转速区预，该机型在 4000rpm 时达到最大功率 68kW；在匹配 P2.5（7DCT）并联式时，吉利两款专用发动机技术主要差异点是 1.5T HEV 采用了米勒循环 + PFI；而 1.5TG PHEV 则采用奥拓循环 + 中置 GDI。目前，1.5TG PHEV 已搭载领克 01 等 PHEV 车型上市，另外两款专用发动机——1.5TD REEV 和 1.5T HEV 还未搭载车型上市。

表7 吉利 GEP3 1.5T 发动机平台专用发动机技术参数和技术应用情况

专用发动机	1.5TD REEV 增程式（串联）	1.5T HEV 并联式 P2.5	1.5TG PHEV 并联式 P2.5
排量(CC)	1477	1477	1477
缸径×行程(mm×mm)	Φ82×93.5	Φ82×93.5	Φ82×93.5
行径比	1.14	1.14	1.14
压缩比	13	—	—
热效率(%)	39.1	38	—
最大功率(kW/rpm)	68/4000	105/5500	132/5500
最大扭矩(Nm/rpm)	—	215/1500~4000	265/1500~4000
主要技术应用情况	米勒循环；13 高压缩比；中置 GDI；IEM；中间锁止 DVVT；平衡轴；正时皮带	米勒循环；PFI；IEM；DVVT；正时皮带	奥拓循环 中置 GDI；IEM；中间锁止 DVVT；平衡轴；正时皮带

2. 比亚迪汽车

作为新能源汽车引领者，比亚迪始终坚持双模 DM 技术路线（以并联式 P3 为核心架构的技术路线），并通过 F3、秦和唐等车型的换代升级，DM 技术也由第一代发展至当前的第三代，其动力系统演变过程如图 11 所示。

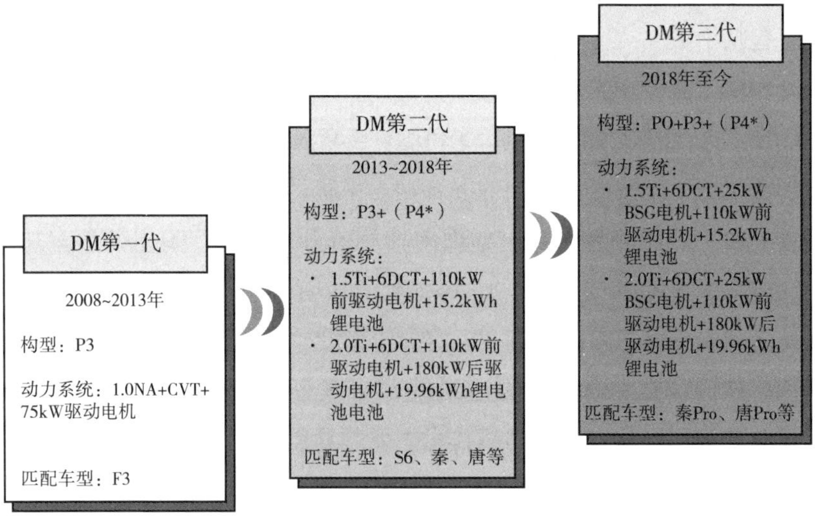

图11 比亚迪 DM 技术路线下的动力总成发展情况

注：＊主要针对动力性要求更高的四驱车型，才开发后桥电机。

从图 11 可以看出，相较于 DM 第一代，比亚迪 DM 第二代和第三代的动力系统进行了全方位的升级，而第二代和第三代之间除了新增一个 25kW 的 BSG 电机外，其动力系统的产品延续性较好。由于比亚迪 DM 技术的驱动电机位于变速器输出轴或者后桥上，在传统动力布置不受影响的情况下，发动机可选择重新开发也可完全借用。因而，比亚迪为提高传统车型和混合动力车型的平台化率，并未开发专用发动机，而直接借用传统发动机进行适应性匹配开发。如比亚迪唐传统版和混合动力版均采用同性能的 2.0Ti 发动机（国Ⅴ：151kW/320Nm；国Ⅵ：141kW/320Nm）。这也是比亚迪插电式混合动力车型在电池馈电或电量不足时，其油耗较高的原因之一。

从表 8 比亚迪展出的下一代发动机产品来看，为满足比亚迪燃油车、DM 混合动力车等需求，比亚迪 1.5TG 和 2.0TG 两款发动机均进行了全新的技术升级，如米勒/阿特金森循环、高压缩比、VGT、电子节温器、电子水泵等技术得以应用，大幅提升发动机热效率。

表 8　比亚迪下一代发动机产品

专用发动机	1.5TG	2.0TG
压缩比	12.5	12
热效率(%)	38	38.8
最大功率(kW/rpm)	102	142
最大扭矩(Nm/rpm)	230	302
主要技术应用情况	米勒循环 + 12.5 压缩比 + 变截面增压 VGT + 集成排气歧管 IEM + 缸内直喷 GDI + 电子节温器 + 静音链 + 低黏度机油	阿特金森循环 + 12 压缩比 + 双涡管增压 + 集成排气歧管 IEM + 缸内直喷 GDI + 电子节温器 + 静音链 + 低黏度机油

3. 长安汽车

在过去的几年内，长安先后向市场推出了两款混合动力车型——逸动 PHEV 和 CS75 PHEV。在这两款车型上，其混合动力系统匹配的发动机并非专用，而是基于长安 S 系列的 1.0TG 三缸机和 H 系列的 1.5TG 在发动机性能保持不变的情况下，分别进行前端轮系等适应性开发。在 2018 年长安汽车技术开发日，长安对外展示了其第二代混合动力系统，该系统匹配的发动机是基于长安新一代发动机平台 NE1 平台开发的专用发动机 1.5TG，该机型通过集成米勒循环、13 高压缩比、冷却 EGR、1.197 行径比、增压、350bar GDI、热管理、低摩擦等技术，实现其热效率达到 40%，如表 9 所示。

表 9　长安 1.5TG 专用发动机技术参数和技术应用情况

<table>
<tr><th>专用发动机</th><th colspan="3">1.5TG</th></tr>
<tr><td>排量(CC)</td><td>1494</td><td rowspan="7">主要技术
应用情况</td><td rowspan="7">米勒循环 + 13 高压缩比;1.197 行径比;冷却 EGR;双涡管增压技术(TC);350bar 高压喷射技术;集成排气歧管技术(IEM);水冷中冷技术;平行冷却 + 热管理技术;超低摩擦、低油耗技术;优异的 NVH 静音技术</td></tr>
<tr><td>缸径 × 行程(mm × mm)</td><td>Φ73.5 × 88</td></tr>
<tr><td>行径比</td><td>1.197</td></tr>
<tr><td>压缩比</td><td>13</td></tr>
<tr><td>热效率(%)</td><td>40</td></tr>
<tr><td>最大功率(kW/rpm)</td><td>102</td></tr>
<tr><td>最大扭矩(Nm/rpm)</td><td>225</td></tr>
</table>

三　混合动力专用发动机未来展望

（一）蓬勃发展的混合动力汽车产业将带动专用发动机产品大规模应用

近年来，HEV 和 PHEV 车型的销量呈现逐年增加的态势，对专用发动机的需求增加，有利于推动专用发动机的研发和应用。

如图 12 所示，HEV 车型在经济性大幅改善、动力性保持相当的前提下，指导价比同款传统车略有增加，再加上 HEV 车型不需要依赖充电桩和天津、广州等地区的节油超过 20% 的节能车单独摇号政策等因素的影响，促进了以丰田卡罗拉、雷凌为代表的混合动力车型在我国的快速增加。

如图 13 所示，在补贴、双积分、路权和购置税等政策红利的推动下，自 2015 年开始，我国 PHEV 车型销量逐年增加，2018 年增幅达到 126%。

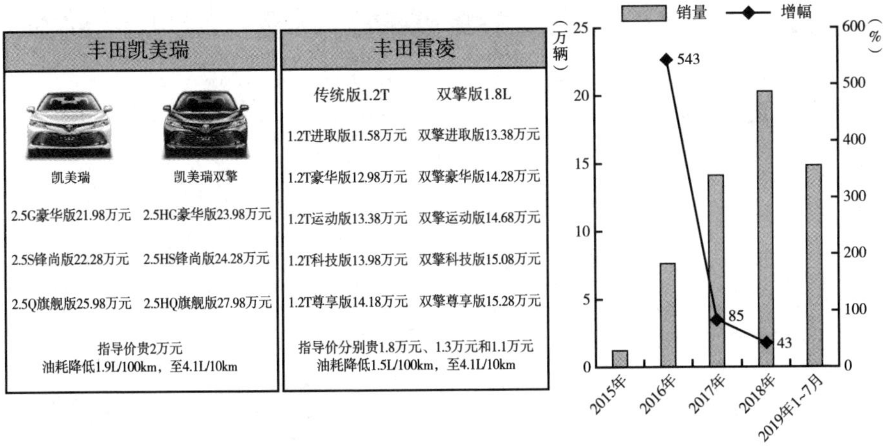

图 12　2015～2019 年我国 HEV 市场表现情况

资料来源：上险数据。

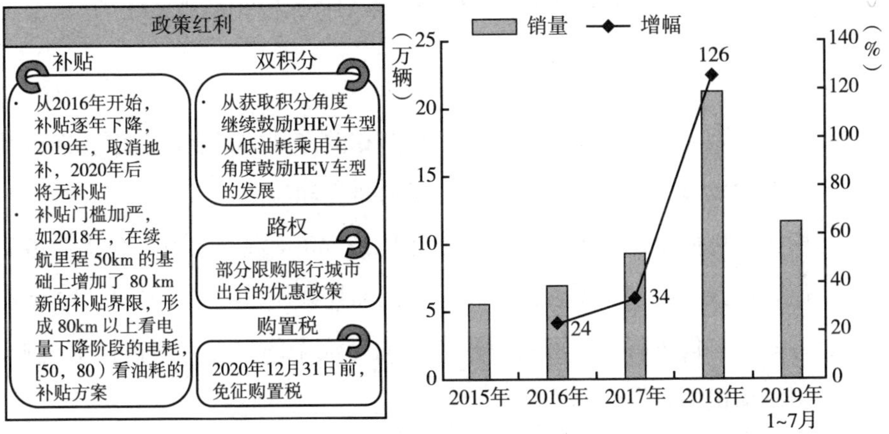

图 13　2015～2019 年我国 PHEV 市场表现情况

资料来源：上险数据。

如图 14 所示，根据主流 OEM 未来混合动力产品规划以及各大机构的行业预测可知：未来混合动力将占据汽车市场较重要的地位，并且这种地位会持续相当长的时间。这给予汽车产业强力发展混合动力的信心，增加了专用发动机的应用需求。

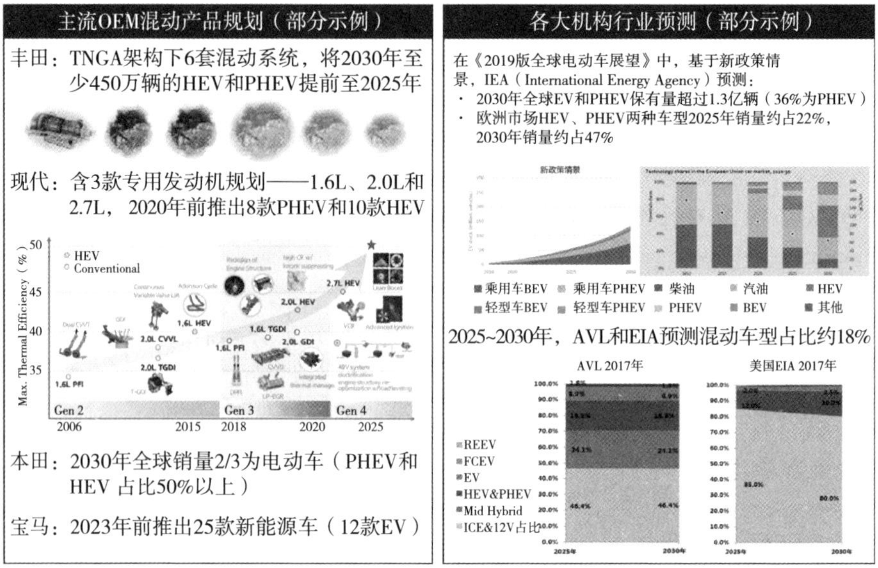

图 14　主流 OEM 未来混合动力产品规划和各大机构行业预测

资料来源：根据公开数据整理。

此外，类似丰田免费公开混合动力汽车相关专利的行业行动也会推动混合动力汽车的发展，继而促进专用发动机的研究和应用。

近期，丰田向全球其他企业免费公开其 23740 项混合动力车型技术相关专利，但若将其与我国新出台的双积分中低油耗乘用车政策相结合，毫无疑问，公开专利将促进行业开展新一轮混合动力汽车的研究，加快技术突破，促进专用发动机的发展。

（二）发动机先进技术的持续研究和突破量产将加快专用发动机技术升级和应用

无论是传统发动机还是专用发动机，提升热效率是应对法规升级、实现节能减排的重要途径。因而，围绕提升发动机热效率开展的先进技术研究并突破量产有利于进一步明晰未来专用发动机的技术路线，推动专用发动机技术升级和应用。

结合本报告第一部分技术应用中推荐的部分发动机先进技术，如米勒/阿特金森循环、稀薄燃烧、超高压缩比、超高喷射压力和余热回收等技术，已经有企业或研究机构开展了大量研究，并取得了阶段性成果，如下。

在稀薄燃烧领域，一是计划于2019年下半年量产的马自达SKYACTIV－X 2.0L发动机，通过集成SPCCI、16超高压缩比、1000bar高压喷射、冷却EGR、双电动VVT、机械增压、高能点火等技术，能实现90%以上的工况压燃，确保在极稀（$\lambda > 2.0$）的混合气氛围下实现稳定燃烧，成功解决发动机稀薄燃烧难题，相较于第一代，燃油经济性提高了20%～30%，热效率得以大幅提升，宣传热效率达到48%。二是丰田正在研究超稀薄燃烧技术以进一步提高发动机热效率，本项研究中丰田采用超稀薄燃烧（过量空气系数大于2.5）、超强滚流、火核控制、隔热涂层及降低机械损失等技术手段，目标是将发动机热效率提高至48%。三是本田正研究利用预燃烧室点燃混合气后，燃烧火焰从多个小孔中传播至主燃烧室，实现主燃烧室的"多点点火"，确保空燃比接近40∶1的超稀混合气体稳定燃烧，热效率提高至47.2%。四是德尔福GDCI（Gasoline Direct Injection Compression Ignition）发动机项目在美国能源部的资助下，于2010年启动，到2018年其产品已发展至第三代GDCI Gen3X，通过集成17超高压缩比、MIL（Multiple late injections三次后喷技术）、冷却EGR、全可变气门、机械增压加涡轮增压、热管理等技术，实现混合气的分层燃烧，热效率提升至43%。五是通用在2015年启动了一个为期5年的稀燃发动机项目，使用分层稀薄燃烧技术匹配米勒循环、先进增压系统（48V电子增压/双级变速机械增压）、中置压电式高压喷射系统、冷却EGR、先进热管理、低摩擦技术等先进技术组合，计划发动机热效率在2020年达到43%的水平。

在米勒/阿特金森循环和余热回收技术领域，一是米勒/阿特金森循环已成为提升热效率的基础技术，如上文所述的专用发动机大多数采用了该项技术。二是余热回收技术方面，现代规划在2035年，通过稀燃、可变压比、绝热、余热回收等技术实现50%热效率；此外在混合动力车型上，除了可用于整车采暖，还可用于热电转换发电和低温下，快速提高电池温度等，因而，该技术在日本的混合动力汽车上已有所应用。

虽然发动机服务于人类已超过百年，而且技术在不断升级，热效率也在持续提升，但如今面对纯电动、氢燃料电池汽车的兴起，让部分企业萌生出不再看好发动机发展前景的想法，给发动机的进一步发展带来一定冲击。

面对这种短暂的冲击，行业应清晰地认识到，发动机作为传统车、混合动力汽车必不可少的系统，无论是现在还是未来，其产品规模都是非常庞大的。企业需坚持多元化技术路线布局，不但不能看衰甚至是放弃发动机，而且应加大投入，持续挖掘发动机节能潜力，开发专用发动机，满足未来混合动力汽车的需求。

B.9

热管理在重型商用车节能减排中的作用

摘　要： 内燃机是目前批量应用的热效率最高的动力机械，但其最受诟病的一点就是排气污染物。为了降低排气污染物，国Ⅳ及以后的重型柴油机都普遍加装了排气后处理系统。排气后处理系统是个化学反应装置，需要有一定的温度才能保证化学反应的正常进行，排气污染物得到有效降低。如何以最小的能源消耗，可靠地提高排气温度，是当前热管理技术的最大挑战。本文对内燃机热管理的作用及实现方式进行了分析，对排放法规进行了进一步解读，分析了柴油机排气热管理的具体措施，并对未来内燃机热管理技术进行了研究。

关键词： 热管理　排放法规　节能减排　重型商用车

一　热管理概述

热管理是一种综合技术，直接或间接影响了车辆的多种性能。车辆燃油经济性、排放及驾驶舒适性的提高对热管理技术发展提出了更高的要求。为了提高重型柴油汽车的燃料效率和减少排放，各个国家特别是发达国家都在积极研究各种柴油机技术及相关的燃料技术。由于汽车热管理对提高燃料经济性和减少排放有直接或间接的影响，因此有必要对热管理进行研究和改善。但是相对于发动机技术的发展，热管理技术发展相对落后。

热管理系统主要用于冷却和温度控制，例如，对发动机、润滑油、增压空气、燃料、电子装置以及 EGR 的冷却，对发动机舱及驾驶室的温度控制等。热管理系统由各个部件和传热流体组成。部件包括换热器、风扇、冷却液泵、压缩机、节温器、传感器、执行器和各种管道及套管；传热流体包括大气、冷却液、机油、润滑油、废气、燃料、制冷剂等。这些部件和流体必须协调工作以满足车辆散热和温度控制要求。根据《汽车热管理行业现状及发展趋势分析报告》，热管理关注度低但市场庞大，截至2018年，我国汽车热管理市场800亿元左右，2020年可望达到1000亿元。传统乘用车热管理单车价值为2000元左右，商用车热管理单车价值为5000元左右。

二　内燃机传统热管理对节能减排的作用及实现方式

（一）作用

内燃机传统的热管理主要作用如下。

（1）解决发动机零部件和润滑剂的热负荷问题。

（2）降低进气温度，提高进气效率，减少换气损失。

（3）降低循环排气温度，减少 NO_X 的形成。

发动机冷却是最传统、最基本的热管理功能，它保障了发动机的可靠运行。发动机的冷却系统包括流经发动机机体缸盖的水冷系统。在高强化发动机中，还有润滑油喷入活塞内冷油道，对活塞顶面进行冷却。循环流动的润滑油，也起着一定的冷却功能。润滑油带走的热量通过机油冷却器传递给冷却水。所有冷却水带出的热量将在冷却水箱上通过车辆迎风或风扇吹起的流动空气带入大气（见图1）。

（二）实现方式

内燃机传统的热管理在节能减排方面的作用主要是通过以下一些方面来实现的。

（1）通过降低进气温度，提高热力循环的效率。

（2）提高耗能附件的效率，降低附件耗功。

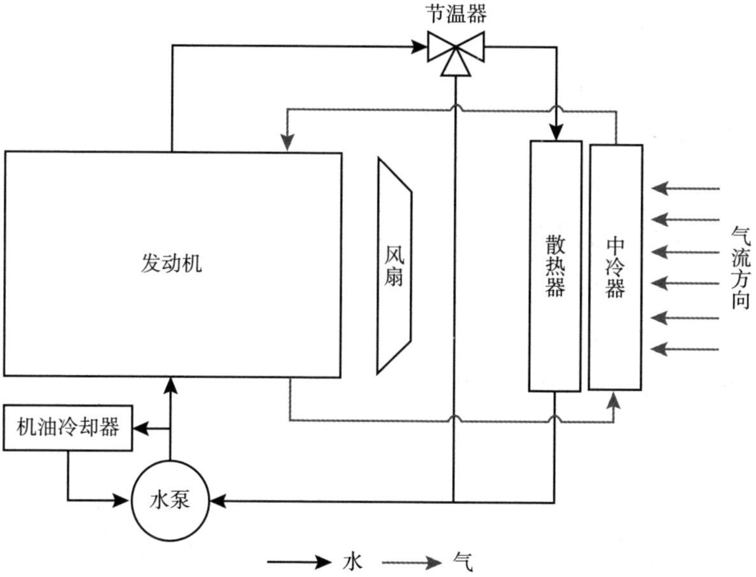

图1　汽车发动机的冷却系统

（3）利用可变附件，根据工况需求，减少耗能附件的耗功。

降低进气温度主要是降低增压后的空气温度。

压缩过程是发动机的热力循环的重要组成部分。在增压发动机中，压缩过程由增压器的增压过程和发动机的压缩冲程两部分构成。从工程热力学的角度看，最理想的压缩过程是等温压缩过程，压缩过程产生的热量能被及时冷却，工质的温度保持不变。增压柴油机的进气压缩过程由两部分组成：增压器压气机和发动机的压缩行程。增压器的增压过程是在涡流式的旋转压气机内实现的，旋转的压气机很难冷却，增压过程是一个近似于绝热压缩过程，会产生热量，使增压空气的温度升高，降低发动机的充气效率，提高压缩过程的压缩功，进而降低发动机的输出功率和热效率，通过增压中冷可以在很大程度上解决发动机低输出功率和低热效率这个问题。

增压中冷技术就是将增压器出口的增压空气进行冷却后供入气缸，以提高进气密度、增加充气量的一项技术。增压中冷的作用如下。

（1）进一步增加内燃机进气管内空气密度，提高进气效率，从而提高内燃机的功率输出。

（2）进气效率的提高，增加了发动机缸内的含氧量，有助于降低碳烟的形成和排放。

（3）增压中冷可使增压器压缩机和发动机压缩行程的整个压缩过程更接近于等温压缩，如图 2 所示，可以减小进气压缩做功，降低换气损失，提高发动机效率，降低油耗。

（4）进气冷却降低了压缩终了温度和整个循环的平均温度，从而降低了内燃机 NO_x 的形成和排放。

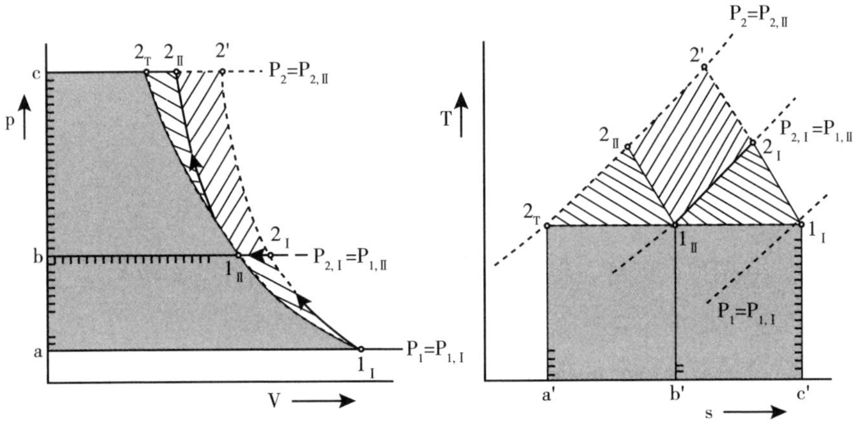

图 2　压气机级间中冷作用的示意

示意图上中冷器将增压空气的温度冷却到增压起始温度，这是最理想的状态，实际工程上很难做到，但这是中冷系统研发追求的目标。有试验表明：发动机进气温度每降低 10℃，油耗会降低 0.5% ~1%，NO_x 的原排降低1% ~3%。

一般重型柴油机的增压中冷是由流动的空气在中冷器中对增压空气进行冷却的，俗称空空中冷。

图 3 是一种带有两级增压的 MAN 卡车的冷却系统示意图。这个增压中冷系统用的是换热效率较高的水空中冷。和传统的水空用发动机的冷却循环

水不同，这个系统冷却水用的是由汽车迎风冷却的低温冷却水。这种高冷却效率的增压中冷系统使两级增压后的发动机进气温度只比环境温度高 5℃，极大地改善了发动机的循环效率。

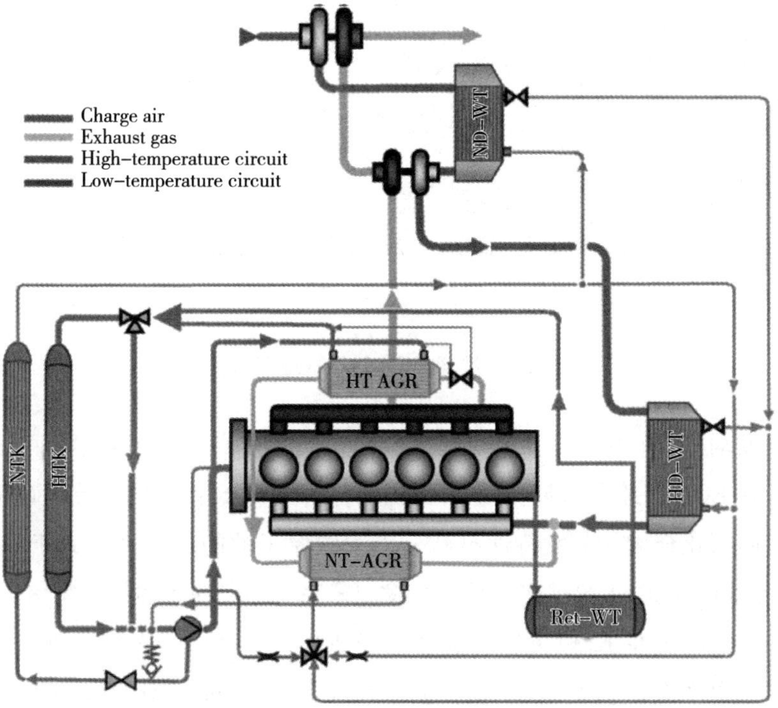

图 3　一种带有两级增压的 MAN 卡车的冷却系统示意

排气再循环系统（Exhaust Gas Recirculation，EGR）是一种降低内燃机 NO_x 排放的可选技术。EGR 是把一部分排气再循环到发动机的进气系统，通过降低进气的含氧量和提高进气比热容来减缓燃烧速度，降低燃烧温度，降低 NO_x 的形成和排放。但是，EGR 排气再循环到发动机进气中，提高了发动机的进气温度，增加了发动机压缩过程的压缩功，降低了发动机的循环效率。为了减小这个负面效应，需要把再循环的排气加以冷却，即采用所谓冷却 EGR，一方面，可以使整个压缩过程趋向于等温压缩，减小进气压缩做功，降低换气损失，从而缓减 EGR 造成的燃油经济性和微粒排放的恶化，如图 4 所示；另一方面，可以降低压缩终了温度，进一步减少 NO_x 的形成。

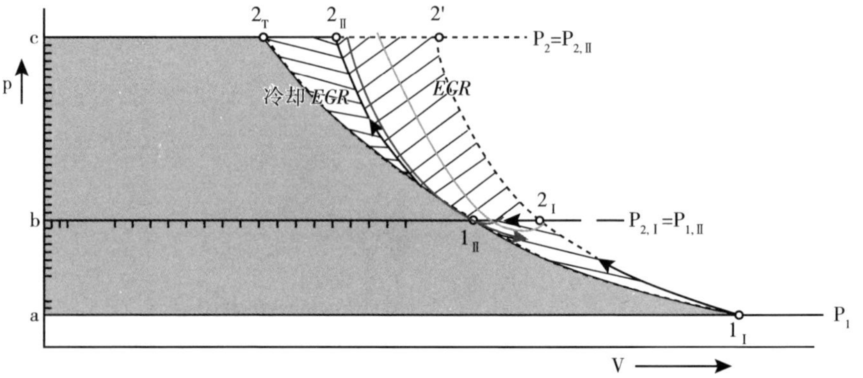

图 4　冷却 EGR 对压缩进气的影响

发动机排气中有碳烟和碳氢化合物，液态的碳氢化合物会将碳烟黏接起来，在 EGR 回路及 EGR 阀上形成积碳，造成 EGR 系统的失效和破坏。

碳氢化合物的蒸发特性与其分子中碳原子数的关联度要大于分子结构（见图 5），碳原子数越多，越难蒸发。未完全燃烧的燃油的碳氢化合物分子碳原子数主要在 12 以下，当温度低于 200°C 时会由气态变为液态。因此，当废气温度低于 200°C 后，需要防止废气中液态的碳氢化合物与碳黏结在一起产生积碳现象。当然，从性能的角度，希望 EGR 的冷却温度越低越好。冷却 EGR 的温度控制需要兼顾性能和可靠性两方面的要求。

在车用发动机附件中，风扇消耗功率最大。过去和发动机曲轴刚性连接的风扇在最高车速时，耗功最大高达 15% 的发动机输出功率。

实际上，风扇只能产生 30km/h 左右的风速。当车速高于 30km/h 时，风扇的运转就是白白地消耗能量。

现在普遍应用的各种可变风扇，都会利用高速迎风这个车辆最佳的冷源，适时停止风扇的运转，减少风扇耗功。

巧妙利用迎风是可变风扇进一步节能的关键。发动机增压中冷所需要的冷源特性和车辆迎风的冷却能力特性高度吻合。在车辆低速运行时，发动机

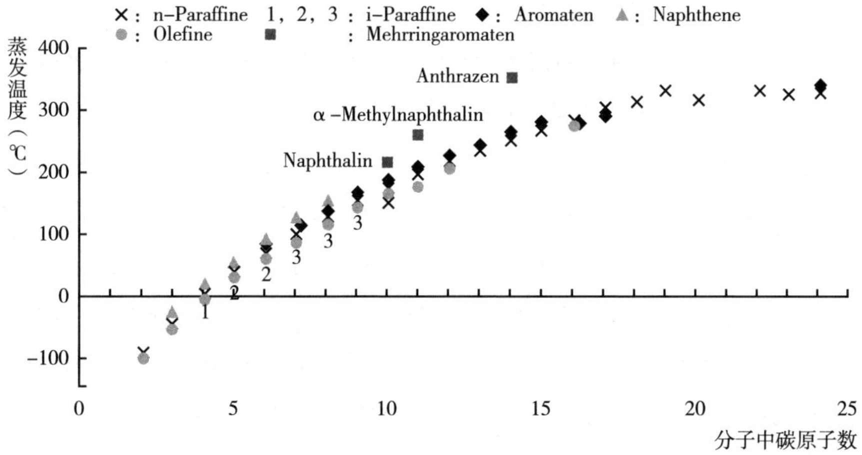

图 5　碳氢化合物的蒸发特性

增压度小，增压空气的温升也小，对中冷的需求也低。只有高速运行时，发动机增压压力提高，增压空气的温升提高，对中冷的需求也提高。而此时车辆也具备了较大的迎风，不需要借助风扇来增加冷却空气的流动速度。

发动机增压空气需要冷却的工况，往往是迎风较大的高车速工况。因此，车用增压中冷器最需要的是用迎风冷却，而不是冷却风扇。奥迪 V8 柴油机和宝马直列 6 缸柴油机的中冷器就充分利用了迎风，如图 6 所示。优化中冷器的布置，可以给冷却水箱提供更合适的空间条件，降低风扇消耗功率，从而降低油耗。

奥迪 V8 柴油机

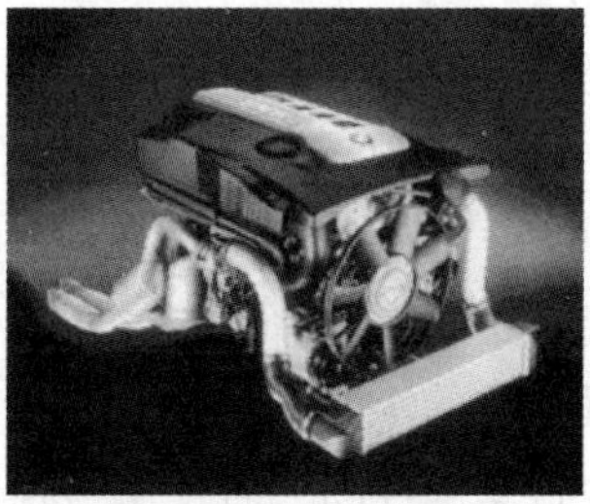

BMW 直列6缸柴油机

图 6　中冷器优化布置实例

有效利用车辆迎风，是车辆热管理技术发展的永恒主题。现代重型商用车都在努力增加车头前部的通风面积，以便充分利用车辆的迎风来进行发动机热管理。为了充分利用迎风来进行发动机热管理，需要对机舱的空气流道进行优化，以便进入机舱的冷却空气维持较高的流速，更好地发挥冷却作用，减少热管理对额外动能的需求，减少风扇耗功，达到节能的效果。机舱空气流道的优化，可以和机舱内隔热、隔噪的措施一起考虑，达到总体优化的效果。其他可变附件的节能作用是根据工况的需求，减小附件的耗功，达到节能的目的。根据汽车纵向动力学计算，在同样的车速下，平地匀速运行的车辆耗功只有在3%坡度匀速上行的车辆耗功的1/3左右。

这样，以长途牵引车为例，如果发动机外特性是以满足在3%坡度匀速上行的动力需求设计的话，车辆运行的大多数时间，即处于高速公路上平地运行的工况，发动机的运行负荷只有外特性负荷的1/3左右。外特性负荷只有在上坡或者加速运行时才用得到（见图7）。

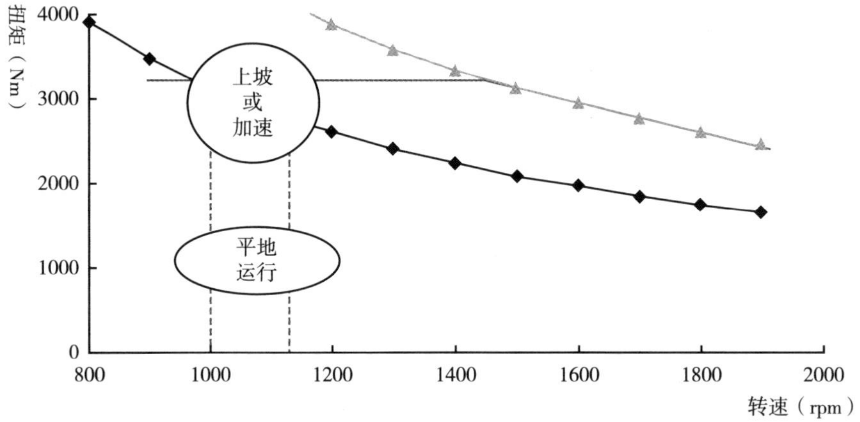

图7　牵引车工况示意

发动机中的水泵、机油泵、冷却风扇等附件的能力是按照外特性曲线对应的工况点来设计的。而且多数刚性连接的附件的能力和耗功只取决于转速，而与负荷关系不大。因此，在大多数平地匀速运行时间，附件的能力具有一定的冗余。采用可变附件，根据发动机运行的负荷，调节附件的运行状态，减少附件的冗余能力和耗功，可以实现一定的节能效果。为发挥可变附件的节能效果，需要根据工况特点，制定附件合理的控制策略，配置合适的各挡能力。

三 排放法规对热管理提出的新要求

（一）排放法规政策解读

2018 年 7 月，国家生态环境部颁发了《重型柴油车污染物排放限值及测量方法（中国第六阶段）》（简称重型柴油车国Ⅵ排放法规），从 2021 年 7 月 1 日起，全国的重型柴油车将全部实行国Ⅵ排放标准，目前已有部分地区提前施行国Ⅵ标准，重型车的排放法规以发动机排放测试为基础。

和以往每次排放法规升级一样，国Ⅵ排放法规进一步降低了各项污染物的排放限值，如图 8 所示。国Ⅵ重型车用柴油机的 NO_X 限值相当于国Ⅰ的 1/20，而 PM 的排放限值相当于国Ⅰ的 1/36。对于微粒排放，除了加严 PM 排放限值外，还增加了微粒数量 PN 的限值。

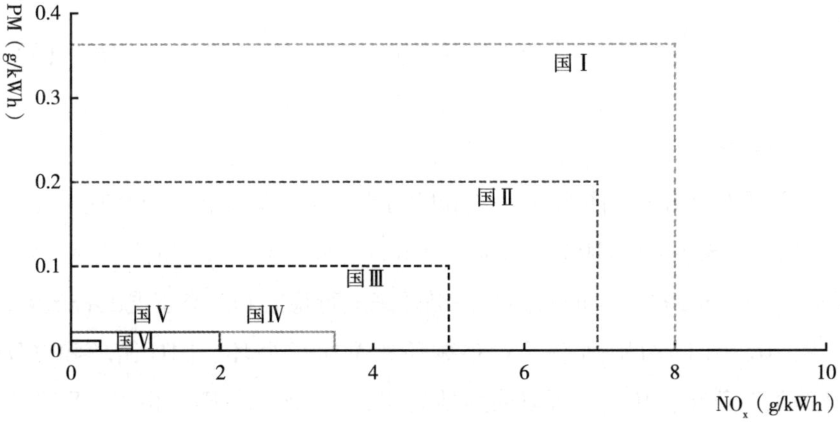

图 8 排放限值的降低

比限值更重要的是获取限值所采取的测试循环。测试循环规定了测试的工况点、每个工况点的测试时间、各工况之间的顺序以及各工况点测试结果在整个循环中的权重。

在国Ⅲ、国Ⅳ、国Ⅴ所采用的 ESC（European Stationary Cycle）测试循环中，排放测试值中80%以上的 PM 和 NO_X 来自中高转速和中高负荷，如图9所示。也就是说，在国Ⅴ以前的排放法规中，重型车用柴油机的排放控制区域主要在中高负荷。

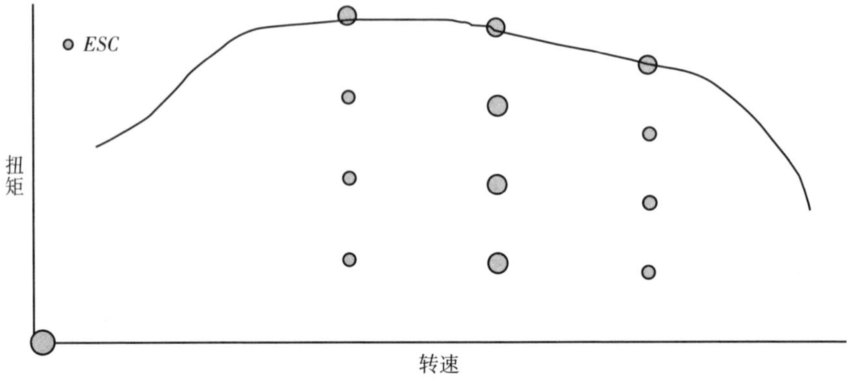

图9　ESC 稳态循环工况分布

注：点的大小近似模拟权重的大小。

为了使排放测试循环更接近实际车辆运行情况，在国Ⅲ、国Ⅳ、国Ⅴ重型车用柴油机排放法规中，还增加了 ETC（European Transient Cycle）测试循环，以检测发动机在动态工况下的排放特性。

国Ⅵ重型车用柴油机排放法规和欧Ⅵ重型车用柴油机排放法规一样，采用的是世界统一的 WHSC（World Harmonized Stationary Cycle）和 WHTC（World Harmonized Transient Cycle）循环来进行稳态和动态工况的排放测试。

图10、图11分别列举了 ESC 循环和 WHSC 循环、ETC 循环和 WHTC 循环的工况分布，从图中可以明显地看出，与 ESC 及 ETC 相比，WHSC 及 WHTC 工况点的选择和权重的分布更接近于低转速和低负荷。这一方面呼应了重型车用柴油机降低转速（Down Speeding）的技术发展趋势；另一方面也和欧Ⅳ以后重型车用柴油机广泛使用后处理技术，排放控制的难点移向低负荷有关。

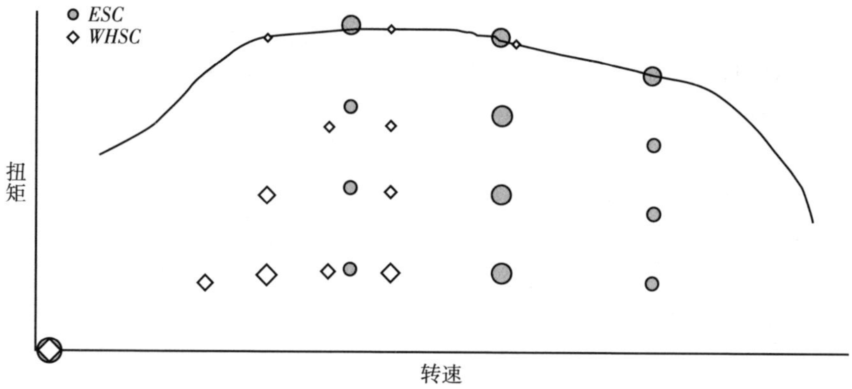

图 10　ESC 和 WHSC 循环工况点分布

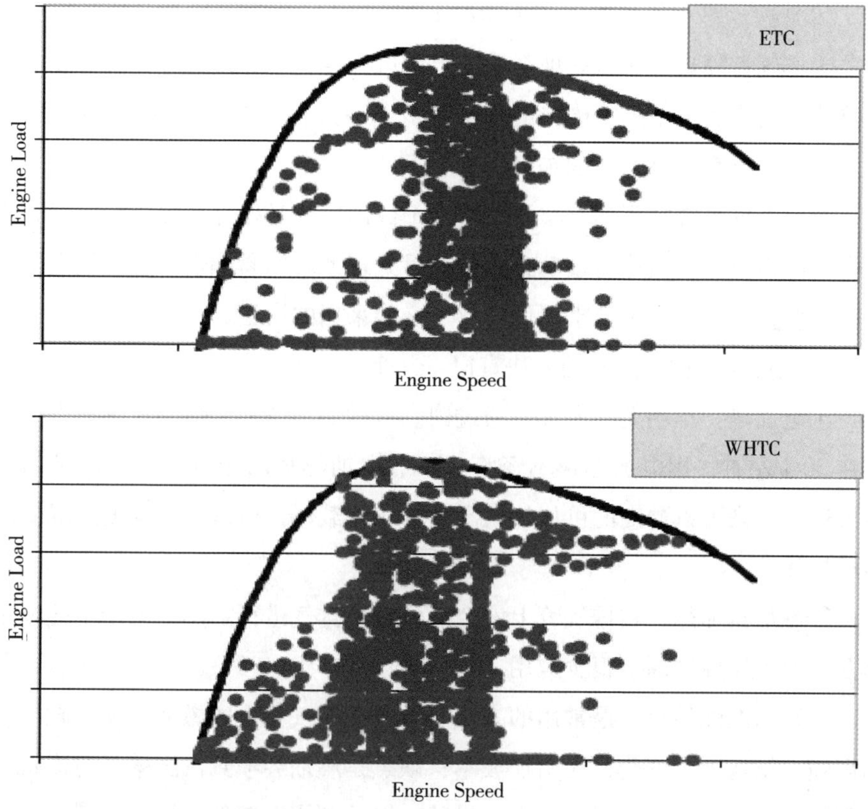

图 11　ETC 和 WHTC 循环工况点分布

综上所述，国Ⅵ重型车用柴油机排放法规不仅是限值的加严，而且还扩大了排放限值涵盖的范围，为了满足排放法规的要求，需要从过去的依据技术可行性转变为依据环境可溶性进行产品和技术开发。

（二）柴油机排气热管理的具体措施

柴油机排气热管理的具体措施是通过燃烧重心后移、减少排气热量损失、向排气输入能量和减少排气流量等手段来实现的，各手段的具体措施如下。

（1）通过推迟燃油喷射，使燃烧重心后移，以便提高排气温度是比较简单的方法。但是，它会影响发动机的热效率，增加油耗。

（2）减少排气热量损失的手段如下。

①排气管隔热。在后处理系统的上游进行排气管隔热是最经济可靠的排气热管理措施。除了隔热措施的一次性成本以外，没有任何其他负面影响。是现代柴油机都应该采取的热管理措施。

②后处理系统的紧耦合布置。将整个或部分的后处理系统直接布置到废气涡轮的出口处，被称为紧耦合布置。后处理系统的紧耦合布置，最大的困难是布置空间。但这是未来超低排放所必须采用的措施。

（3）向排气输入能量的方法有以下几个。

①电加热：车辆上的电都是通过内燃机做功获得的。燃油转化为电的效率在30%左右，用电加热很不经济，一般电加热只用于万不得已的冷启动热管理。未来可以预期的可加热通电的催化器载体，可以极大程度地降低冷启动排放。

②燃烧器加热：在排气管上安装燃烧器对排气进行加热，由于系统复杂以及一些可靠性问题，很少应用。

③缸内燃油后喷：最常用的方式是缸内或排气管上的燃油后喷。缸内燃油后喷，结构上无变化，无附加成本；缺点是燃油会喷到汽缸壁，造成机油稀释，对发动机可靠性影响较大。另外，燃油利用率较低，控制复杂。

④排气管燃油后喷：排气管燃油后喷，对发动机可靠性影响较小，燃油

利用率高，控制简单；缺点是附加喷油系统的成本较高。

一般轻型柴油机从成本考虑，多采用缸内燃油后喷；重型柴油机从可靠性出发，多采用排气管燃油后喷。但随着对缸内燃油后喷的控制机理的理解和掌握，逐渐有取消排气管燃油后喷的趋势。

（4）减少排气量的手段有以下几种。

①进气节流。

②排气节流。

③可变气门机构。

④停缸。

图 12 表示在各种过量空气系数条件下，每提高 10℃排气温度，所需要的理论加热能量和发动机比油耗的比值，而实际加热量要高于理论加热量。

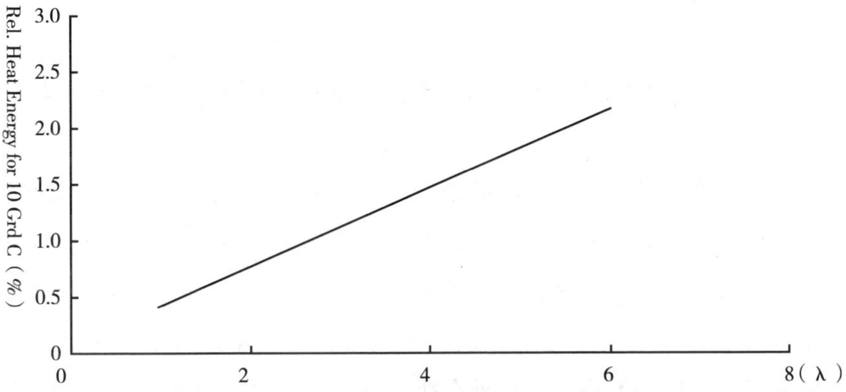

图 12　提高排气温度所需要的加热能量和发动机比油耗的关系

当柴油机排温低于 200℃时，过量空气系数在 4 左右，这时每提高 10℃排气温度所需要的理论加热能量是发动机比油耗的 1.5%。这样，从 200℃加温到排气后处理系统高效工作所需的 250℃的温度所需要的理论加热能量是油耗的 7.5%。这对于长时间处于低负荷运行的车辆（如城市公交车）是很大的燃油消耗。

柴油机排温低于 200℃的部分负荷过量空气系数在 4 左右，而柴油机维持正常燃烧过量空气系数只要达到1.5以上即可。从图12可以看出，过量空气系数为1.5的混合气所需要的理论加热量只有过量空气系数为4的混合气的理论加热量的1/3。因此，减少排气流量是排气热管理特别是低负荷排气热管理的重要措施。

减少排气流量的前提是要保证柴油机的压燃温度，使柴油机能正常运行。节气门和可变气门定时的作用会减少缸内进气充量，和保证柴油机的压燃温度有矛盾，过多地减少缸内进气充量会导致发动机失火。

采用停缸技术在减少排气量的同时，仍能保持工作气缸的进气充量，保证压燃温度，具有更好的效果。但是，停缸技术需要注意发动机的振动和平衡问题。

改善催化剂低温性能或者采用气态还原剂等外部因素也可以大大降低排气热管理的压力。

四　未来的内燃机热管理技术及其对节能减排的作用

未来的法规，除了进一步降低排气污染物排放以外，还要加严燃油消耗的限值。面对下一阶段可能的油耗法规，重型商用车柴油机需要具备50%以上的有效热效率。从今天的技术条件看，内燃机要实现50%以上的有效热效率，可能还需要采用余热回收技术（Waste Heat Recycle，WHR）。其实，废气涡轮增压器本身就是一种余热回收技术，它利用排气的能量驱动压气机，为进气增压，使发动机的换气过程由耗功变为增加驱动功过程，极大提高了内燃机的有效效率。

目前，讨论的WHR指的是在增压器涡轮机以后的残余能量的利用。

WHR余热回收有三种方式。

①动力涡轮。

②朗肯循环。

③热电效应发电。

动力涡轮和增压器的涡轮相似。动力涡轮利用增压涡轮后残余的能量做功，通过机械连接将动力附加到发动机的动力输出端；或驱动发电机发电（见图 13）。

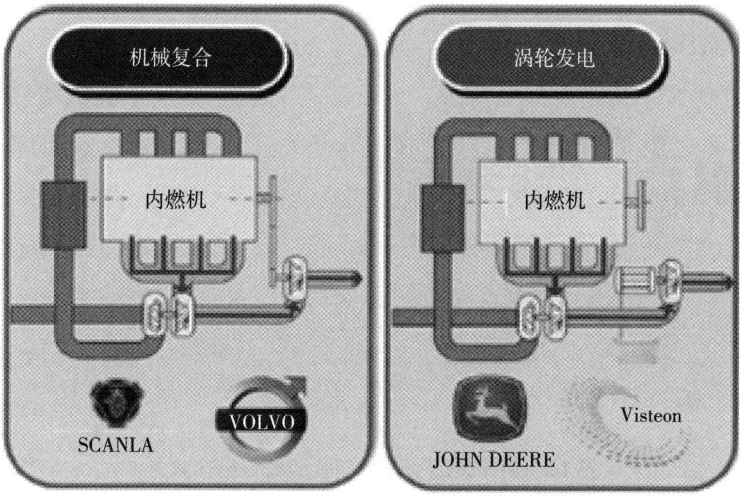

图 13　用于发动机余热回收的动力涡轮系统

朗肯循环（Rankine Cycle，RC）是蒸汽机普遍应用的热力循环。图 14 是应用于发动机余热回收的朗肯循环装置。在朗肯循环中，工质在蒸发器中吸收排气热量后，工质由液态变为高压蒸汽从而膨胀推动工作机做功。同时，高压蒸汽转化为低压蒸汽。而后进入冷凝器冷凝为液态，完成一个循环。朗肯循环的工作机可以是往复式或涡轮式的。

热电效应发电（Thermo Electric Generator，TEG）是利用温差产生的塞贝克效应（Seebeck Effect）发电。塞贝克效应指的是两种不同的电导体或半导体的温度差异而引起的两种物质间的电压差的热电现象（见图 15）。

发动机的余热回收所面临的热能品位低，能量回收的难度大，装置的成本高，回报率低，若无法规的推动，很难被市场接受。目前研究的余热回收系统最好的能量利用率能为发动机的有效效率提高 5%，片面追求余热回收率而提高废气能量，是得不偿失的。

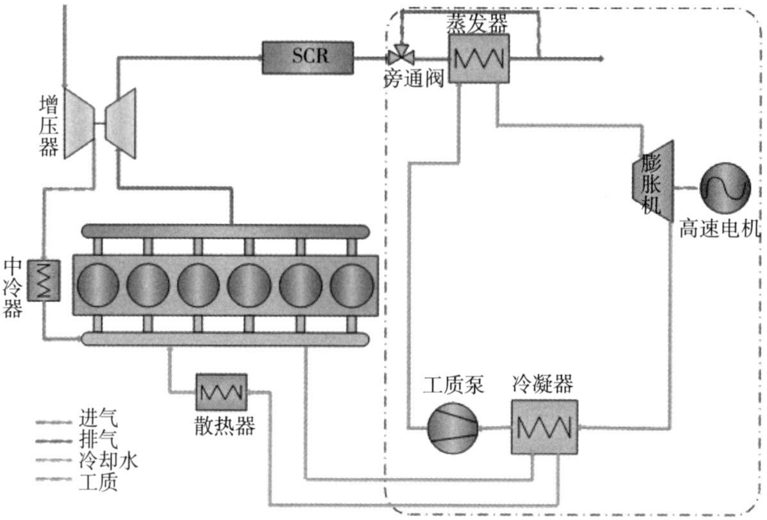

图 14　用于发动机余热回收的郎肯循环装置

重型柴油机燃料的化学能，除了做功和废气能量外，还有 20% ~30% 的能量被冷却水带走，而这个冷却对于保持发动机的可靠性又是必需的。如果能够用隔热材料来保护发动机缸盖、机体和活塞不受高温的伤害，就可以减少冷却水带走的热量。这部分热量转化为做功的能量，就能提高发动机的热效率。这种材料就称为热障材料。这种想法在 20 世纪 70 ~80 年代就有，并付诸实践。但是，实际试验的结果并没有改善，反而恶化了发动机的有效热效率。究其原因，主要有以下几点。

①一般热障材料的应用提高了进气过程的燃烧室壁面温度。造成进气加热，增加了压缩过程的耗功。

②在高温燃烧过程中，燃烧室壁面升温慢，缸内高温气体和壁面的温差仍然很大，散热量仍然很可观。

在该隔热的高温时刻，隔热效果有限，高品位的能量仍然大量损失，而进气需要冷却的时刻，壁面却给进气加热，这样的结果是发动机的热效率不升反降。为了解决这个问题，需要采用低热容低热导的热障材料。低热容低热导的热障材料由于热容低，燃烧室壁面的温度和缸内气体的温度有很好的

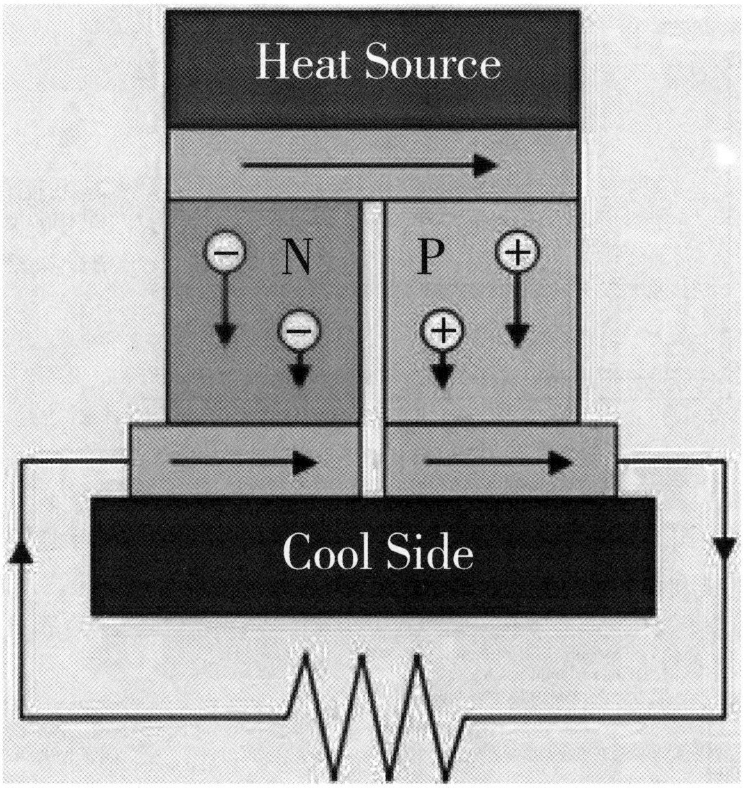

图 15　热电效应发电原理

跟随性：在高温燃烧时，燃烧室壁面的温度也高，高温气体和壁面的温差相对较小，有效地降低了传热；在排气过程中，缸壁温度随着气体温度的下降而下降，对进气不产生额外的加热。针对不同材料，燃烧室壁面温度的变化如图 16 所示。

图 17 表示了各种热障材料的体积热容和热导率，最符合要求的低热容低热导材料是真空或不流动的空气，但是，它们需要被合适的材料封存住。泡沫状的低热导材料是可能的解决方案，需要克服的技术难点如下。

①材料和金属基体结合的可靠性。

②泡沫外层的抗压能力。

③燃烧室气流对材料表面光洁度的要求。

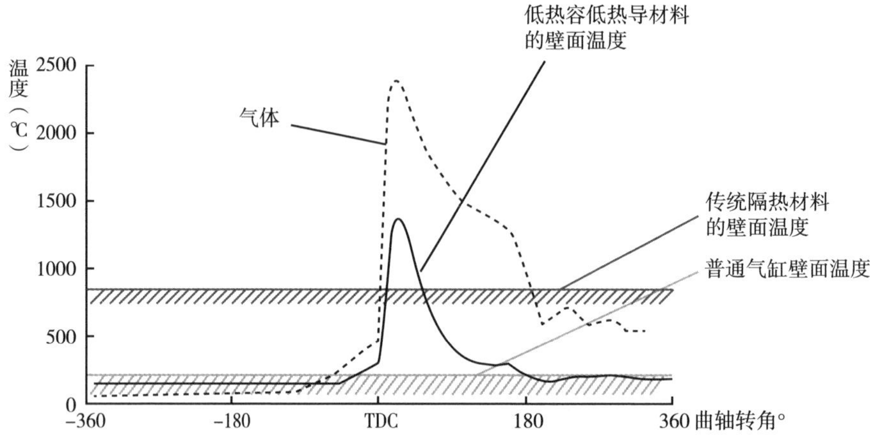

图 16　应用各种材料燃烧室壁面温度的变化

总之，开发间歇性工作的内燃机所需的热障材料要远远难于连续性工作的航空发动机的热障材料。

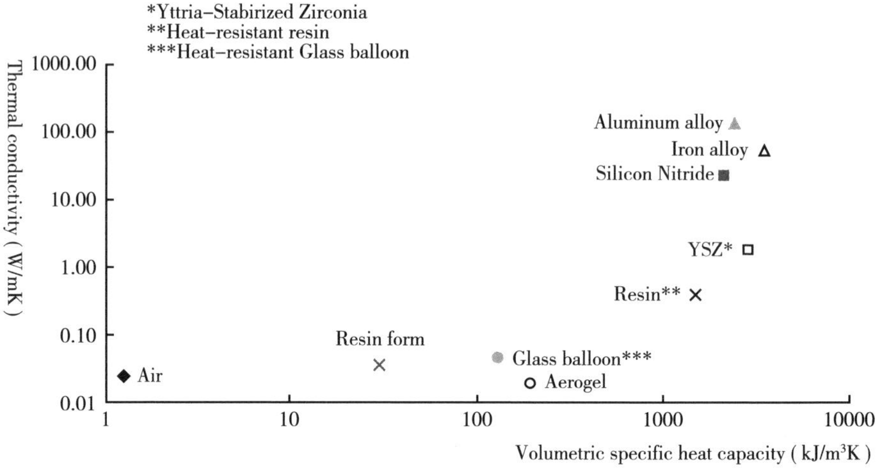

图 17　热障材料的热容和热导

五　小结

重型商用车对国民经济的发展起到重要的作用，重型商用车的节能减排工作是国家蓝天保卫战中的重中之重。

热管理最基本的功能是使发动机冷却，保障了发动机的可靠运行，而国Ⅵ重型车用柴油机排放法规进行了限值的加严及排放限值涵盖范围的扩大，越来越严格的油耗及排放法规对热管理提出新的要求，排气热管理等技术受到越来越多的关注。

未来的法规，除了进一步降低排气污染物排放以外，还要加严燃油消耗的限值。面对下一阶段可能的油耗法规，重型商用车柴油机可借助余热回收等热管理技术推动热效率进一步提升。

B.10 轻量化大数据应用对节能减排的影响

摘　要： 随着节能减排意识的不断增强，轻量化一词逐渐显现且更加被关注与重视。本报告介绍了轻量化技术在汽车产业的发展现状，轻量化技术的概念与评价技术方法模型；根据轻量化在汽车应用主要体现在用材、设计与工艺三个方面，分析了轻量化的应用对节能减排的影响。

关键词： 汽车　轻量化　节能减排

一　背景概述

（一）汽车轻量化背景及政策牵引

21世纪以来，中国汽车工业一直呈高速、稳步发展趋势（见图1），也给我国带来了与日俱增的能源及环境压力，节能减排已成为我国汽车产业的必然发展趋势。近年来，国家已从政策法规层面推进我国汽车产业的节能减排发展，如针对汽车减排，环保部与工信部发布公告要求从2019年1月1日起，包括北上广全面实行汽车国Ⅵ排放标准，重点区域、珠三角以及成渝地区也提前至2019年7月1日执行。所有进口、销售和注册登记的轻型汽油车（乘用车）、轻型柴油客车和重型柴油车均需满足国Ⅵ排放标准。针对燃油消耗，GB 19578－2014《乘用车燃料消耗量限值》指出，至2020年国内车企平均百公里燃油限值均值将从2015年的6.9L降至5.0L，年均降幅约6.2%。《节能与新能源汽车产业发展规划（2012～2020年）》进一步指出到2020年节能型乘用车燃料耗量更要降至4.5L/100km以下，商用车燃料消耗量也要求接近国际先进水平。基于上述产业政策落实，当前国内汽车业界纷纷响应号召，致力于节能及新能源车型开发，以满足2020年节能减排目标。通过汽车产业链整体技术能力提升，推进节能减排发展是我国汽车工业实现转型升级、提升国内外市场竞争力的重大战略举措和必由之路。

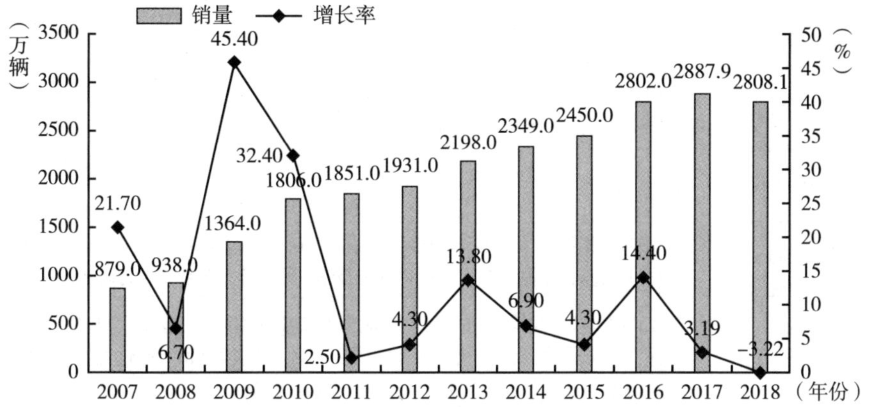

图1　2007～2018年中国汽车销量及其增长率变化

大量的研究和统计分析表明，汽车运动中油耗75%与整车质量有关，乘用车质量每减少10%，可节约能耗6%～8%，温室气体排放也可减少6%～8%，有害气体减少4%～6%；对商用车轻量化而言，每减少1000kg可节油6%。当前国家高度重视汽车轻量化技术发展，近年来相继出台了一系列战略性政策文件，将汽车轻量化提升到国内汽车工业发展战略的高度。如《国家中长期科学和技术发展规划纲要（2006～2020年）》中就指出轻量化是实现我国汽车工业实现可持续发展的必经之路，提升我国自主品牌汽车产品品质和市场竞争力的重要手段，也是我国汽车产业结构调整、转型升级的迫切需求。《中国制造2025》中更将轻量化列为我国汽车产业技术发展战略“1+7”体系中的关键一环，成为我国汽车产业核心技术发展领域之一。工信部、国家发改委、科技部联合发布《汽车产业中长期发展规划》提出为落实制造强国战略部署，到 2025 年须全面突破汽车轻量化技术，培育一批具有国际竞争力的零部件供应商，形成从零部件到整车的完整轻量化产业体系。表 1 为近年来我国汽车轻量化相关政策法规一览。

表 1　我国汽车轻量化相关政策法规

时间	政策
2014 年 10 月	国家发改委、财政部、工信部发布《关键材料升级换代工程实施方案》，提出“支持高品质铝合金汽车板产业化”
2015 年 5 月	国务院发布《中国制造 2025》，提出“掌握汽车低碳化、轻量化材料等核心技术产业化，从关键零部件到整车的完整工业体系”
2016 年 6 月	国务院发布《关于营造良好市场环境促进有色金属工业调结构促转型增效益的指导意见》，提出“着力发展乘用车铝合金板”
2016 年 7 月	国务院发布《“十三五”国家科技创新规划》，要求重点发展电动汽车智能化、网联化、轻量化技术及自动驾驶技术，发展现代交通技术与装备
2016 年 10 月	工信部在《产业技术创新能力发展规划（2016～2020 年）》中提出，应瞄准掌握汽车低碳化，支持轻量化材料等核心技术的工程化和产业化能力，形成从关键零部件到整车的完整产业体系和创新体系
2016 年 12 月	工信部、国家发改委、科技部、工信部共同发布《新材料产业发展指南》，指出应加快调整先进基础材料产品结构，加快镁合金、稀土镁（铝）合金在汽车仪表板及座椅骨架、转向盘轮芯、轮毂等领域应用，扩展高性能复合材料应用范围，支撑汽车轻量化发展
2017 年 4 月	工信部、国家发改委、科技部联合印发《汽车产业中长期发展规划》的通知，节能汽车方面，加大汽车节能环保技术的研发和推广

（二）国内外轻量化技术发展现状

不论是对于传统燃油车，还是对节能汽车而言，轻量化均为系统工程，在纷繁的技术路线中，寻求材料、结构、工艺三者的最佳匹配。汽车轻量化技术涉及汽车材料技术、设计开发技术、工艺制造技术等多个学科，需要多产业的联合突破。汽车轻量化产业链的形成将带动整个相关的零部件产业的提升和创新发展。

首先，近年来，各国政府采取了一系列的综合措施、法规和技术标准，多管齐下，推动轻量化技术的发展。技术标准是带动轻量化技术发展的原动力；法律规制是整体政策实施的前提与保证；财政政策引导消费者购买节能轻量化产品；政府的研发项目支持大大促进了轻量化技术发展；管理制度的创新为节能政策的推广奠定了基础。当前各国推动汽车轻量化的模式如表 2 所示。

表 2　各国推动汽车轻量化的模式

提高燃油经济性方案		措施/形式	国家/地区
技术标准	燃油经济性标准	数值标准：每加仑行驶英里数，每升行驶公里数或百公里油耗	美国、日本、加拿大、澳大利亚、韩国
	温室气体排放标准	g/km 或 g/mil	欧盟、美国加利福尼亚州
	技术要求及目标	要求销售零排放车辆	美国加利福尼亚州
财税政策	高额燃油税	燃油税至少比原油基价高 50%	欧盟、日本
	重量税	根据车型重量不同比例收税	日本
	财政补贴	基于发动机尺寸、效率及 CO_2 排放实施税务减免	欧盟、日本
	经济处罚	高油耗税	美国
科技计划	研发项目	为轻量化技术提供补贴	美国、日本、欧盟

其次，欧、美、日、韩政府还出台了一系列轻量化技术发展规划路线，对汽车轻量化技术投入大量的科研经费和前瞻性研究，支撑了本国汽车轻量化产业发展。近年来，国外众多知名车企纷纷基于轻量化核心技术突破，树立了众多经典轻量化技术案例。如日本帝人集团下属的子公司成功开发出一款轻量化客车车顶盖，该车顶盖由碳纤维增强塑料、铝合金还有其他轻质材料构成，将会应用在丰田公司开发的世界第一批批量生产的燃料电池公交车 SORA 上。而作为汽车轻量化的先驱之一，宝马在 i3 与 i8 之后也逐步将碳纤维与铝合金更多地应用到新车型上。宝马 7 系将碳纤维复合材料与钢材、铝材及塑料进行组合，使其白车身成功减重 40kg。除了以上提到的这些汽车公司和车型，凯迪拉克的 CT6、福特 F150 等车型也都大量应用了轻量化技术。这场由新材料、新工艺和新设计驱动的汽车工业

革命，也将会随着这些车型的日益普及，进而深层次地影响全球汽车产业的格局。

世界各国为推进汽车轻量化发展，均基于行业发展趋势，致力于建立最合理、最具性价比、最具发展前景、最具全球行业竞争力、最突出本国发展特色的节能与新能源汽车轻量化技术发展路线。总体而言，不同国别的轻量化发展技术路线不尽相同，但是本质上都体现为车型性能 - 减重 - 成本三者的有机融合。图 2 为欧洲汽车轻量化发展路线图。

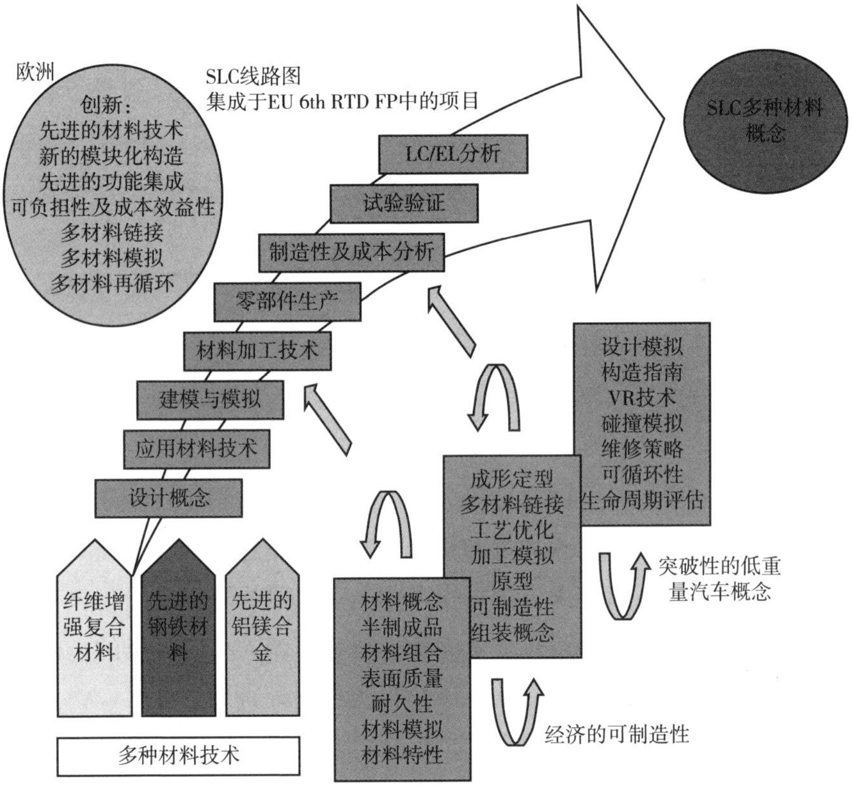

图 2　欧洲汽车轻量化发展路线

（1）美国汽车轻量化发展：自 20 世纪末以来，美国日趋重视汽车轻量化的研发工作。如美国早年推行的“新一代轿车合作伙伴计划” （the partnership for a new generation of vehicle，PNGV)，美国布什政府期间实施的汽车研究与燃油伙伴计划（the freedom CAR and fuel partnership Plan)，汽车轻量化都是其中的核心技术路线之一。美国行业协会和各企业之间建立了较为稳定的汽车轻量化研究机构，美国能源部主导下达的重大汽车材料开发项目共有五项，其中有两项直接与汽车轻量化有关，一是汽车轻量化材料专项（automotive light weighting materials program)，二是高强度轻质材料专项（high strength weight reduction material program)。两个项目的应用对象和研究侧重点稍有不同并互为补充，此外还有汽车动力系统材料专项、高温材料专项、重型汽车动力系统材料专项。对于商用车轻量化，美国专门设计了21世纪卡车轻量化计划以及21世纪卡车轻量化专用材料。

从美国有关科研单位轻量化的研究方向，可以看出它们重点进行的是材料的应用研究，尤其是大量应用的钢材、钢板和铝合金板材，重点研究其应用特性和轻量化构件的功能，既进行大量的应用试验，同时也提出与应用性能相关的理论模型，并通过这些模型来预测材料和构件的成形性以及相关的使用性能。为推广轻量化的成果，美国特别注重轻量化材料和构件的评价方法、评价参量的研究与开发，同时积极建立数据库，为轻量化设计、轻量化工艺的制定、轻量化构件的应用提供技术服务和咨询。图3为美国汽车轻量化发展路线。

（2）日本汽车轻量化发展：多年来，日本战略产业振兴理事会（Council for Vitalization of Strategic Industry）围绕汽车轻量化，协调组织日本有关企业，开展了系统性工作，使日本多年来在汽车轻量化方面也一直走在世界前列。

目前，日本汽车企业轻量化材料的使用也主要集中在一些非结构件上，比如，铝合金的发动机罩、塑料的翼子板和尾门等，还有就是底盘和发动机的一些铸铝件。其中代表企业是丰田的雷克萨斯和本田阿库拉。随着2020年全球的能耗和排放政策越发严格，预计到2020年，日本轻量化材料在底盘和车身中的占比会赶上美国，为20%左右。近年来为实现上述目标，全产业链合作依旧是行业发展主流，尤其是车企与汽车材料、零部件供应商之

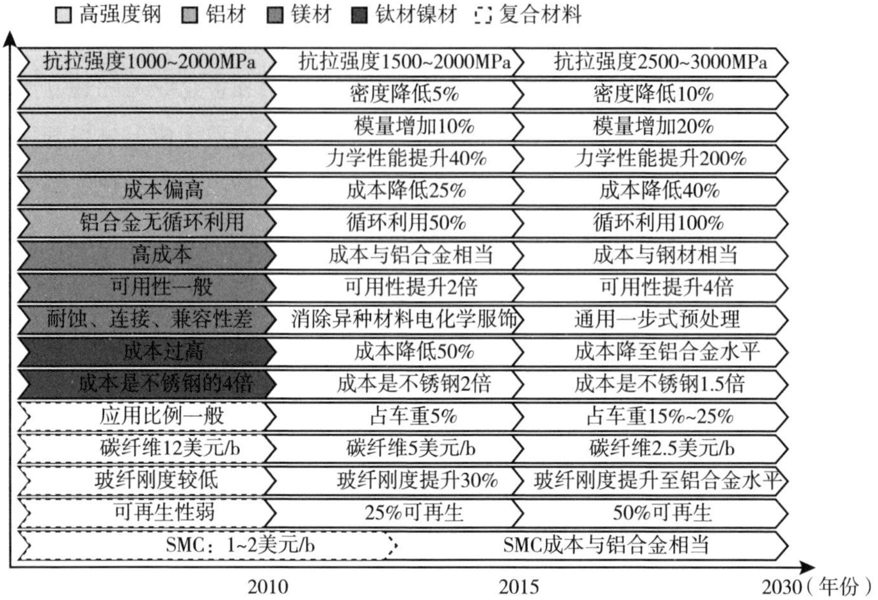

图3　美国汽车轻量化发展路线

间的合作。如日产汽车、本田汽车与东丽公司联手开发汽车车体专用新型碳纤维，赢创同江森自控、雅各布塑料、东邦特纳克斯公司共同研发碳纤维增强塑料轻质材料，东丽与戴姆勒达成共同研发协议为梅赛德斯－奔驰研发碳纤维部件等。东丽、三菱、帝人、美国赫氏等碳纤维行业巨头动作频频，布局覆盖了全球汽车轻量化未来主要市场。图4为日本汽车轻量化发展路线图。

（3）中国汽车轻量化发展：2016年10月，国家强国战略咨询委员会发布了备受关注的《节能与新能源汽车技术路线图》，正式将轻量化技术发展上升到国家层面，其中路线图包括轻量化技术在内的节能汽车、纯电动和混合动力汽车、燃料电池汽车、智能网联汽车和汽车制造、动力电池技术、汽车制造技术等7大方向。其中，针对我国未来汽车轻量化，提出了具体的发展方向，囊括了材料、结构、工艺三大板块，具体如表3所示。

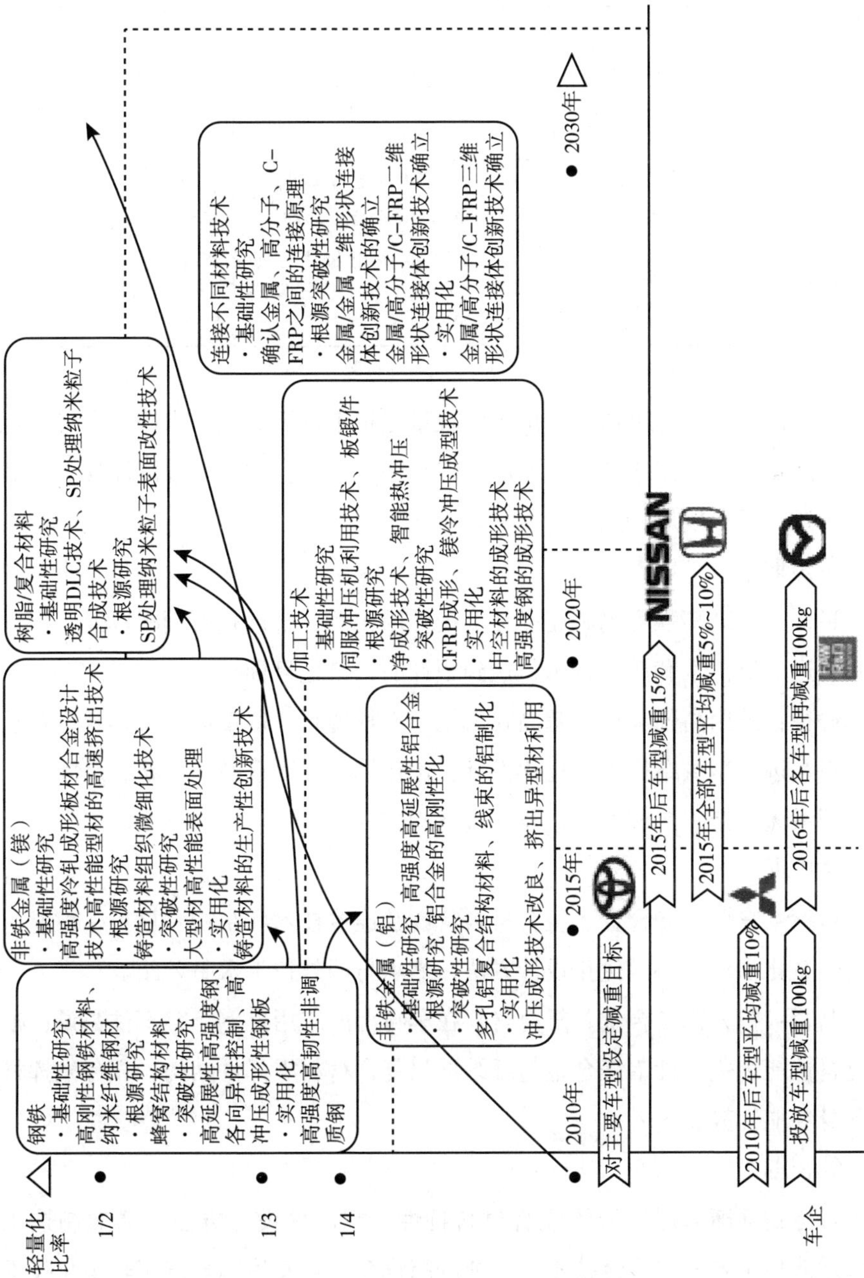

图 4　日本汽车轻量化发展路线

表 3　中国汽车轻量化材料应用发展目标规划

年份	2016～2020 年	2021～2025 年	2026～2030 年
整备质量	较 2015 年减重 10%	较 2015 年减重 20%	较 2015 年减重 35%
高强度钢	强度 600MPa 以上的 AHSS 钢应用达到 50%	第三代汽车钢应用比例达到白车身重量的 30%	2000MPa 级以上钢材有一定比例的应用
铝合金	单车用铝量达到 190kg	单车用铝量超过 250kg	单车用铝量超过 350kg
镁合金	单车用镁量达到 15kg	单车使用镁合金 25kg	单车使用镁合金 45kg
碳纤维	碳纤维有一定使用量，成本比 2015 年降低 50%	碳纤维使用量占车重 2%，成本比上阶段降低 50%	碳纤维使用量占车重 5%，成本比上阶段降低 50%

借鉴国外技术可以探索我国车身轻量化技术发展路线，中国汽车轻量化综合应用技术发展路线如图 5 所示，汽车轻量化综合技术路线图体现出了短期、中期、长期发展特点。

①短期

目标：提高高强度钢和超高强度钢应用比例，合理减薄钢板厚度，广泛应用先进成形技术和链接技术，达到预计的轻量化目标。

途径：采用高强度钢、超高强度钢、工程塑料，适量应用镁铝合金及复合材料，进行车身结构参数优化设计，优化钢板厚度、断面形状、尺寸，广泛应用激光焊接、热成形工艺及先进连接技术。

②中期

目标：掌握铝镁合金、复合材料特性及连接技术和结构－材料－性能一体化轻量化多目标协同优化设计方法，缩小与国外技术水平差距。

路径：扩大铝镁合金、复合材料在车身上的应用比例、零部件数量，根据材料性能优化设计铝镁合金与纤维增强复合材料零部件结构，充分发挥材料本身性能优势。

③长期

目标：逐渐掌握碳纤维复合材料特性、零部件设计方法、高效制造工艺、性能控制方法和连接技术，逐渐赶超汽车工业发达国家汽车轻量化技术水平。

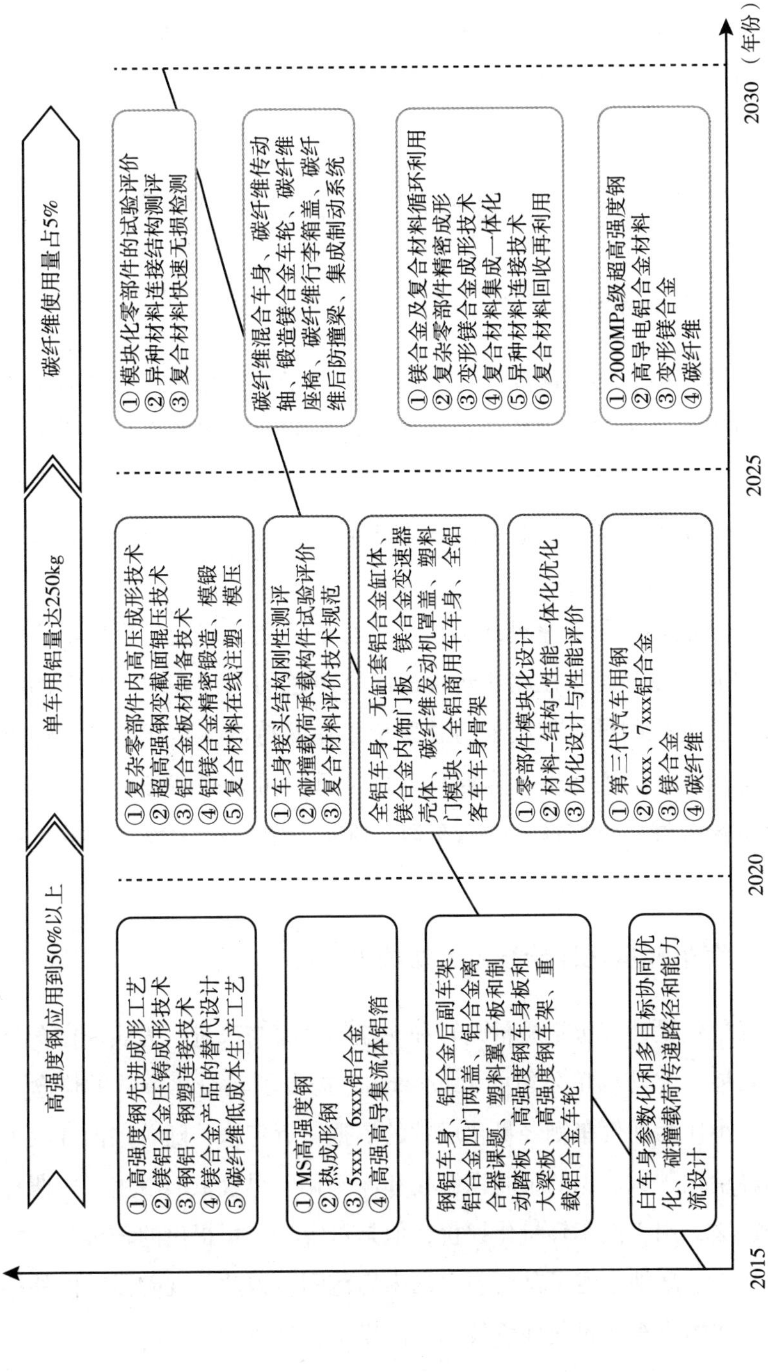

图5 中国汽车轻量化综合应用技术发展路线

途径：熟练应用钢铝混合车身设计、制造与连接技术，逐渐掌握碳纤维复合材料零部件结构设计。高效制造、性能调控和连接技术，扩大碳纤维复合材料在汽车上的应用比例。

二　轻量化大数据在节能减排中的应用

（一）汽车轻量化概述

轻量化这一概念最先起源于赛车运动，由于质量变轻，起步时加速性能更好，可以带来更好的操控性，发动机输出的动力能够产生更高的加速度。汽车的轻量化，就是在保证汽车的强度和安全性能的前提下，尽可能地降低汽车的整备质量，从而提高汽车的动力性，减少燃料消耗，降低排气污染。

随着“节能环保”越来越成为广泛关注的话题，轻量化也广泛应用到普通汽车领域，在提高操控性的同时还能有出色的节油表现。汽车的油耗主要取决于发动机的排量和汽车的总质量，在保持汽车整体品质、性能和造价不变甚至优化的前提下，降低汽车自身重量可以提高输出功率，降低噪声，提升操控性、可靠性，提高车速，降低油耗，减少废气排放量，提升安全性。

（二）汽车轻量化评价技术方法模型

汽车轻量化设计应包括质量减轻和功能的完善与改进，为表征白车身的轻量化的效果，宝马汽车公司的 BrunoLüdke 提出了轻量化系数的概念，该系数值的大小作为评价车辆轻量化成效的依据。近年来，随着国内外汽车业界对汽车轻量化领域认识的不断系统化和深刻化，尽管依旧沿用了所谓轻量化系数表征法，用于汽车轻量化评价，但是对宝马公司提出的轻量化系数做了重新定义，不断地丰富了其所包含的内容范围。因此，现阶段国内外存在多种不同形式的汽车轻量化评价技术方法模型，具体如下。

1. 车身轻量化评价技术方法

宝马 L 参数评价法：为表征白车身的轻量化的效果，宝马汽车公司的 BrunoLüdke 提出了轻量化系数的概念，该系数 L 可用式（1）表示为：

$$L = m/(C_t \cdot A) \tag{1}$$

式（1）中 m 为白车身的结构质量（不包括车门和玻璃，单位：kg）；C_t 为静态扭转刚［包括玻璃，单位：N·m/（°）］；A 为左右轮边宽度与轴距的乘积所得的面积（m^2）；L 为轻量化系数。

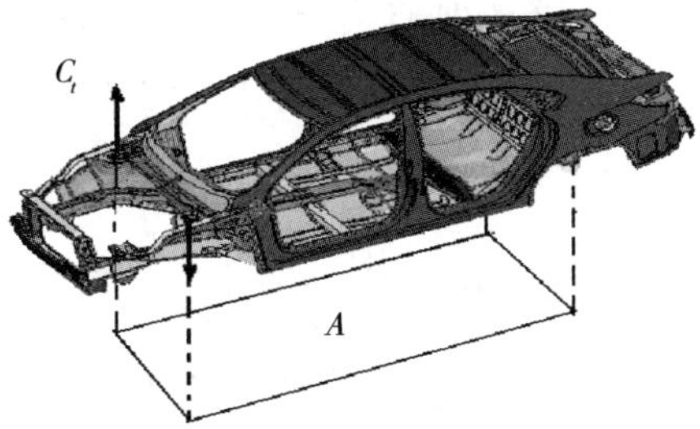

图 6　白车身轻量化系数的相关参量示意

如图 6 所示，按照式（1）所示的评价模型，汽车轻量化效果反映在 L 值上为下降。轻量化系数关系式中的面积 A 这一参量决定了车子的大小、乘用空间。车子的轮边宽度与轴距之比一般都符合黄金分割，按照这些数据，式（1）中的面积 A 实际上确定了车子的级别，即 A 级、B 级、C 级和 D 级等，这与车子的宽敞舒适度也密切相关。车身性能的一个重要指标是扭转刚度，为了将作用于装好的挡风玻璃上的载荷保持在可以承受的水平，并避免由高的表面张力而引起挡风玻璃的彻底破坏，车身的刚度必须达到装上挡风玻璃的刚度的 2/3，静态扭转刚度是在扭转实验系统上用一定的转矩（取决于车辆的尺寸级别）测量，它表示使车身产生单位扭角所需施加的转矩；静态扭转刚度和材料的弹性模量、断面形状与主要部件的刚度、结构以及连接方法等有关。

2. 轻量化指数 Li 评价法

为更直接地反映轻量化的效果，基于轻量化设计概念，也为了消除轻量

化系数 L 的量纲，中国汽研马鸣图教授提出了轻量化指数 L^i 作为表征轻量化效果的指标，即

$$L^i = (L_1 - L_2)/L_1 \tag{2}$$

式（2）中：L_1 和 L_2 代表轻量化设计前后的轻量化系数，将式（2）代入式（1）可得：

$$L^i = 1 - \frac{m_2}{m_1} \cdot \frac{C_1A_1}{C_2A_2} \tag{3}$$

当车身性能在轻量化设计前后不变，其安全性也保持不变时，方程（3）就可以简化为式（4），此时轻量化指数所表征的轻量化效果即为性能提高的百分数。

$$L^i = 1 - m_2/m_1 \tag{4}$$

当车身进行轻量化时，重点关注的是 NVH 特性，则式（3）中的刚度可用车身的固有振动频率替代，则式（4）所表示的轻量化指数 L^i 就可表示为式（5）。此时轻量化指数所表征的轻量化效果实际上是 NVH 所改进的百分数。

$$L^i = 1 - \frac{m_2}{m_1} \cdot \frac{f_1A_1}{f_2A_2} \tag{5}$$

当汽车轻量化水平由于其他性能参量提高而实现轻量化时，在公式中的 $C_t \times A$ 应被其他相应的性能参量代替，如国际钢铁协会所进行的超轻钢盖件、超轻钢悬架就属于这种情况，当进行白车身轻量化设计时，要求其质量不变，性能不变，但碰撞安全性提高，此时的轻量化指数 L^i 就可表为式（6）。这里 L^i 所表征的轻量化效果即为碰撞安全性的提高。式（6）中 I_1 与 I_2 为车辆经过轻量化设计前后的碰撞安全的性能评价值。国际钢铁协会 ULSAB－AVC 项目就是考虑到这些因素：首先是满足碰撞要求的轻量化，其次是质量比原车身设计下降 20%。

$$L^i = 1 - I_1/I_2 \tag{6}$$

对于车身本体，采用上述轻量化系数作为评价轻量化效果的衡量标准具有一定的合理性，但是对于整车而言，依旧沿用这类方法模型就会存在一定的局限性，因为其并没有将轻量化成效与各类整车服役性能指标结合起来，诸如被动安全性、舒适性、燃油经济性等整车性能指标。近年来，国内外汽车业界不断综合考虑轻量化后整车被动安全性、舒适性、燃油经济性等性能变化，整车轻量化系数将整车质量、车辆的舒适性、燃油经济性、安全性能等耦合在一起，力求更全面地评价汽车的轻量化水平。

3. 整车轻量化评价方法

（1）整车名义密度法：这种评价模型方法是由国外莲花汽车公司提出的，其形式如式（7）或者式（8）。以名义密度 D 值的大小作为评价车辆轻量化成效的依据。

$$D = M/V \tag{7}$$

$$V = [(B \cdot H)] + [(L - B) \times 0.5 \cdot H] \cdot W \tag{8}$$

式（7）～（8）中，D 为车身名义密度；M 为车辆整备质量；V 为车身名义体积。H 为车身高度；B 为车身轴距；W 为车身宽度；L 为车身长度。

采用上述评价模型方法，可以通过简单的测量，通过整车的相关尺寸、重量等参量，直接计算得出 D 值，实现对不同车型的轻量化成效的对比。目前这种评价方法也在一定范围得到了国内外汽车行业的认可，然而也有研究者指出：采用上述评价方式简单易行，依旧没有实现将整车综合服役性能指标与整车轻量化结合起来，因此也无法真正反映出不同车型轻量化成效的水平高低。

（2）整车面密度法：国内汽车领域研究者在上述整车名义密度法基础上进行了改进，提出了所谓整车面密度法，其具体评价模型如式（9）～（10）所示。

$$L = M/A \tag{9}$$

$$\Delta L = L_0 - L_a \tag{10}$$

式（9）~（10）中，L 为整车面密度；M 为整车整备质量；A 为投影面积；L_0 为设计前整车面密度；L_a 为设计后整车面密度；ΔL 为整车相对面密度值，将该值记为评价车辆轻量化成效的依据。

针对上述问题，近年来，国内汽车工业业界相继提出了基于整车服役性能与轻量化指标相结合的评价模型，典型的有 K 指标评价法、E 指标评价法、Ea 指标改进法、L_z 指标法等。

（3）指标评价法：2007 年由国家发改委牵头节能与新能源汽车鼓励政策研究提出通过指标 K 值评价车辆轻量化成效。通过 K 值实现对乘用车应用轻量化技术进行鼓励和引导。对于那些 K 值小的车型，政府会给予其鼓励，但该评价方法因种种原因最终未能在国内实施。

$$K=\frac{\text{燃油经济性}}{\text{比功率}\times\text{投影面积}}=\frac{\text{百公里油耗}}{(\text{功率}/\text{整备质量})\times(\text{轮距}\times\text{轴距})} \tag{11}$$

（4）E 指标评价法：国内研究者从多目标优化出发将轻量化评价与车身质量、扭转刚度、车身一阶频率、被动安全性能关联起来，提出一个 1 ~ 5 星的汽车新车轻量化评价规则，具体如式（12）。

$$E=\frac{M\cdot 60}{C\cdot A\cdot(CNCAP)\cdot F} \tag{12}$$

式（12）中，E 为评价指标；M 为整车质量；C 为车身扭转刚度；A 为投影面积；$CNCAP$ 为安全碰撞评分值；F 为车身一阶扭转频率。可以看出采用这种评价模型已经在一定程度上实现将整车相关性能指标（安全性）和轻量化系数联合起来，相比于传统的评价模型方法，更能反映轻量化成效。

（5）指标改进评价法：这是近年来国内研究者提出的另外一种轻量化评价模型方法。这种方法其实是在上述 E 评价指标基础上再用整车的燃油经济性指标评价整车轻量化成效，具体如式（13）。

$$Ea=\frac{1}{C\cdot(CNCAP)\cdot F}\times\frac{M}{V}\times\frac{Q}{P} \tag{13}$$

式（13）中，Ea 为评价指标；M 为整车质量；Q 为百公里油耗；C 为扭转刚度；*CNCAP* 为安全碰撞评分值；*F* 为车身 1 阶扭转频率值；*V* 为整车名义体积；*P* 为发动机功率。可以看出这种评价模型在 *E* 指标评价法基础上，进一步引入整车的燃油经济性，相比于上述 *E* 指标评价模型方法更为全面，兼顾了轻量化与安全性、动力性。图 7 为基于本评价模型，对国内外多个典型车型进行轻量化成效评价的结果对比。

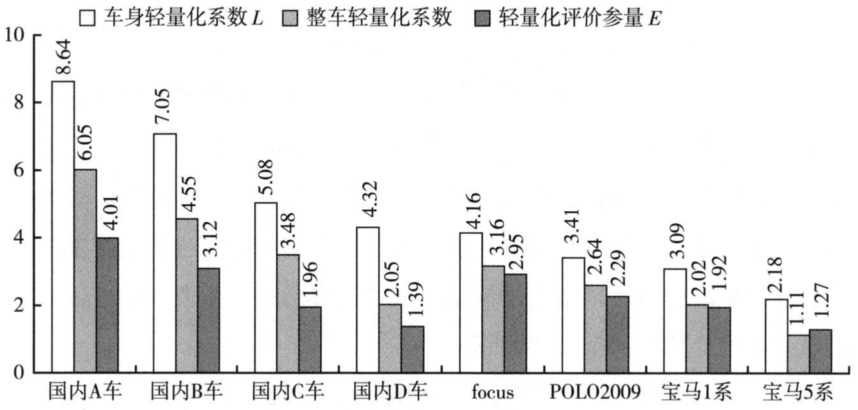

图 7　基于 Ea 指标法对国内外典型车型轻量化评价结果

（6）L_z 指标改进评价法：这种评价模型方法在上述 *E*、*Ea* 等评价模型基础上，进一步引入了整车的舒适性指标，采用 L_z 指标评价整车轻量化效果，具体如式（14）。

$$L_z = \frac{M \cdot N \cdot C}{A \cdot (CNCAP) \cdot F} \times 10^{-4} \tag{14}$$

上式（14）中，L_z 为评价指标；*M* 为整车质量；*N* 为车辆怠速工况下的噪声水平（NVH）；*C* 为百公里油耗；*A* 为投影面积；*CNCAP* 为整车安全碰撞评分值。可以看出采用这种评价模型将整车安全性、燃油经济性、舒适性三大方面完整地与轻量化系数联合起来，相比于 *E*、*Ea* 指标评价模型方法，具有最为显著的全面性，兼顾了轻量化、安全、动力性、舒适性等几方面，从形式上而言，可实现从最大限度上对车辆的轻量化成效进行评价。此外，本模型方法去除了扭转刚度值要求，从而降低了利用该模型方法进行轻量化评价的技术难度，更加适用于实际车企的操作。

（三）节能汽车轻量化技术概述

整车轻量化技术对于整个汽车产业节能减排、满足国家法规和可持续发展都有着重要意义。从国内政策角度看，中国制造2025年规划重点领域技术路线图，明确了我国汽车轻量化技术发展的关键技术，并根据我国汽车行业现状及特点，制定出具有引领性、指导性及战略性规格和可实现的科学的轻量化技术发展途径（见图8）。按照国内汽车轻量化水平发展进程来看高强钢依旧将保持主导地位，多材料选择将进一步发展，铝镁合金、以塑代钢应用依旧是未来汽车轻量化材料发展方向，并且伴随着先进制造技术和结构优化手段的发展，研究体系逐步深化。成本和轻量化技术研究储备依旧是左右轻量化技术应用的两个主要因素。

当前，国内汽车轻量化产业技术发展路线是在2020年前实现减重8%～15%，提高高强钢应用比例，发展热成形等先进工艺，同时加大铝合金在发动机、底盘关键零部件和覆盖件上的应用技术研究，加强以塑代钢；在2025年实现减重12%～20%轻量化目标，整车大量应用铝镁合金，实现全铝车身应用（发展高压成形、铝合金激光拼焊、液态模锻、真空压铸技术等先进工艺）和部分零部件碳纤维和塑料等复合材料应用（在线注塑、模压技术）。

1. 车身轻量化

汽车车身质量在整车质量中占有相当大比重，一直以来都在汽车轻量化中占有重要分量，对电动汽车也不例外，甚至显得更加重要。由于动力电池的引入在很大程度上增加了电动汽车整车质量，使电动汽车的动力性和续航能力远不如传统燃油汽车，故在电池技术获得较大突破之前，车身轻量化是一条重要的技术路径。电动车车身轻量化可通过选用轻量化材料，采用轻量化设计方法，并结合轻量化制造工艺三方面来实现。

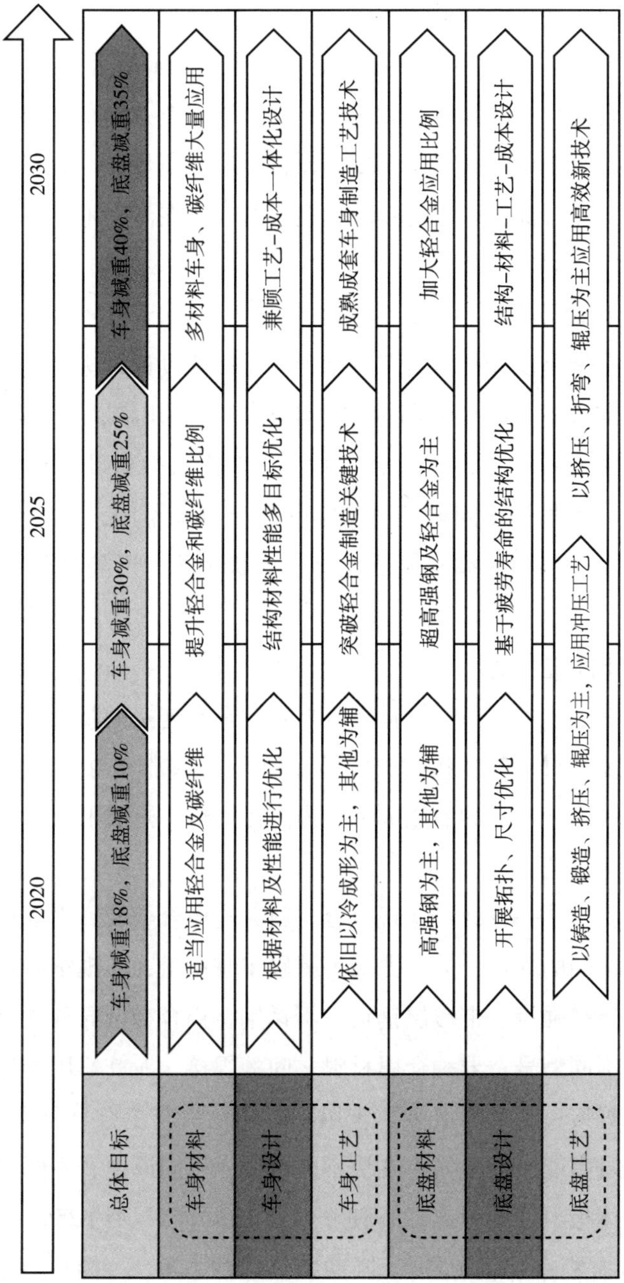

图 8　中国汽车轻量化产业发展技术途径和目标

（1）轻量化材料

轻量化材料主要体现在高强度钢、轻质合金材料（包含铝、镁、钛合金材料）和复合材料的应用。高强度钢可以通过减薄零件来达到减轻车身质量的目的；轻质合金材料体积质量较小，能够有效减轻车身质量，降低能耗并提升动力；复合材料具有质量小、比强度和比模量大、耐磨耐蚀性好及加工成形方便等综合优势，正逐步取代金属材料，在汽车工业中发挥着越来越重要的作用。

（2）轻量化设计方法

汽车车身轻量化设计是针对车身结构应用优化设计方法，在保证车身结构性能要求的前提下，减少冗余材料，提高材料利用率，从而达到车身轻量化的目的。优化设计是将数学中的最优化理论与工程设计相结合，将实际设计问题转化为最优化问题，根据实际设计对象不同，结构优化设计按设计变量的类型可以分为结构尺寸优化、形状优化、形貌优化和拓扑优化4个层次。

（3）轻量化制造工艺

轻量化制造工艺主要指轻量化车身材料制造和连接的新工艺。车身材料制造方面包括复合材料的片状模压成形（SMC）、树脂转移成形（RTM）等成形工艺及金属合金材料的液压成形、内高压成形、热成形及铝合金半固态成形等新型成形工艺。

车身连接新工艺一方面可实现复合材料、轻质合金及高强度钢等不同车身轻量化材料之间的连接，另一方面可减轻车身质量，实现车身轻量化。中频焊接能够焊接高强钢、带镀层钢板、不锈钢、铝合金及异种导热材料；激光焊接可实现不同型号、异种金属材料之间的焊接，尤其适用于超高强度钢和轻质合金的焊接；特种焊接主要应用于热塑性汽车复合材料零部件产品；激光拼接是通过高能量的激光将几块不同材质、不同厚度、不同涂层的钢材焊接成一块整体板再冲压生产，可使车身零件数量减少约25%，车身质量减轻20%，抗扭刚度提高65%，振动特性改善35%，并且增强了弯曲刚度。除了焊接连接技术之外，复合材料之间的连接还多用黏接和铆接技术。

黏接技术是采用高性能结构黏结剂黏接的连接方式，目前常用的汽车复合材料结构黏结剂主要有环氧树脂、聚氨酯树脂和丙烯酸树脂；铆接技术多采用铆钉和螺栓，不需要进行表面处理和后续抛光，可重复拆卸。为了使不同连接方式的优势互补，提高接头扭转刚度和疲劳强度、改善密封性及汽车的NVH性能，可以将多种连接方式复合使用，如激光－电弧焊、铆接－黏接、点焊－黏接等。

2. 车身零部件轻量化

对承载车身本体，轻量化技术路线方向之一是全铝车身，方向之二是钢铝混合车身，方向之三是以碳纤维为主的多材料混合车身。需要解决的问题是铝合金材料的制造、铝材/复合材料的性能测试与评价、铝材/碳纤维车身的性能（强度和安全等）模拟、模具的制造技术和不同材料的连接技术。对于非承载式车身，轻量化技术路线方向之一为碳纤维车身与塑料车身外覆盖件，方向之二为采用铝制车架。

在轻量化材料的应用上主要采用高强度钢、铝/镁合金和碳纤维复合材料。高强度钢主要用于车身内外板以及车身结构件，变形铝合金在车身覆盖零件及结构件方面的应用发展较快，如应用日益广泛的铝合金行李箱盖、发动机罩、后背门、保险杠横梁等。镁合金目前在车身上的使用主要集中在转向盘骨架、仪表板骨架、座椅骨架，从成本和性能综合角度考虑，可用于车身结构件的复合材料以树脂基碳纤维增强复合材料为首选。碳纤维复合材料在汽车上主要可应用于发动机罩、翼子板、车顶、行李箱、门板、底盘等结构件中。

在先进制造工艺上主要采用热成形技术、激光拼焊板技术、不等厚度轧制板/差厚板技术、辊压成形技术。热成形技术具有成形精度高、成形性能好等优点，已广泛用于生产高强度的汽车保险杠、车门防撞杆、ABC柱以及车顶框架、中通道等安全件和结构件等。激光拼焊板技术可广泛应用于车身侧框架、车门内板、风窗玻璃框架、前风窗框、轮罩板、地板、中间支柱（B柱）等，差厚板可替代激光拼焊板，更适合制造梁类零部件，如通道加强板、前地板纵梁、后保险杠梁、后地板横梁等。辊压成形技术可合理设计型材的几何断面，提高承载能力，减轻零件重量。

车身是复杂纯机械系统，未来通过对核心零件进行轻量化结构优化设计和高强度钢、铝/镁合金、碳纤维复合材料等轻量化材料以及先进的制造成形工艺的应用，预计到2030年，以碳纤维混合车身为代表的轻量化零部件将占市场的40%。

3. 底盘零部件轻量化

（1）悬架系统

悬架系统控制臂主要采用铸铝、锻铝或碳纤维复合材料控制臂实现轻量化；横向稳定杆主要采用空心或碳纤维复合材料横向稳定杆达到轻量化目标；螺旋弹簧主要采用高强度钢空心螺旋弹簧或碳纤维复合材料螺旋弹簧实现轻量化。

（2）行驶系统

行驶系统车轮主要采用铝合金铸旋、铝合金锻造、镁合金锻造或碳纤维复合材料车轮实现轻量化。

（3）转向系统

转向系统主要采用电动助力转向系统及线控转向系统实现轻量化。对于采用铸铁材料的转向节可通过结构设计拓扑优化实现轻量化，或采用铸铝、锻铝及碳纤维复合材料转向节实现轻量化。

（4）制动系统

制动系统集成化是未来汽车制动系统轻量化的方向。可采用传统真空助力器、ESP、真空泵（真空度不足的条件下）组合的制动系统形式或传统真空助力器、ESP、真空泵组合的形式，少数车型采用无真空泵的液压助力器系统，或进一步采用ESP与液压助力器集成的制动系统。制动盘主要采用组合式制动盘实现轻量化，如采用钢盘帽或铝盘帽+陶瓷摩擦环制动盘。制动钳主要采用铝制制动钳实现轻量化。图10为中国汽车底盘关键零部件轻量化产业技术发展路线。

4. 动力系统零部件轻量化（燃油车）

（1）乘用车发动机缸盖及排气歧管模块化设计

发动机模块化设计是实现发动机轻量化的重要手段。在增压汽油发动机

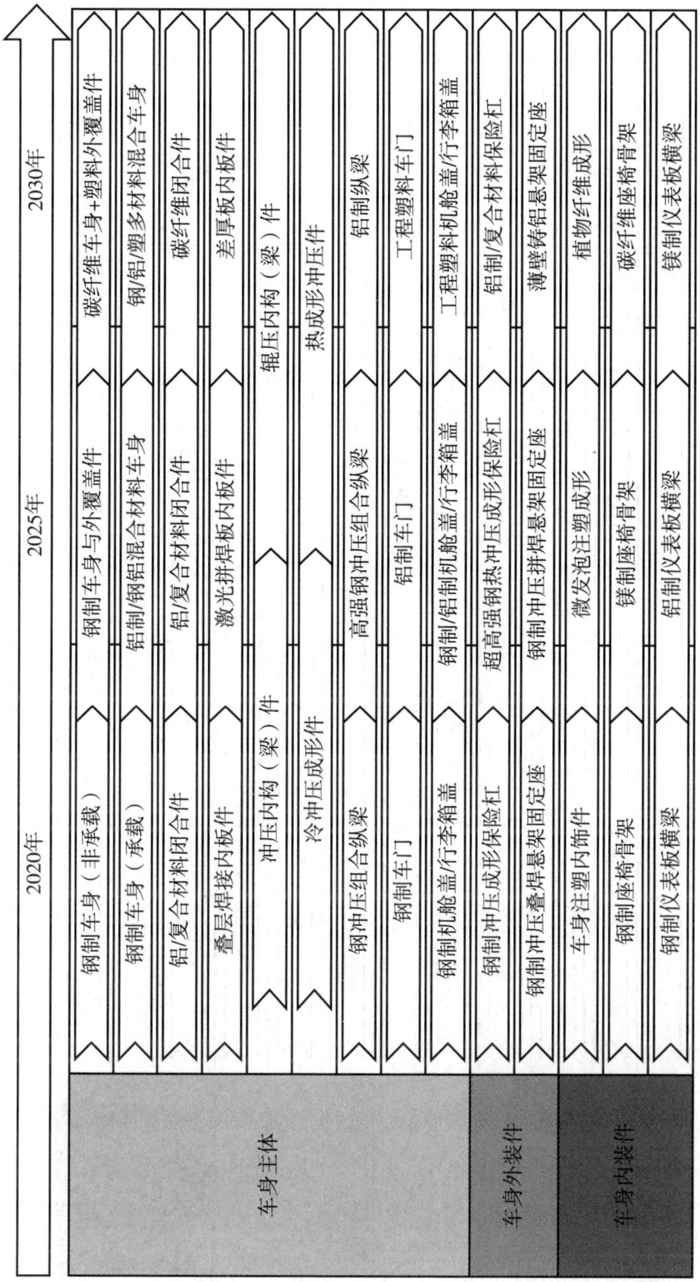

图9 中国汽车车身关键零部件轻量化产业技术发展路线

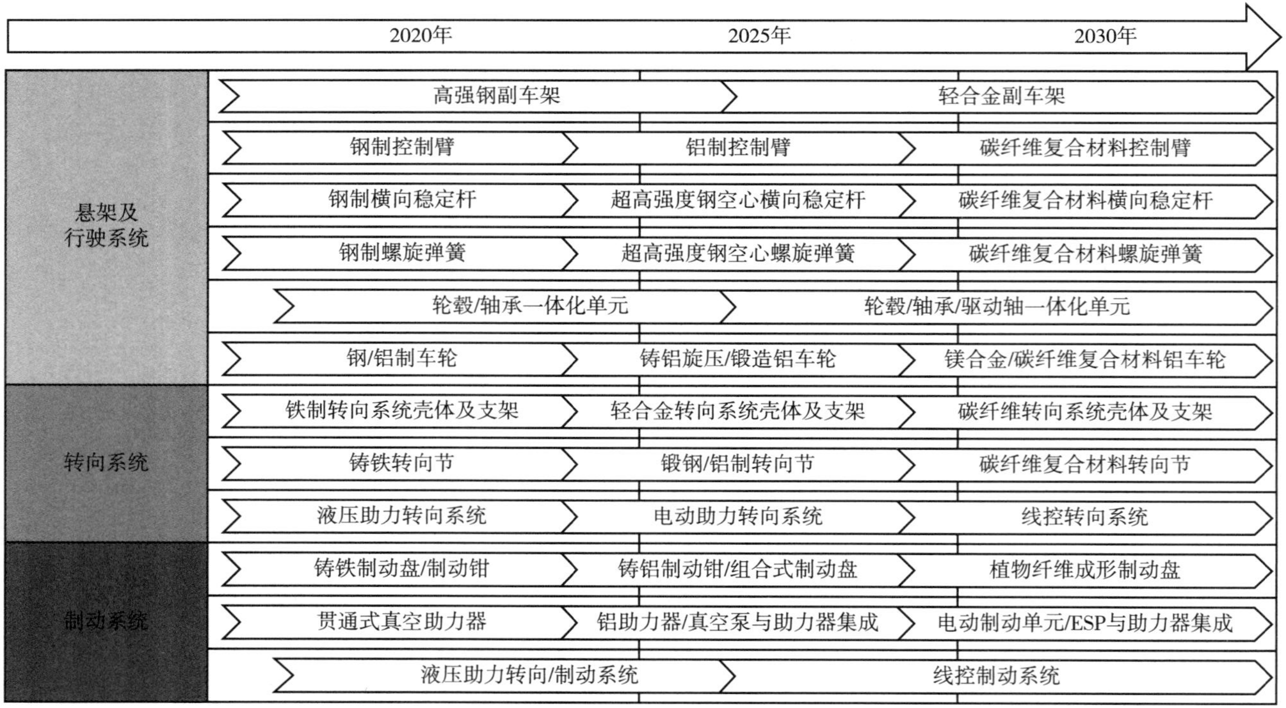

图 10　中国汽车底盘关键零部件轻量化产业技术发展路线

中，对发动机气缸盖与排气歧管进行模块化设计，一方面可以对排气歧管进行冷却，提高经济性，解决排气温度过高的可靠性问题；另一方面可以减小排气管法兰、螺栓等连接零件的尺寸，可大幅度降低整机质量。对于2L左右的汽油增压发动机可减小质量2～3kg，是实现降重的重要途径之一。

（2）乘用车发动机气缸体

对铸铁气缸体采取保证铸造壁厚、减小壁厚公差、优化局部结构的方法，结合铸造工艺的改进进行轻量化。优化主轴承壁、缸体裙部、上下法兰面结构，可降重2%～3%；通过拓扑分析优化主轴承盖结构，降重1%～3%；铸铝气缸体优先采用压铸铝缸体的技术方案。在保证结构强度的情况下，做到结构最轻量化。主要工作内容是解决铸铝缸体结构设计、压铸工艺等设计工艺难题，然后扩展应用。

（3）曲轴

发动机曲轴主要采用主轴颈与连杆轴颈空心结构的铸造曲轴达到轻量化的目的，在结构上可以采用优化平衡块数量及外形尺寸、曲柄形状等措施进行轻量化优化设计。在材料上采用高强度球墨铸铁滚压曲轴，替代现有的锻钢曲轴。

（4）凸轮轴

装配式空心凸轮轴是目前非常成熟的凸轮轴轻量化技术，可实现降重30%以上，已在国外发动机中广泛应用。

（5）传动轴

当车辆传动轴长度较长时，传统钢制轴管因模态较低、无法满足NVH要求而只能做成两段。碳纤维轴管模态较高，只需要做成一段即可，这样可以省掉一个万向节、轴承和中间支承，结构大大简化，重量也显著降低。碳纤维传动轴整体能比传统钢制传动轴降重50%左右。

5. 其他零部件轻量化

目前轻质合金和复合材料是汽车零部件轻量化的主要材料，如用镁合金或铝合金锻压轻量化轮毂以减轻非簧载质量，可改善加速和操控性能；用镁合金制造仪表板骨架、座椅、转向柱部件、中控台、变速器壳体、转向盘及电池壳体等；利用LFT复合材料能够承受高强度和高冲击的特点，制造油门踏板、塑料齿轮变速器及电器插接盒等；用纤维增强塑料制造的圆簧与传统钢制弹簧相比，可以减轻质量40%以上。

三　轻量化的应用对节能减排的影响

目前，汽车轻量化已成为减少能耗的有效对策之一，与之相伴的材料、设计以及成形方面的研究已成为全球汽车业研究的重点课题。首先轻量化应保持汽车原有的性能不受影响，即既要有目标地减轻汽车自身的质量，又要保证汽车行驶安全性、耐撞性、抗震性及舒适性，同时保障汽车本身的造价不被提高，以免增加成本。有关数据表明，汽油乘用车减重10%可以减少3.3%的油耗，减重15%可以相应地减少5%的油耗；对于柴油乘用车可以相应地减少3.9%和5.9%的油耗。因此，轻量化的应用对节能减排具有重要影响。

（一）轻量化用材对节能减排的影响

1. 高强度钢

高强度钢主要应用于前防撞梁，A、B、C柱加强件，门槛梁，车门防撞梁和车顶横梁等关键部位，并且因公比例逐渐扩大高强度钢可在不降低安全性与舒适性前提下事先零件减重20%～30%。虽然在成形中面临回弹等问题，与其他轻质材料比，高强度钢依旧具有价格低、经济性好等优点，广泛的应用可提高车的被动安全性。高强度特性使设计师能使用更薄的材料来设计部件，使其变得更轻。

2. 铝合金材料

铝合金密度为2.68g/cm^3，仅为钢板的1/3。考虑到使用铝材需要增加厚度及截面，可以减重30%～50%，与钢板相比，一般铝板件成本将增加2～5倍。当前，铝合金已由发动机罩向翼子板、行李厢盖、保险杠、车门上逐渐延伸，部分高端车已实现全部铝车身。铝代钢的结构设计优化可以实现二次减重，效果可直接减重 50% ~100% 。相关研究表明，汽车使用 1kg 铝可替代自重 2. 25kg 钢材，减重比达 125% ，使用寿命周期内可减少废气排放 20kg。

3. 镁合金材料

镁的密度约为铝的 2/3，在实际应用的金属中是最轻的。与传统的锌制转向柱上支架相比，镁制件降重 65% ；与传统的钢制转向轮芯相比，采用镁制件降重 45% ；与全铝气缸盖相比，镁制件降重 30% ；与钢制冲压焊接结构制动踏板支架相比，整体的镁铸件降重 40% ，同时其刚性也得以改善。镁合金作为一种轻质金属结构材料，其密度约为铝的 64% 、钢的 23% 。与铝合金具有相同等刚度的镁合金，其重量约减轻了 25% 。这一特性对于减轻车辆重量从而降低能耗有重要意义。

4. 钛合金材料

钛密度为 4. 5g/cm^3，具有比强度高、高温强度高和耐腐蚀等优点。由于昂贵，至今只见在赛车和个别豪华车上少量应用。尽管如此，当下国内外对钛合金在汽车上应用的试验研究工作却不少。例如用 α + β 系钛合金制造的发动机连杆，强度相当于 45 钢调质的水平，而重量可以降低 30% ；β 系钛合金（Ti – 13V – 11Cr – 3Al 等）经强冷加工和时效处理，抗拉强度可达 2000MPa，可用来制造悬架弹簧、气门弹簧和气门等，与拉伸强度为 2100MPa 的高强度钢相比，钛弹簧可降重 20% 。

5. 复合材料

复合材料是由两种或两种以上不同性质的材料，通过物理法或化学法，组成具有新性能的材料。利用各种材料在性能上互相取长补短，产生协同效应，提高材料的综合性能。复合材料具有体积质量小、比强度和比模量大、耐磨耐蚀性好及加工成形方便等综合优势，正逐步取代金属材料，在汽车工业中发挥着越来越重要的作用。目前复合材料在汽车车身中的应用主要有玻璃纤维增强塑料（GFRP）和碳纤维增强塑料（CFRP），是重要的车身轻量化材料。

目前在汽车车身部件上使用的 GFRP 材料主要有片状模压复合塑料

（SMC）、玻璃纤维毡增强热塑性材料（GMT）和树脂传递模塑料材料（RTM）。SMC是用低黏度的树脂复合物浸渍片状玻璃纤维而制成的片状模压塑料复合材料，具有质量轻、设计自由、制件整体性好及耐用性好等优点。

GMT是以热塑性树脂为基体，以玻璃纤维毡为增强骨架的复合材料，具有轻质高强、耐腐蚀、易成形、可回收等特点，多用于汽车保险杠材料。某公司采用GMT代替原来的金属材料制造的运动轿车的保险杠，与原先相比质量降低了近60%。

RTM是在模具型腔中预先放置玻璃纤维增强材料，闭模锁紧后注入树脂胶液浸透玻璃纤维增强材料，固化后得到的复合材料。RTM被广泛应用于车身制造，如顶盖、侧围外板及行李箱盖等。

CFRP材料是以各种树脂、碳、金属及陶瓷为基体材料的塑料，以树脂和金属为基体的复合材料在车身上的应用较为成熟。和其他车身材料相比，CFRP具有诸多优势。CFRP作为车身材料，质量轻和强度大的特点使其在车身轻量化上效果显著，与钢材相比，CFRP的体积质量只有钢材的20%～30%，而硬度却是钢材的10倍以上，这使CFRP车身比钢质车身减轻50%以上，比铝质车身减轻约30%。此外，CFRP还具有良好的抗疲劳性、碰撞吸能性及制造工艺性，这些优点都适应轻量化车身材料的需求。CFRP在电动汽车车身轻量化上已有所应用，某公司已经成功将碳纤维复合材料应用于电动汽车量产车型，使其车身质量降低300kg左右。

（二）轻量化设计对节能减排的影响

汽车轻量化结构设计主要是在满足设计性能要求的前提下，尽可能使汽车零部件的材料在空间合理分布。避免不必要的材料利用，以获得最轻的结构设计。大多采用CAE技术对汽车的结构进行优化，使零件薄壁化、中空化、小型化、复合化。

结构优化设计分为尺寸优化设计、形状优化设计和拓扑优化设计。其中，拓扑优化设计是在设计空间内寻求结构最佳的传力路径，对提高汽车零部件综合性能和减少汽车零部件质量的效果较其他优化更突出，对节能减排具有直接影响。

1. 尺寸优化设计

结构尺寸优化是应用最早也是应用最成熟的一种汽车轻量化技术。它一般以汽车零部件的尺寸（如冲压件的壁厚、梁截面尺寸、减重孔的尺寸等）参数为设计变量，以满足不同工况下的刚度、强度、振动、吸能等约束条件。以结构质量最小为目标函数构建优化模型，以达成轻量化设计。

2. 形状优化设计

形状优化主要是指改变结构的整体或者局部外形，使结构受力更加均匀，从而更加充分地利用材料，减少材料的使用以达到节能减排的目的。当前形状优化方法有两种。对于具有几何外形的零件结构，可以将结构的几何外形参数化，从而将形状优化转变为尺寸优化问题。但是对于汽车结构来说，更多的是具有不规则的几何外形，此时难以采用参数来描述几何外形。因此无法将其转化为尺寸优化问题。针对这种问题，目前广泛采用不需要尺寸参数的无参形状优化方法。

3. 拓扑优化设计

拓扑优化以事先指定的设计空间的材料分布为优化对象。通过优化算法自动给出最佳传力路径，从而节省最多的材料。拓扑优化方法被认为是最具有潜力的结构优化方法，主要应用在结构概念设计阶段。拓扑优化将汽车零部件减重设计和汽车结构优化设计结合起来进行零部件设计初期的概念设计，可以使在满足零部件综合性能要求的情况下获得较轻的结构形式，指导设计者后期的设计，对于零部件结构形式的创新性设计和减重设计有着重要的帮助。

（三）轻量化工艺对节能减排的影响

汽车轻量化制造工艺技术包括新的材料成形方法和连接技术，比如激光焊接、液压成形、半固态铸造技术、喷射成形技术等，这些技术可以大幅减少零部件数量，提高车身质量稳定性，提高结构可靠性，从而减少材料使用，对节能减排有直接影响。

1. 热成形

热冲压成形常用的钢种可以很方便地生产出1500MPa的零部件或更高强度的零部件，且没有回弹，避免冷成形不足，又可以生产1500～2000MPa的热冲压成形零部件。它可用来生产汽车前后保险杠、A柱、B柱、C柱、车顶构架、车底中通道、车门防撞梁等构件。

2. 液压成形

与冲压工艺相比，液压成形工艺的主要优势有减小毛坯尺寸，节约材料，提高成形极限，减少成形道次。零部件的表面质量和尺寸精度大幅提高。减少配套模具数量，降低成本。减少后续机械加工和组装焊接量。可以成形形状复杂、变形程度大、整体性要求高的零部件。

3. 内高压

与传统的冲压焊接工艺相比，管件内高压成形的主要优点有减轻重量，节约材料，减少零部件和模具数量，降低模具费用，减少后续机械加工和组装焊接量，提高强度及刚度，尤其是提高疲劳强度，降低生产成本。

4. 辊压

辊压成形适用的材料广泛，适合各种机械性能及不同组织结构的钢、铝合金、镁合金等，特别是高强钢、超高强钢；辊压成形采用多道次渐进弯曲成形，相比冲压成形，可获得更小弯曲半径，且能成形各种开放或封闭复杂截面形式的零件，成形后零件刚度较好；辊压成形通过多个道次的变形来进行回弹补偿，回弹调整空间大，成形精度高，且零件表面质量好；辊压成形可集成其他加工工艺，如冲孔、焊接、压花、弯圆等，生产中成形速度可超过10m/min，生产过程自动化程度和生产效率高；辊压成形过程中除冲孔外，几乎无其他工艺废料，材料利用率高；辊压成形模具加工简单，使用寿命长，模具制造成本低。

5. 激光拼焊

激光焊具有高能量密度、深穿透、高精度、适应性强、抗热裂能力和抗冷裂能力优于传统焊接法、残余应力及变形小于传统方法等显著优点。另外，激光焊易于实现大规模数控自动化，为其批量生产和相对低成本生产带来可能。在汽车结构件的应用中，使用激光拼焊板，就不必使用多余加强件，从而降低整体车身重量。通过在一块钢板中，不同材料和厚度的组合可以大大简化整体车身的结构。

6. 变厚度板（VRB）

在钢板的变厚度设计时，如结构及装配允许，尽量减小其减薄率；平缓的厚度过渡区将使得板料成形时的压边力设定和压边模设计简单，也使得板料产生皱褶的可能性降低；更重要的是如果根据等强度的原理来合理设计零部件，将会使板厚过渡区长度加大，既使成形变得容易，又可使产生成形缺陷的可能减小。因此加大板厚过渡区将从结构机械特性和增大板料成形性两个方面使变厚度钢板的优点和可成形性突出。目前人们对 VRB 技术而带来的设计理念的改变刚刚开始，可以预见这种设计理念的普及将会扩大，从而逐步形成市场和应用主流，将成为汽车车身轻量化的主要应用手段。

7. SMC 模压成形技术（复合材料）

成形周期短，适宜大量生产。封闭模成形，没有苯乙烯及玻璃纤维飞散，作业环境好。成形工艺简单，易机械化及自动化，即使没有熟练工人也能成形。SMC 模压制品具有尺寸准确、表面光洁、制品外观及尺寸重复性好、复杂结构也可一次成形、二次加工无须损伤制品等特点。

8. RTM 成形技术（复合材料）

可根据生产规模的要求，采用不同材料不同档次的模具，可最大限度地降低成本，从而获得较佳经济效益。属于闭模树脂注入方法，可最大限度减少树脂等有害成分对人体和环境的毒害，符合环保要求。采用低黏度快速固化树脂，生产过程中可对 RTM 模具加热，从而进一步提高生产效率和产品质量。有利于制备大中尺寸、复杂形状、两面光洁的整体结构件，尺寸精度好，产品表面质量高，机械性能好。

综上所述，液压成形、辊压成形、激光拼焊、变厚板等先进成形工艺，匹配先进连接工艺在汽车轻量化方面的应用，相对于传统的加工工艺，为汽车轻量化提供了更为有效的解决方案和方法。先进的成形工艺拓宽了零部件的加工方式、尺寸范围、加工精度、表面质量以及形状的复杂程度等，增加产品设计灵活性，可以通过零部件的集成设计和优化设计减少零件数，通过单个零部件局部厚度的减薄减轻零件的重量实现轻量化。同时，先进成形工艺拓宽了新材料的应用，尤其是高强钢的使用。应用先进成形技术，可以得到高强度下的成形零部件。先进成形工艺的应用，还可以有效降低加工成本。通过先进成形工艺优化零部件加工流程，不仅缩减了后续处理工艺和流程。同时大幅度地减少了成形模具和工装的加工工艺和工作量，进而有效地提高生产率。通过先进成形工艺的使用，可以有效地减小毛坯尺寸，节约材料，提高材料利用率，对节能减排有着直接重要影响。

四　总结与展望

汽车轻量化是汽车在节能减排应用的重要方向之一，汽车的轻量化可以减少燃料消耗，从而减少空气污染。汽车轻量化技术主要体现在车型性能、减重、成本三者的有机融合。近年来，国内外尤其是欧美日韩出台了一系列政策推动轻量化技术的发展，在欧美发达汽车工业市场，汽车轻量化已经获得了一定技术和产业的基础，并进一步发展了更有减重潜力的车身轻量化技术，以奥迪为代表的铝合金车身和以宝马为代表的碳纤维车身引领着轻量化技术的发展。为提升国内汽车产业核心竞争力，我国大力开展轻量化基础及应用技术研究，并推进其产业化。因此，研发轻量化技术成为历史必然和形势必需，轻量化对节能减排效果明显，是汽车节能技术的必然选择。

行业热点篇

B.11
全球领先混合动力技术发展研究

摘　要： 随着世界各国环境保护的措施越来越严格，混合动力车辆由于其节能、低排放等特点成为汽车研究与开发的一个重点，并已经开始商业化。本文从国内外乘用车市场混合动力车型市场占比入手，对混合动力相关概念进行了介绍，并对日本、欧洲、美国的混合动力汽车进行了研究。

关键词： 混合动力汽车　技术应用　节能

一　研究背景

我国汽车发展进入一个崭新的时代，智能汽车的研发、新能源汽车的普及推广以及汽车资源的共享，形成了2018年上汽的“新四化”——“电动化、智能网联化、共享化、国际化”。电动化是基础，智能网联化是条件，共享化、国际化是趋势。传统汽车的混动改造，氢燃料电池汽车的重点发展，传统汽车的节能改造，混动技术的应用，燃料电池的加快研究与推广应用，都将推动汽车产业向电动化发展。

目前，国内外乘用车市场的混合动力车型比例整体处于上升趋势。在中国乘用车市场（见图1），混合动力车比例由2016年的0.4%上升至2018年的0.9%，在欧洲乘用车市场（见图2），混合动力车比例由2016年的1.8%上升至2018年的3.1%，而在北美乘用车市场（见图3），混合动力车的比例2016年为2.0%，在2017年上升了0.1个百分点后，2018年又降至2.0%。

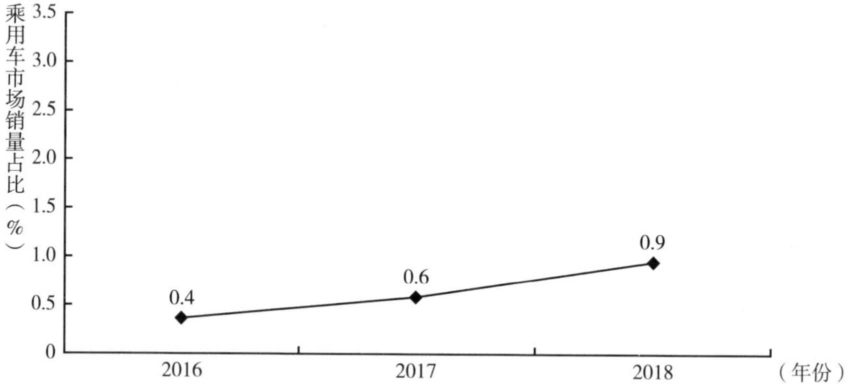

图1　2016～2018年中国乘用车市场混合动力车型占比

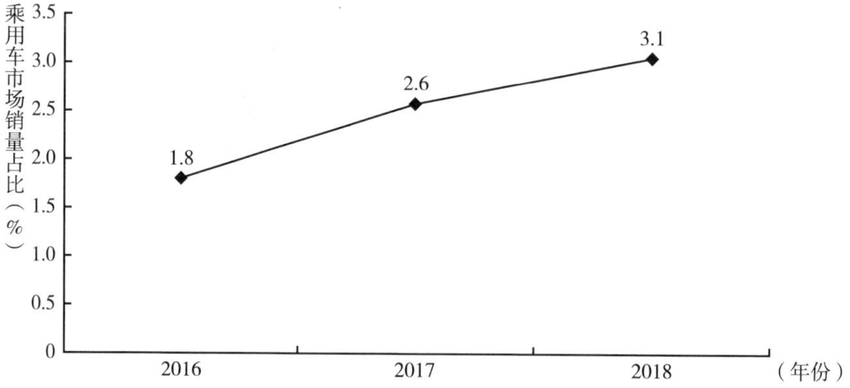

图2　2016～2018年欧洲乘用车市场混合动力车型占比

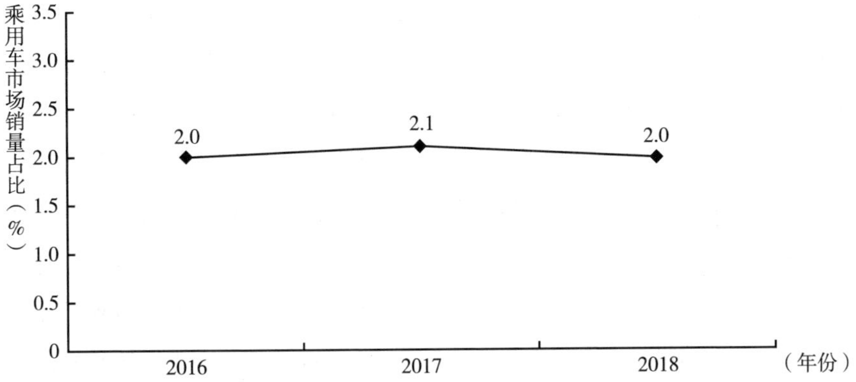

图 3　2016～2018 年北美乘用车市场混合动力车型占比

二　混合动力分类

如图 4 所示，混合动力总成按动力传输路线分类，可分为串联式、并联式和混联式三种。

类型	串联式混合动力	并联式混合动力	混联式混合动力	
			混联式混合动力（功率分流）	串并联切换式混合动力
结构图	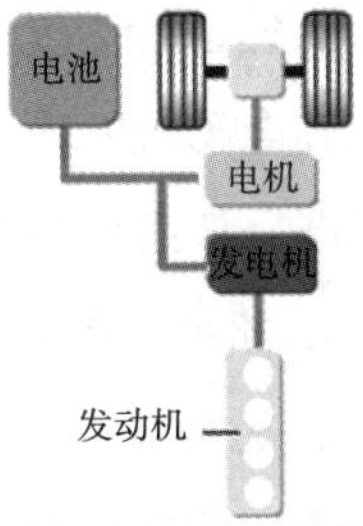	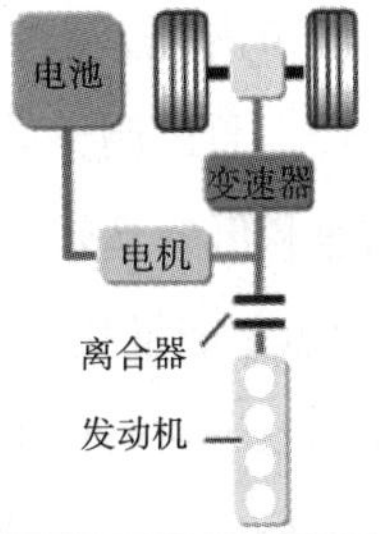	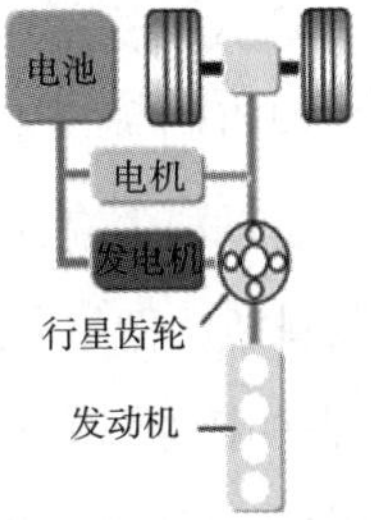	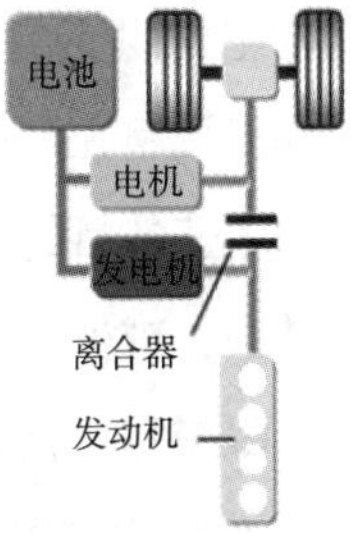
特点	发动机动力全部转换成电能驱动；需要大型的电机和发电机	发动机动力通过变速器驱动；电机用于能量回收和辅助驱动；需要变速器	发动机动力分别传递为机械能和电能（通过行星齿轮分配）；电机和发电机比串联式要小	发动机动力低速转换成电能（串联式），高速传递机械能（并联式）；与串联式一样，需要大型的电机和发电机
代表车型	日产 NOTE e－Power	本田 FIT（i－DCD）	丰田 THS	本田雅阁（i－MMD）

图 4　混合动力分类

1. 串联式混合动力汽车（Series Hybrid Electric Vehicle，SHEV）

串联式混合动力汽车驱动系统的结构比较简单，动力电池组、发动机－发电机组和驱动电动机在底盘上的布置有较大的自由度，控制系统也比较简单，因为只有唯一的电动机驱动模式，系统更接近于电动车，它由燃油发动机、发电机、电池和电动机等动力装置以串联的方式组成。SHEV 用发动机－发电机组均衡地发电，电能供应驱动电动机或动力电池组，电能通过控制器输送到电池或电动机，由电动机通过变速机构驱动汽车，使 SHEV 的行驶里程得到延长。实际上 SHEV 的发动机－发电机组只能看作一种电能供应系统，发动机并不直接参与 SHEV 的驱动，SHEV 必须装置在一个大功率的发动机－发电机组，再用驱动电动机来驱动车辆。发动机、发电机和驱动电动机的功率都要求等于或接近 SHEV 的最大驱动功率，在热能—电能—机械能之间的转换过程中，总效率低于内燃机汽车。三大动力总成的体积较大，质量也较重，还有庞大的动力电池组，使在中小型汽车上布置有一定的困难，一般适合大型客车采用。

小负荷时由电池驱动电动机驱动车轮，实现零排放。大负荷时由发动机带动发电机发电驱动电动机。当车辆处于启动、加速、爬坡工况时，发动机－电动机组和电池组共同向电动机提供电能；当电动车处于低速、滑行、怠速的工况时，则由电池组驱动电动机，当电池组缺电时则由发动机－发电机组向电池组充电。串联式结构适用于城市内频繁起步和低速运行工况，可以将发动机调整在最佳工况点附近稳定运转，通过调整电池和电动机的输出来达到调整车速的目的，使发动机避免了怠速和低速运转的工况，从而提高了发动机的效率，减少了废气排放。但是它的缺点是能量几经转换，机械效率较低。

2. 并联式混合动力电动汽车（Parallel Hybrid Electric Vehicle，PHEV）

并联式装置的发动机和电动机共同驱动发动机来给 HV 蓄电池充电，其基本结构是由发动机、发电机、HV 蓄电池、变压器和变速器组成，两大动力总成的功率可以互相叠加输出，也可以单独输出。当汽车加速爬坡时，电动机和发动机能够同时向传动机构提供动力，一旦汽车车速达到行驶速度，汽车将仅仅依靠发动机维持该速度。电动机可以作为发电机使用，称为电动－发电机组。由于没有单独的发电机，发动机可以直接通过传动机构驱动车轮，这种装置更接近传统的汽车驱动系统，机械效率损耗与普通汽车差不多，得到比较广泛的应用。

3. 混联式（串并联式）混合动力电动汽车（Power - Split Hybrid Electric Vehicle，PSHEV）

混联式装置包含了串联式和并联式的特点。综合了串联式和并联式的结构而组成的电动汽车主要由发动机、电动 - 发电机和驱动电机三大动力总成组成。以发动机为主的形式中，发动机作为主动力源，电机为辅助动力源；以电机为主的形式中，发动机作为辅助动力源，电机为主动力源。该结构的优点是控制方便，缺点是结构比较复杂。

三　国外混合动力技术

（一）日本

1. 丰田

丰田混合动力系统（Toyota Hybrid System，THS）是丰田的招牌混动技术，最早出现在 1997 年的普锐斯上，经过多年技术更迭，如今凯美瑞·双擎、卡罗拉/雷凌·双擎、雷克萨斯混动车型均搭载了这一套动力系统。

（1）普锐斯从第一代到第四代（见图 5）

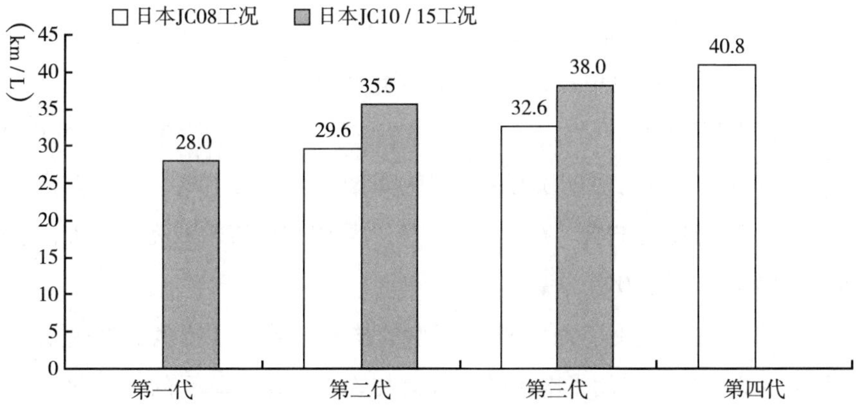

图 5　四代普锐斯燃油经济性变化

（2）丰田混动系统发展

第一代普锐斯的开发目标是比当时的传统汽油车燃油效率提高一倍。最初的THS系统的特征是：两个电机，根据主要功能分别称为驱动电机和发电机；Ni-MH电池；动力分配装置，一套简单的行星齿轮组（见图6）。

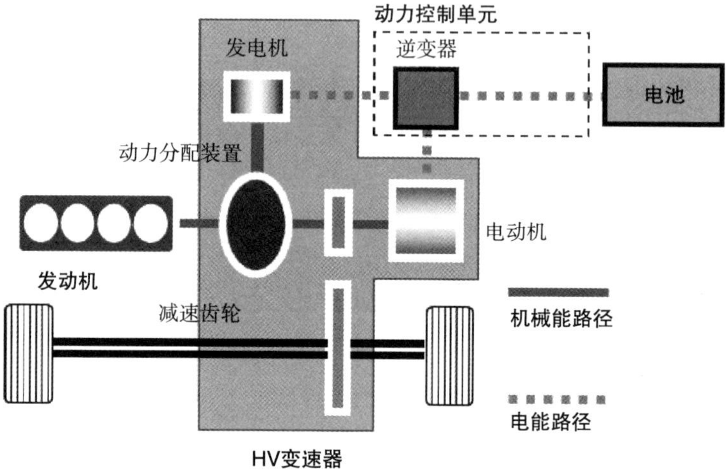

图6　第一代普锐斯混动系统结构示意

第二代普锐斯的开发目标是改善驾驶性能，同时继续提高燃油效率。采用了“高电压升压电路”，利用202V的电池，将系统电压从274V-DC增加到最大500V-DC；最大输出功率从33kW大幅增加到50kW。增加了电机的功率输出，保持电流恒定，同时减少了电损耗（见图7）。

将THS搭载到SUV上，需要提高电机的输出，同时聚焦于紧凑的设计。从雷克萨斯RX400h之后的所有混合动力车型，均采用了电机减速齿轮，搭配小尺寸、高转速的电机。在同等尺寸下，采用减速齿轮和高速电机，电机的输出功率增加了250%（见图8）。

第三代普锐斯应用了大型SUV开发的技术，采用升压电路将电压提高到650V的高电压，采用了电机转速减速装置。实现了单元的小型化、轻量化，达到更加良好的动力性能和油耗性能（见图9）。

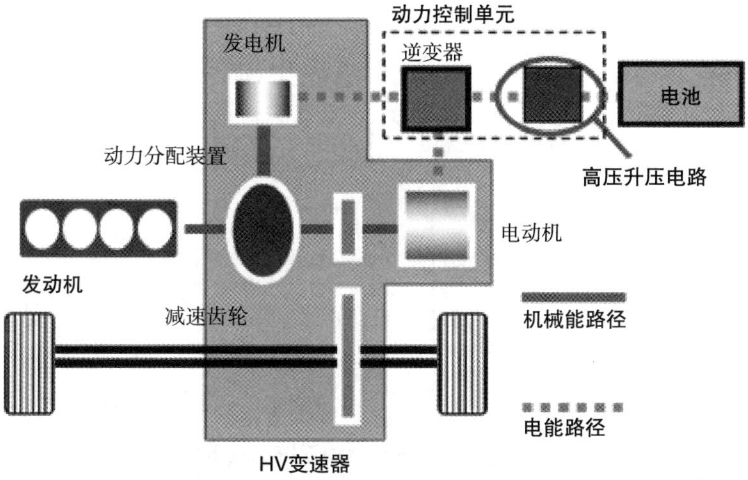

图 7　第二代普锐斯混动系统结构示意

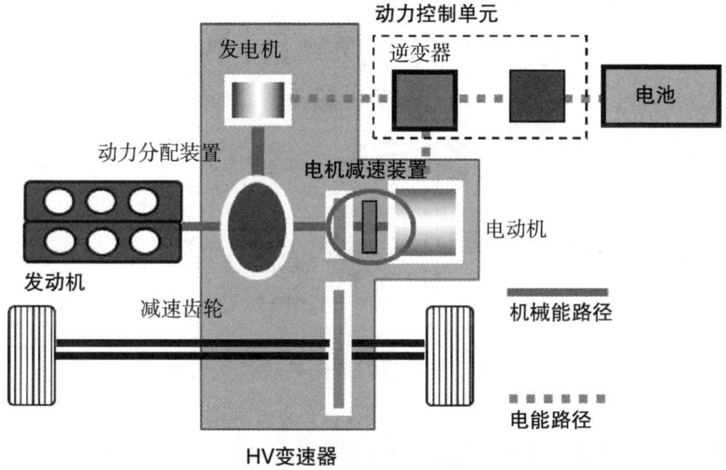

图 8　RX400h 混动系统结构示意

第四代普锐斯部分采用了锂离子电池，对升压电路进行了优化（见图10）。其基本结构与第三代相同。

相较之前系统，第四代普锐斯进行了驱动桥改进、PCU 改进、电池改进。

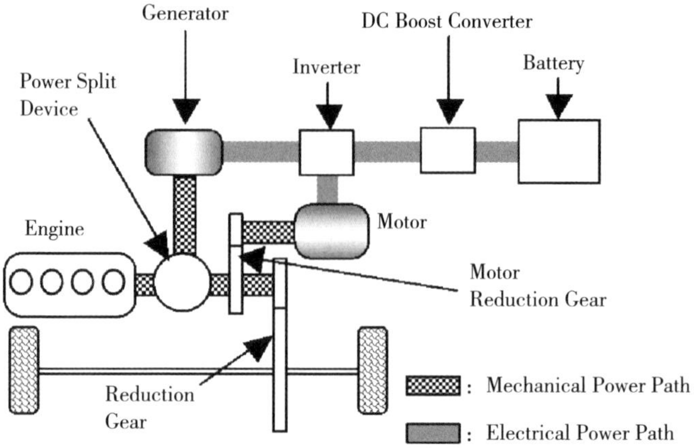

图 9　第三代普锐斯混动系统结构示意

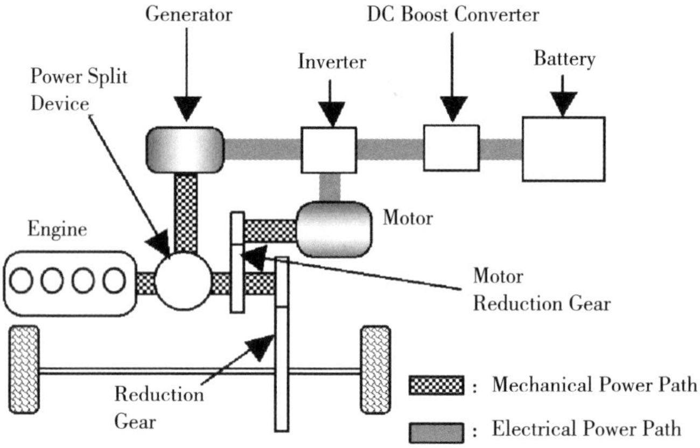

图 10　第四代普锐斯混动系统结构示意

驱动桥改进：两个电机带双轴平行配置，长度缩短了 47 毫米；并联的电机减速齿轮替代了行星齿轮，机械损失减少约 20%（见图 11）。

PCU 改进：新采用了低损耗的 IGBT，降低了约 20% 的电力损耗；重新设计了内部结构，减少了 33% 的体积；缩小的 PCU 直接搭载在驱动桥之上，辅助电池移到了发动机舱内（见图 12）。

电池改进：新开发了锂离子电池；镍氢电池也重新开发，减少了尺寸，提高了性能；更小、更轻的电池组搭载在后排座椅下方,增加了后备厢空间（见图 13）。

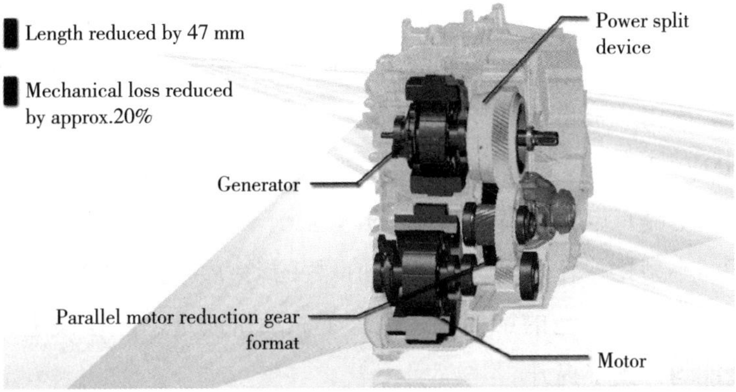

图 11　驱动桥改进示意

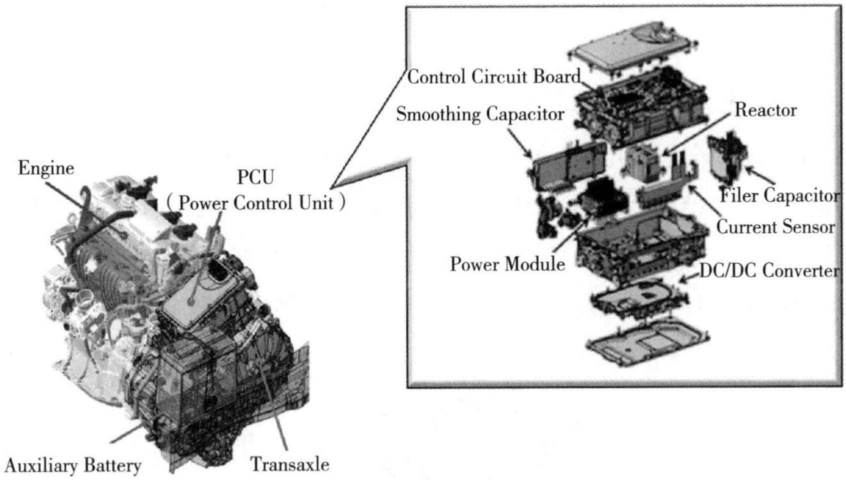

图 12　PCU 改进示意

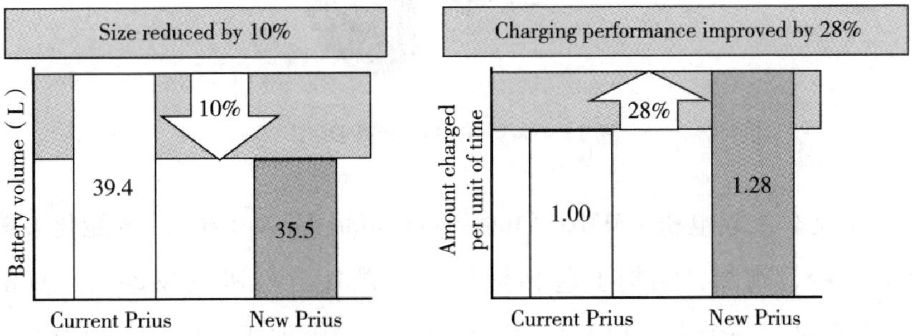

图 13　电池改进效果

丰田四代普锐斯的改进，第一代普锐斯在保证与传统汽油车相同的驾驶性能的基础上，提高燃油效率和减少 CO_2 排放；第二代普锐斯，继续提高燃油效率，采用“高电压升压电路”，利用 202V 的电池，将系统电压增加到最大 500V－DC，最大输出功率增加到 50kW，大大减少了电损耗；第三代采用升压电路将电压提高到 650V 的高电压，采用电机转速减速装置，实现了单元的小型化、轻量化，达到更加良好的动力性能和油耗性能；最终形成采用部分锂离子电池的第四代，进行了驱动桥改进、PCU 改进、电池改进，各性能均得到了提升。

2. 本田

由本田过去的 IMA 混动系统出发，近年来，本田针对不同车型推出了不同混动概念，即针对大型车的三电机混动系统 SH-AWD；中型车的双电机混动系统 i-MMD；小型车的单电机混动系统 i-DCD。

①紧凑型车。单电机 i-DCD（Intelligent Dual Clutch Drive，智能双离合驱动）系统，结构上包括 1.5L 阿特金森循环汽油发动机，内置单电机 7 速 DCT，锂离子电池，搭配交流同步电动机。发动机直接驱动车轮的混动系统。通过 7 速 DCT，使发动机保持在高效领域运转（见图 14）。

图 14　内置单电机 7 速 DCT

②中型车。双电机 i-MMD（Intelligent Multi Mode Drive，智能化多模式驱动）系统，雅阁，结构上包括阿特金森循环自然吸气发动机、双电机（一个电动机，一个发电机）、一个容量很小的电池组、PCU（动力控制单元）（见图 15）。

图 15　直列 1.5L 阿特金森循环汽油发动机

本田的 i-MMD（P1 + P3）是高速行驶时切换为发动机行驶的独特系统。电机工作时会发生大扭矩，不过，转速过大会导致扭矩和输出下降。因此，将驱动作用转让给具有一定以上高转速效率的发动机，可以说是双重构架的 HV 系统（见图 16）。

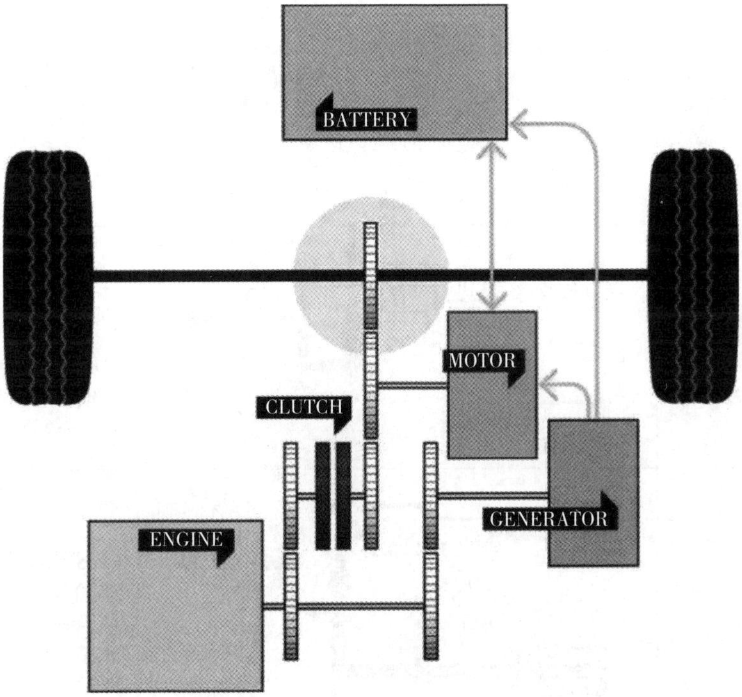

图 16　系统结构

通过离合器闭合实现混动模式切换。当离合器分离时，i-MMD 的发动机和驱动电机即为典型的串联模式，用发动机驱动发电机发电，同时电能驱动电动机转动来驱动车辆，对于负荷较低的市区工况来说，通过发动机直接驱动往往效率较低，通过串联模式则可以使发动机维持在高效状态下运行，多余的电能将储存在电池中。

而当离合器啮合、发电机切断时，发动机和电动机又变为典型的并联模式，此时发动机和电动机的动力通过不同的减速比之后共同传给驱动轴。此时车辆有两个动力源，发动机燃烧汽油，电机的能量来源则为之前通过动能回收和发动机发电储存的电能。

系统根据道路条件的不同自动切换行驶模式，从而降低油耗；但是，离合器的切换时机成为最大的挑战。模式切换的平顺性受到离合器的影响（见表1）。

表1　i-MMD 不同行驶模式下工作状态

纯电行驶模式	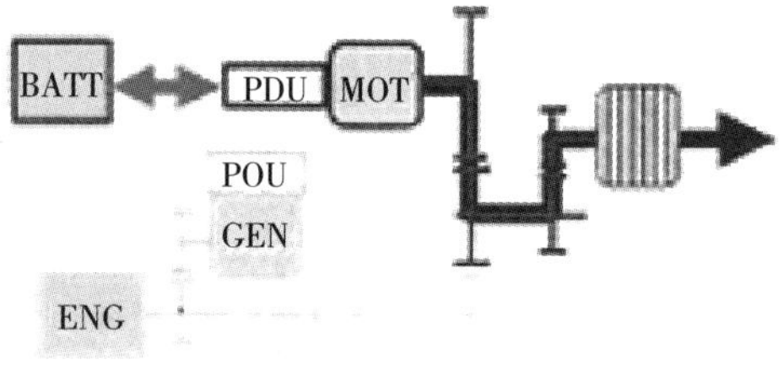	在起步以及行驶过程中巡航时，电池向驱动电机供应电量驱动行驶
混合动力模式	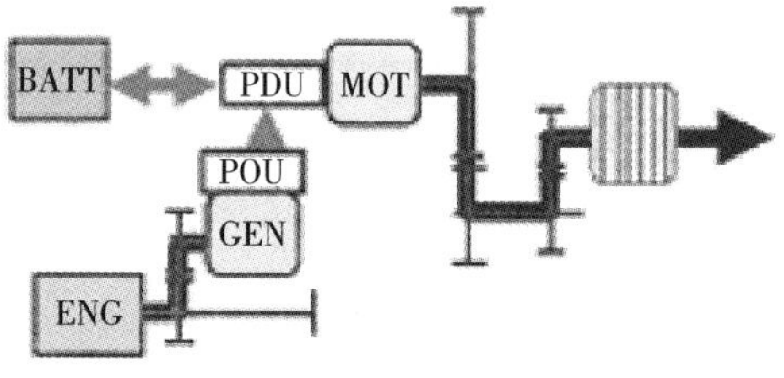	在需要强力加速时，由发动机驱动发电机发电，通过将此电力供应给驱动电机驱动前行
发动机行驶模式	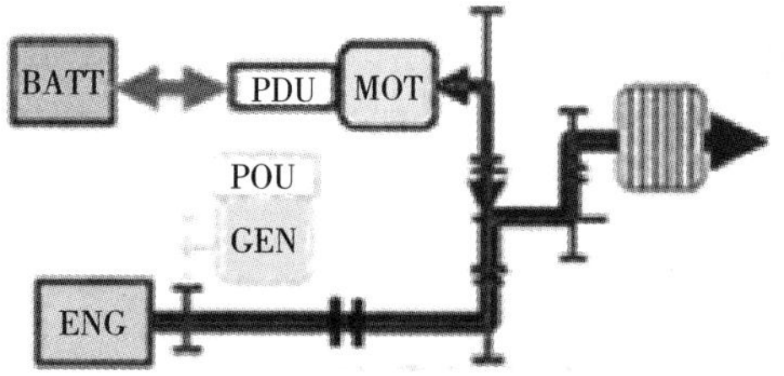	在高速巡航时，直接闭合离合器，发动机的动力直接驱动车辆

③大型车：三电机 Sports Hybrid SH－AWD，讴歌 RLX，新一代 NSX。

本田基于 IMA 混动系统提出了不同车型不同混动。紧凑型车的单电机 i-DCD 系统，结构上包括 1.5L 阿特金森循环汽油发动机、内置单电机 7 速 DCT、锂离子电池，搭配交流同步电动机；中型车的双电机 i-MMD 系统，结构上包括阿特金森循环自然吸气发动机、双电机、一个容量很小的电池组、PCU，通过离合器闭合实现混动模式（纯电行驶模式、混合动力模式、发动机行驶模式）切换从而降低油耗；大型车的三电机。

3. 日产

现在串联混动代表是日产 NOTE e-POWER。由电动马达驱动，发动机不参与驱动，100% 由电机驱动车辆，利用高效发动机工作点来提高燃油效率，JC08 油耗测试标准下 37.2km/L（2.69L/100km）。其中发电专用发动机：1.2L 发动机（HR12DE）改良版；驱动电机和逆变器；动力电池（见图 17、图 18、图 19、表 2）。

图 17　发电专用发动机

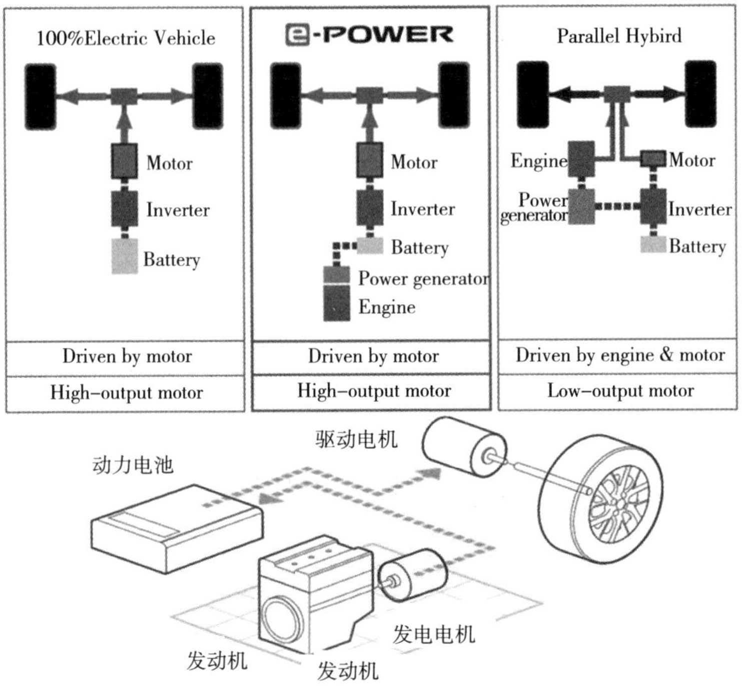

图 18　结构图（中）

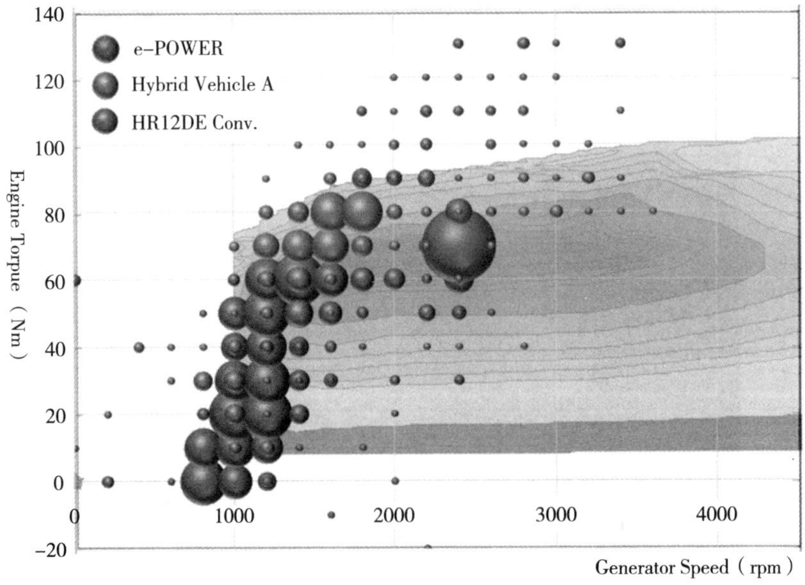

图 19　发动机工作点

表 2　不同行驶模式的工作状态

通常行驶	通常行驶	急加速，上坡	减速，下坡
驱动电量充足 （发动机不工作）	驱动电力不足 （发动机工作）	全电力供给行驶 （发动机工作）	驱动电力充足 （发动机不工作）
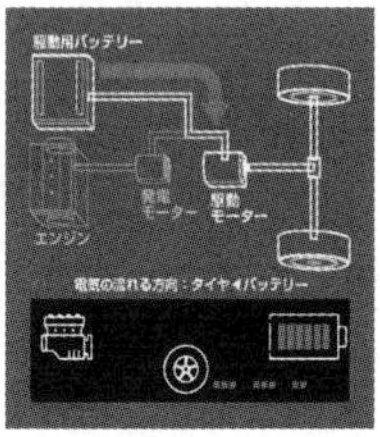	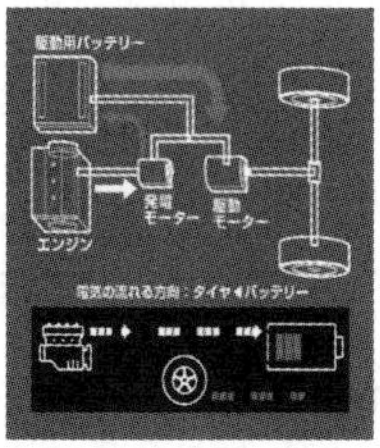	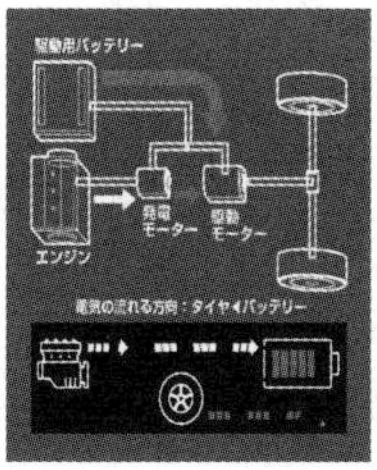	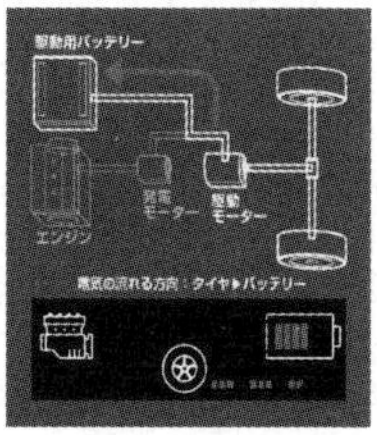

4. 小结

日本的混合动力技术路线仍然以丰田 THS 混合动力系统为主，本田 i-MMD、日产 e-POWER 等混合动力系统市场占有率均非常低。丰田在四代普锐斯的改进，通过采用“高电压升压电路”、电机转速减速装置，以及驱动桥改进、PCU 改进、电池改进，使燃油效率大大提升。本田基于 IMA 混动系统提出了不同车型不同混动，紧凑型车的单电机 i-DCD 系统，中型车的双电机 i-MMD 系统，大型车的三电机系统。日产 NOTE e-POWER 作为串联混动的代表，在不同形式模式的工作状态下，发动机工作状态不同，利用高效发动机工作点来提高燃油效率。未来会在现有 THS 系统的基础上，通过提高发动机热效率、提高电动机能量密度、减小各部件质量和体积、优化智能化控制策略、提高系统集成度等手段进一步提高混合动力系统效率。

（二）欧洲

目前欧洲厂家主要应用的混动技术是属于轻混的“48V 混合动力系统”。它是由奥迪、宝马、戴姆勒、保时捷和大众等欧洲主机厂联合提出的，因此在欧洲发展态势强劲，但在日美地区相对谨慎。48V 轻混系统最高直流电压约为54V，低于欧洲ECE－R100标准中规定的直流60V的安全电压，留出了安全空间。

在系统构架调整上，48V轻混系统是在12V电气系统的基础上增加一套48V的混动系统。车辆无须进行大的设计变动。12V网络负责处理传统负载，如照明、点火、娱乐与音响系统等；48V网络负责支持主动式底盘系统、空调压缩机以及再生制动系统等。结构方面，目前主要采用P0和P1结构。主要由电机、锂离子电池组、DC/DC转换器这三项核心部件组成。其中，电机可以用来发电，在48V锂离子电池组驱动下快速启动发动机，甚至也可以助力为车辆提供前进动力；锂离子电池组主要用于为电机提供48V电压，制动能量回收储存能量，在特定情况下为电气网络提供能量；双向DC/DC转换器在48V助力回收系统中连接高压网络（＜60V）和12V网络。能量可以从高压网络向低压网络传输，为低压网络供电；也可以从低压网络向高压网络传输，为电机启动、助力、回收供电。

燃油经济性方面，P0结构48V系统节油率为8%～10%，P2、P2.5结构48V系统节油效果较P0结构进一步提升3%～5%。成本方面，48V轻混系统以降低1%油耗最低仅需400元的成本增量，其单位节油率成本低于全混HEV、PHEV、BEV车型，在几类电气化技术中优势明显。但是，只依靠48V系统无法满足下一阶段的油耗/CO_2排放的要求。

1. Continental大陆＆Schaeffler舍弗勒

由大陆和舍弗勒共同研发的GTC Ⅱ（Gasoline Technology Car Ⅱ）系统与福特建立了密切联系。利用P2架构（见图20），在发动机和变速器之间设置混动模块。该模块可以在加装发动机切断离合器的同时安装BSG。采用电机独立驱动，在滑行和下坡路段可以关闭发动机，减少发动机的阻力，滑行更远的距离以及节省更多的燃油。预计节油率达到18%。

2. Valeo（法雷奥）

Valeo在不降低驾驶性能的情况下，开发出了降低油耗、减少CO_2排放的P0P4型新动力总成解决方案。

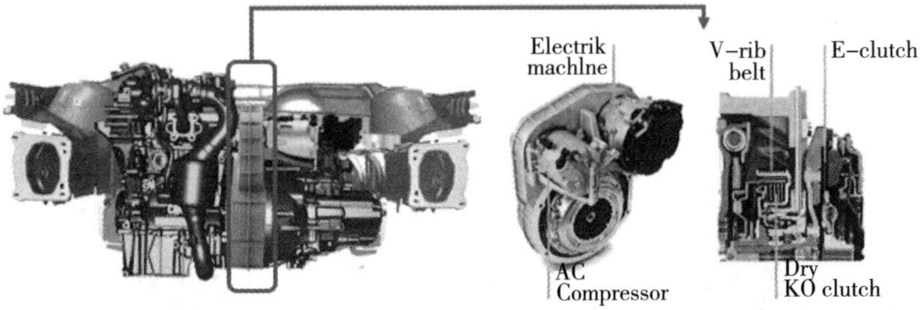

图 20　P2 构架实现方法

表 3　48V 系统提高燃油经济性路线

制动能量回收	内燃机小型化，米勒循环	零排放模式	电四驱	
48V 混动系统 P0	48V 混动系统及电子增压器 P0	48V 混动系统 eDVTP2.5 - P3	48V 电动后桥 eRADP4	48V 性能优化 P0 + P4
2012 年	2016 年	2018 年	2021 年	2022 年

通过采用电子增压器和 P0P4 架构，在 48V 系统上实现降低油耗、提升性能等效果。具体的零件概况如表 4 所示。

表 4　零件概况

48V 电子增压器 ESC	48V 皮带式启动发电一体机 ibsg	48V 后桥电驱动系统 eAxle	48V 电池 Battery
最大功率 7kW 最高转速 >70000rpm	最大功率 10kW 最大扭矩 55Nm 最高转速 18000rpm	最大功率 16kW 速比 19 最高转速 18000rpm	能量 4.32kJ 电芯容量 25Ah

使用 Valeo 零部件和 AVL（李斯特）控制策略车辆的油耗优化效果如图 21 所示，实测燃油节省 25%。其中，无论是使用 CRUISE（正向模型）或是 HYPOP（反向模型），其仿真结果与测试结果均为一致的。

性能方面，搭载的电子增压器（ESC）作为大涡轮增压器应用的助推器，是提升车辆动力性的关键零部件。该系统工作下，最大扭矩提升 21%；同时，动力响应时间大大低于 1s。在大涡轮增压器和电子增压器的共同作

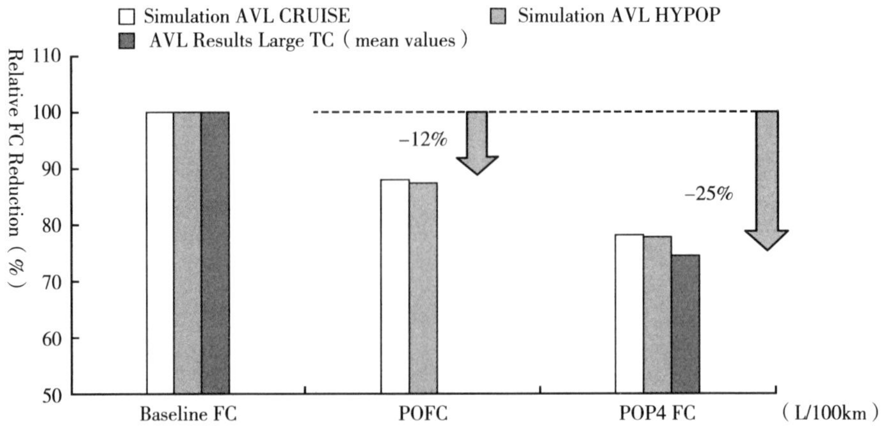

图 21　油耗优化效果

资料来源：VALEO 48V DAY，September 21st 2018，Shanghai。

用下，20～70kph 时加速性能被提升 15%。在 0～45km/h 过程中，加速性能提升 22%。

3. 小结

在欧洲，主要应用的混动技术是属于轻混的“48V 混合动力系统”。其中，大陆和舍弗勒共同研发的 GTC Ⅱ，利用 P2 架构，在发动机和变速器之间设置混动模块，预计节油率达到 18%。Valeo 则在不降低驾驶性能的情况下，开发出降低油耗、减少 CO_2 排放的 P0P4 型新动力总成解决方案，实现降低油耗、提升性能的效果，节省燃油 25%。

（三）美国

1. 通用 Voltec

在第一代 Voltec 系统中，大电机（111kW）与太阳轮相连。汽油增程器和小电机（55kW）与齿圈相连。行星齿轮架与通向车轮的输出相连。结构如图 22 所示。

在第二代 Voltec 系统中。首先从 P2 变成 P13 结构。发动机连接到第一个行星齿轮组（PG1）的齿圈上，较小的电机与太阳轮相连。较大的电机连

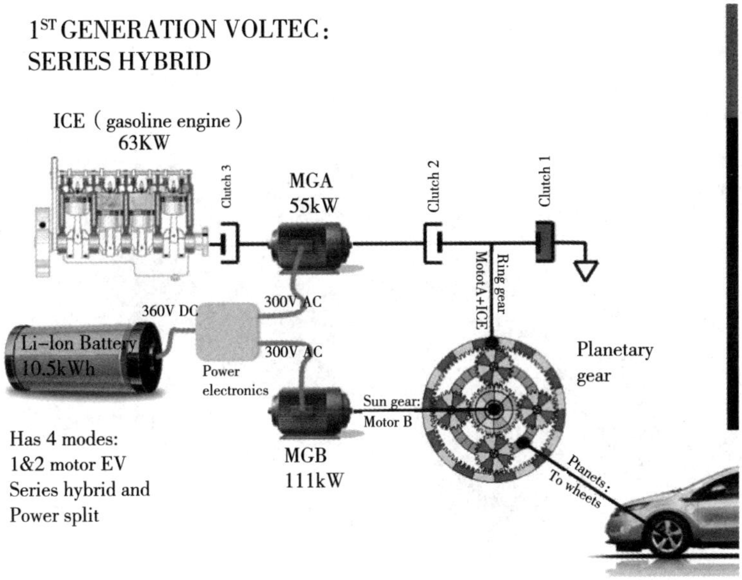

图 22　第一代 Voltec 结构

接到第二行星齿轮组（PG2）的太阳轮上。两个行星齿轮组通过每个齿轮组的行星齿轮架相互连接并输出到车轮。有 3 个离合器用于改变通过变速器的动力流。如图 23、图 24 所示。

在工作模式方面，在不同工况下，共分为 2 个纯电模式和 3 个混动模式。

纯电模式 1：在车辆低速、中低速扭矩需求不大的情况下，电机 MGB 直接驱动车轮带动车辆。MGA 和发动机处于停机且其他离合器处于断开状态，避免额外的能量损失。MGB 也是制动能量能回收的发电机（见图 25）。

纯电模式 2：双电机介入，发动机停机。此模式下，双电机提供更大输出动力驱动车轮，对应车辆全速工况，相当于纯电动车。每台电机通过不同的传动比，从而产生更宽的扭矩范围。只有 MGB 回收制动能量（见图 26）。

混动模式 1：此模式运用于 0～60km/h 高扭力需求和 20～40km/h 低扭矩需求范围。此时，发动机启动介入工作，通过行星轮系直接驱动车轮并且通过 MGA 给电池充电，然后 MGB 通过电能驱动车轮（见图 27）。

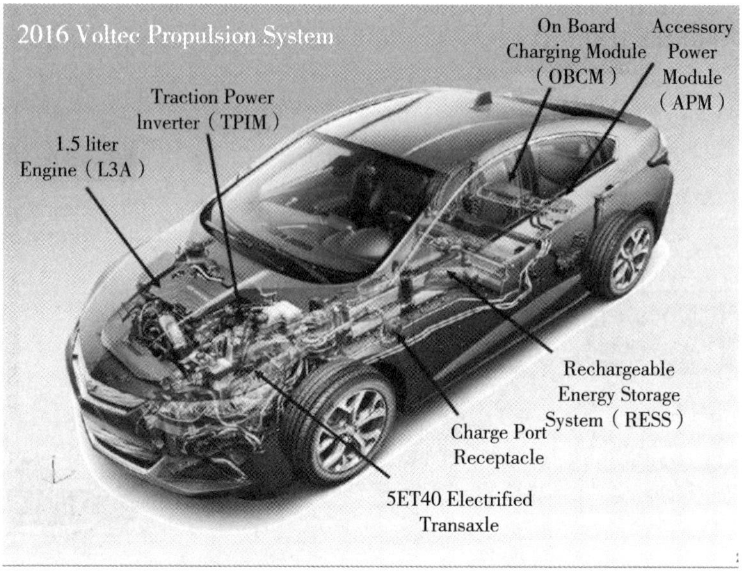

图 23　第二代 Voltec 整体示意

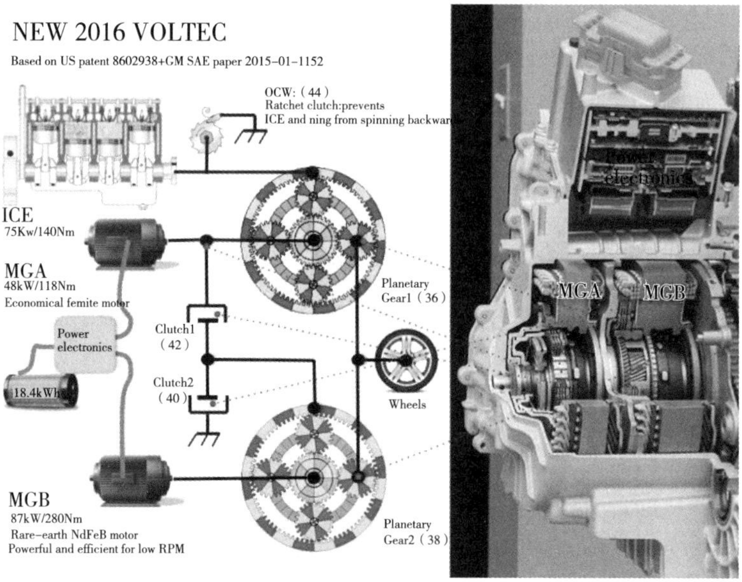

图 24　第二代 Voltec 结构

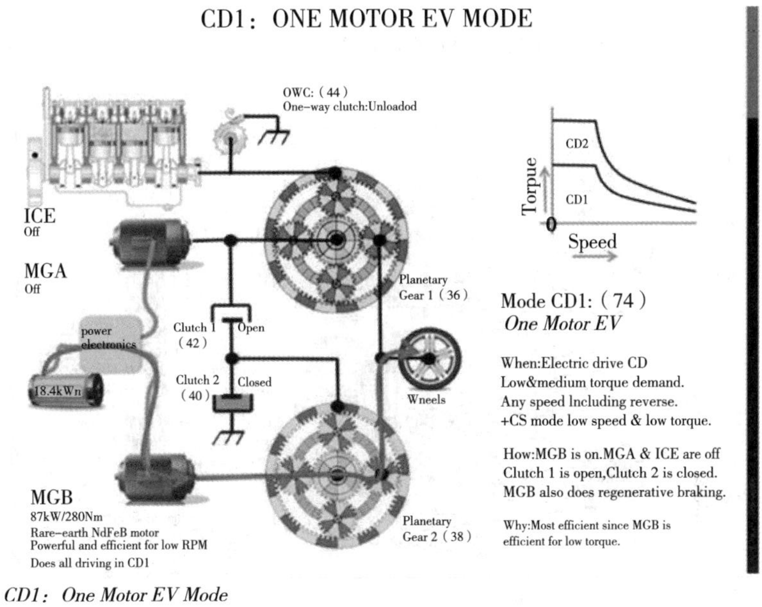

图 25　纯电模式 1

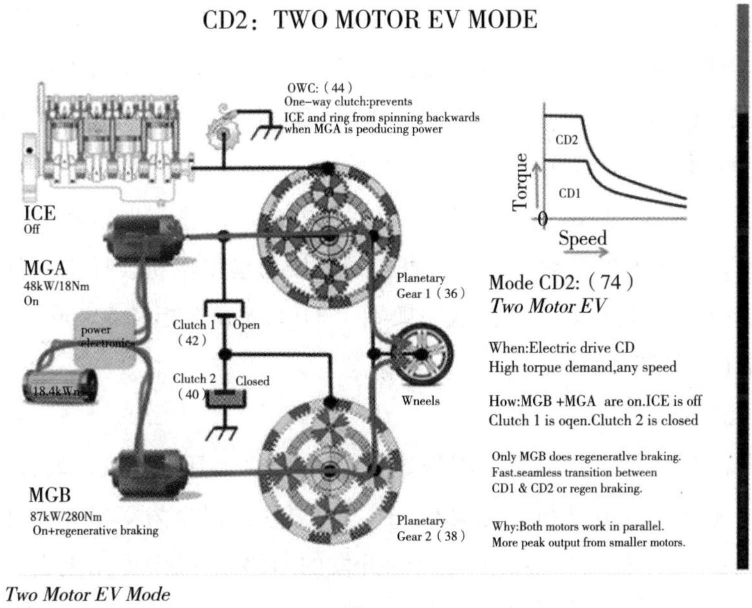

图 26　纯电模式 2

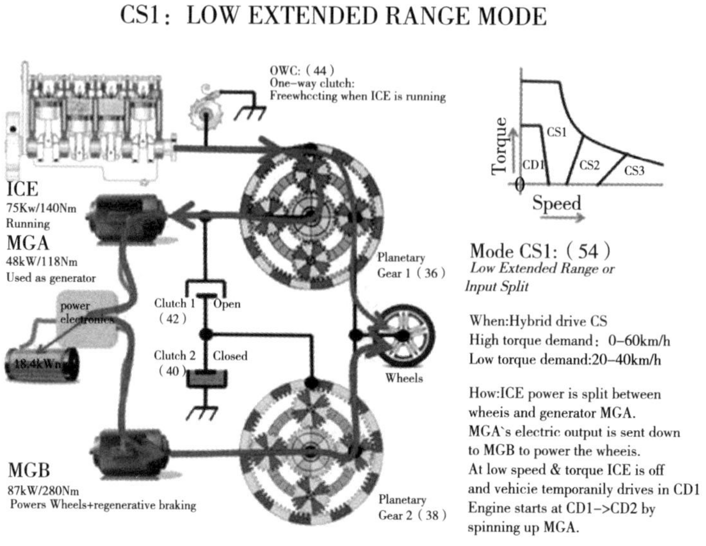

CS1：Low Extended Range Mode

图 27　混动模式 1

混动模式 2：此模式对应 70 ~ 120kph 的高扭矩和 40 ~ 60kph 的低扭矩工况，由于扭矩输出要求大，所以离合器直接断开与电机 MGA 的连接，直接提供扭矩用来驱动车辆。这个模式下发动机输出为主力，MGB 提供额外的扭矩，并参与制动能量回收（见图 28）。

混动模式 3：超高扭力模式，MGA 电机介入，进一步提升电机助力，此时 MGA 介入不再充当发电机，直接担任助力输出电机，提供额外扭矩，双电机支撑超高速运转。此模式一般用于 110kph 高扭矩和 60kph 以上低扭矩范围（见图 29）。

2. 福特 eCVT

福特 eCVT 混合动力系统配备 2. 0L 阿特金森循环发动机，最大功率为 105kW，扭矩为 174. 9Nm，电动机功率为 92kW，扭矩为 228Nm。电动机、发电机、单行星齿轮机构集成在全新开发的 HF35 型 eCVT 无级变速器中，取消了液力变矩器，发动机与变速器直接连接，效率更高，没有复杂的齿轮组，具有结构简单、成本低、可实现无级变速等优点，更重要的是可以为电

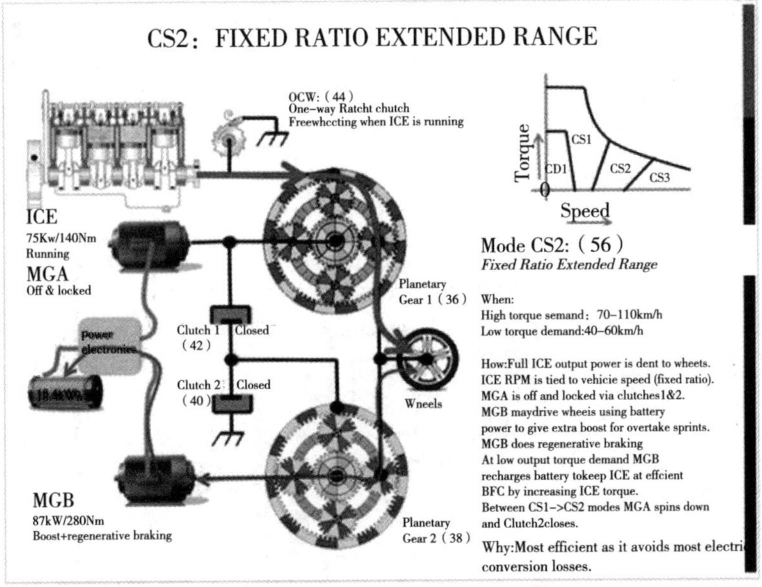

CS2：Fixed Ratio Extended Range

图 28　混动模式 2

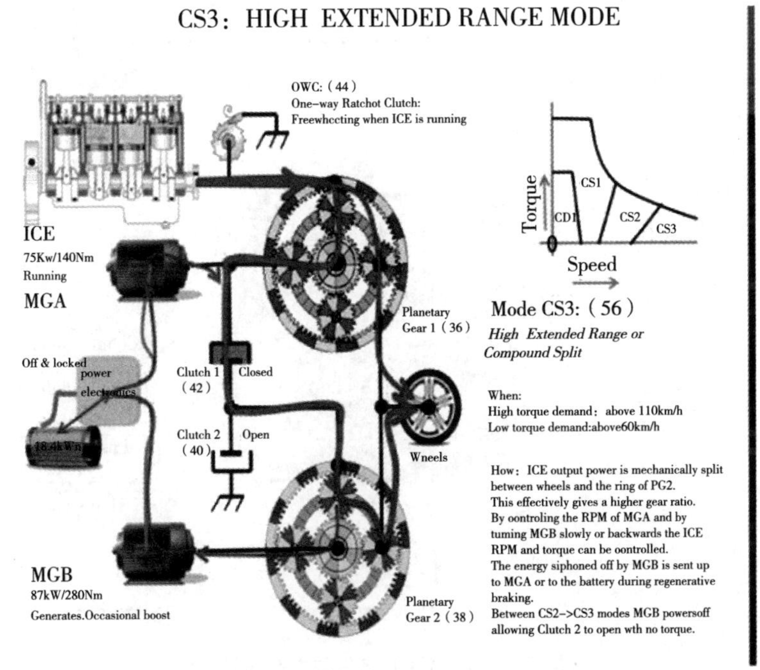

CS3：High Extended Range Mode

图 29　混动模式 3

力系统节省更多的空间。通过 eCVT 变速器实现油电动力的混合与分离，驱动电机低速大扭矩的特点弥补阿特金森发动机低速扭矩差的缺点（见图 30）。HF35 独特的设计方案使整车燃油经济性和动力性得以改善，整车综合工况油耗 4.2L/100km。

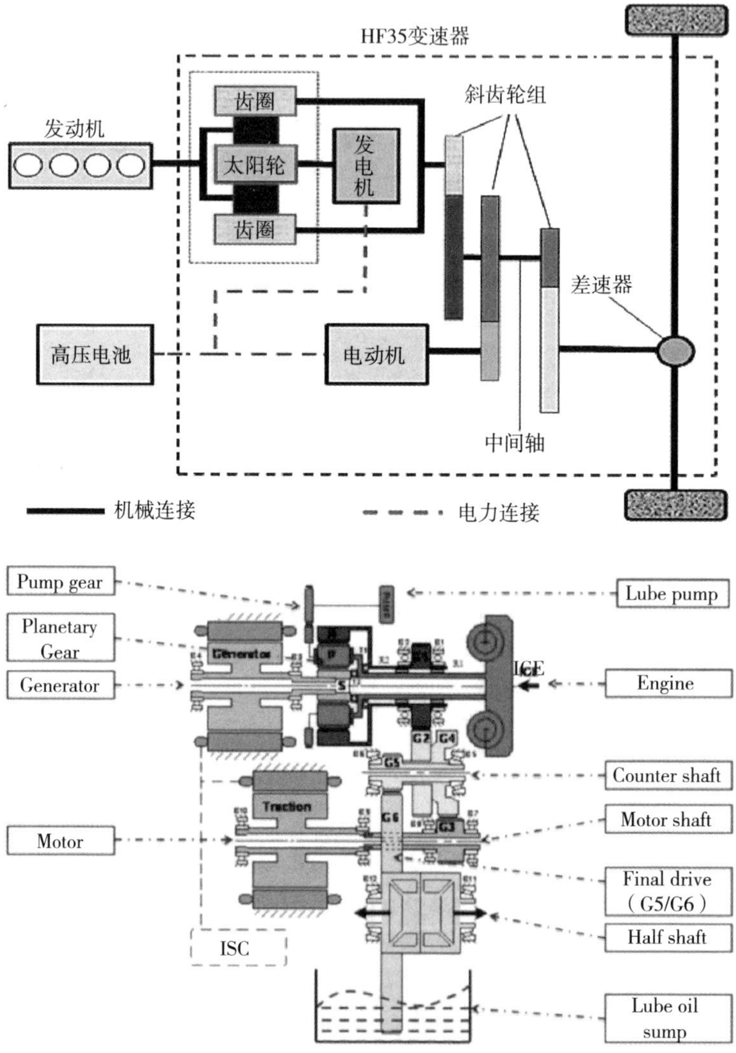

图 30　福特 eCVT 混合动力系统结构

福特 eCVT 混合动力系统工作原理为纯电驱动模式下，发动机静止、电动机驱动，发电机空转，避免因其发电而消耗电动机输出给车轮的一部分动力，只有当发动机运行时发电机才发电，而当发动机停止时发电机不工作；混合驱动模式下齿圈、行星架和太阳轮中均处于转动状态，此时通过调整发电机的发电量，可以改变太阳轮的转速，从而保证发动机驱动与电动机驱动的转速协调一致；在再生制动模式下，发动机不工作、发电机空转，电动机处于发电状态（见图 31）。

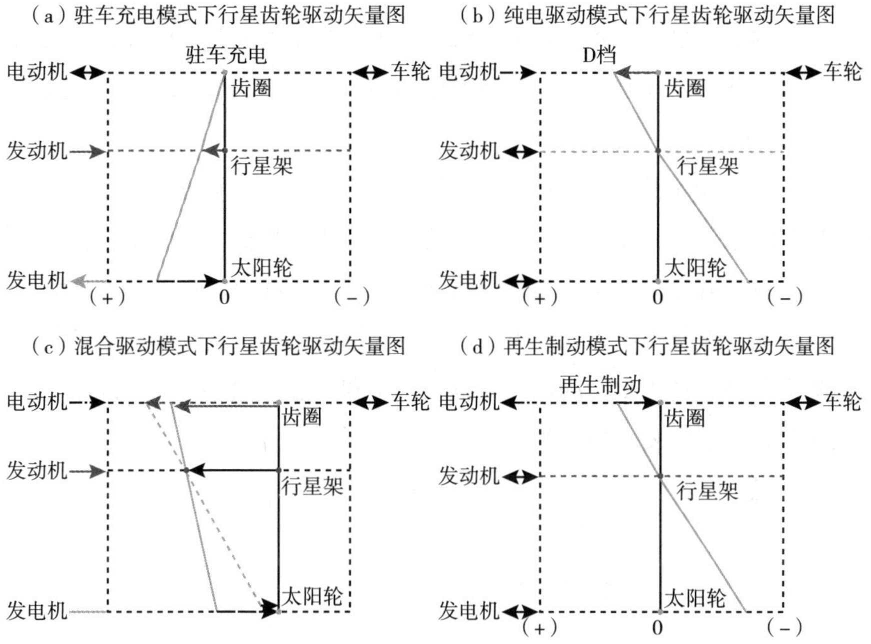

图 31　不同工作模式下行星齿轮驱动矢量

3. 小结

目前美国汽车企业中以通用和福特两家车企所研发的混合动力系统最具代表性。其中通用两代 Voltec 系统，结构从 P2 变成 P13，在工作模式方面，在不同工况下，共分为 2 个纯电模式和 3 个混动模式，不同模式应用不同扭矩范围。福特 eCVT 混合动力系统中，共有驻车充电、纯电驱动、混合驱动、再生制动 4 个不同工作模式，HF35 独特的设计方案使整车燃油经济性和动力性得以改善，整车综合工况油耗为 4.2L/100km。

四 总结

近年来，全球以中混、强混和纯电动汽车为代表的 xEV 销量呈现逐年增长趋势，2018 年全球累积销量首次突破 400 万辆。虽然各国研发侧重点不同，但都制定了较为明确的发展路线，从长期来看，包括纯电动、燃料电池技术在内的纯电驱动将是新能源汽车的主要技术方向，油电混合、插电式混合动力、48V 混合动力系统将是重要的增长点，预计 2020 年 48V 系统将占据全球 xEV 产品总量的 10% ~15% 。

在节能与新能源产业政策上，在实施过程中绕过市场竞争的筛选，人为大力扶持纯电动技术而忽视混合动力技术。由于门槛低，电动车型及插电式动力汽车在没有充分技术积累的前提下突然爆发，乱象丛生。随着补贴政策的逐步退坡，大量纯电动或插电式汽车可能会遭市场冷遇，中国的新能源产业暴露出后劲严重不足的问题。纯电动汽车和氢燃料汽车等新能源汽车技术的成熟和普及还需要一段时间。

附　录

B.12
乘用车企业平均燃料消耗量

表　2018 年度境内乘用车生产企业（含进口）平均燃料消耗量

单位：辆，L/100km

国产乘用车企业				
乘用车企业名称	产量	企业平均燃料消耗量		是否达标
		实际值	达标值	
安徽江淮汽车集团股份有限公司	147570	2.43	6.65	是
重庆长安汽车股份有限公司	670188	5.77	6.34	是
北京宝沃汽车有限公司	29834	6.48	6.70	是
北京奔驰汽车有限公司	482901	6.78	6.82	是
北京汽车股份有限公司	99510	2.00	6.25	是
北京汽车制造厂有限公司	5963	6.24	6.77	是
北京新能源汽车股份有限公司	84714	0.00	5.47	是
北汽(广州)汽车有限公司	5610	1.44	6.34	是
北汽新能源汽车常州有限公司	15349	0.00	6.31	是
北汽云南瑞丽汽车有限公司	8	0.42	6.27	是
比亚迪汽车工业有限公司	221632	2.84	7.28	是
比亚迪汽车有限公司	235201	1.63	6.77	是

续表

国产乘用车企业				
乘用车企业名称	产量	企业平均燃料消耗量		是否达标
		实际值	达标值	
大连黄海汽车有限公司	1	0.00	7.44	是
大庆沃尔沃汽车制造有限公司	39695	6.85	7.03	是
东风汽车集团有限公司	79543	2.65	6.34	是
福建省汽车工业集团云度新能源汽车股份有限公司	6207	0.00	6.19	是
福建新龙马汽车股份有限公司	20	1.24	6.41	是
广东福迪汽车有限公司	1100	8.10	12.27	是
广汽丰田汽车有限公司	599236	6.02	6.41	是
广州汽车集团乘用车(杭州)有限公司	118915	5.91	6.14	是
国能新能源汽车有限责任公司	3	0.00	6.84	是
海马汽车有限公司	37465	3.00	5.82	是
杭州长江乘用车有限公司	13	0.00	5.88	是
合肥长安汽车有限公司	72427	5.27	5.86	是
河北红星汽车制造有限公司	1509	0.00	5.64	是
湖南恒润汽车有限公司	24	0.00	5.64	是
湖南江南汽车制造有限公司	134897	4.03	6.26	是
湖南猎豹汽车股份有限公司	13469	5.86	6.58	是
华晨宝马汽车有限公司	490151	5.84	6.71	是
华晨鑫源重庆汽车有限公司	19971	5.35	6.66	是
江铃控股有限公司	59992	0.94	5.56	是
江苏九龙汽车制造有限公司	655	2.01	6.78	是
江苏卡威汽车工业集团股份有限公司	60	2.70	6.95	是
江西昌河汽车有限责任公司	18028	5.63	5.89	是
江西江铃集团新能源汽车有限公司	3792	0.00	5.20	是
金华青年汽车制造有限公司	348	0.00	8.26	是
兰州知豆电动汽车有限公司	918	0.00	5.16	是
领途汽车有限公司	9243	0.00	5.67	是
南京金龙客车制造有限公司	2084	0.00	6.39	是
奇瑞汽车股份有限公司	290136	3.79	5.98	是
奇瑞商用车(安徽)有限公司	43150	6.14	6.68	是
奇瑞新能源汽车技术有限公司	2	0.00	5.40	是
前途汽车(苏州)有限公司	105	0.00	7.44	是
庆铃汽车股份有限公司	36	7.80	11.90	是

续表

国产乘用车企业				
乘用车企业名称	产量	企业平均燃料消耗量		是否达标
		实际值	达标值	
荣成华泰汽车有限公司	2148	2.14	6.27	是
厦门金龙联合汽车工业有限公司	78	9.01	9.98	是
山西成功汽车制造有限公司	140	0.64	6.30	是
陕西通家汽车股份有限公司	816	0.00	7.24	是
上海汽车集团股份有限公司	648306	4.23	6.18	是
上汽大众汽车有限公司	2095127	6.11	6.15	是
四川野马汽车股份有限公司	11440	5.52	6.65	是
天津一汽丰田汽车有限公司	535690	5.42	5.94	是
天津一汽夏利汽车股份有限公司	20028	5.80	5.93	是
威马汽车制造温州有限公司	5627	0.00	7.07	是
一汽－大众汽车有限公司	2018816	6.14	6.23	是
一汽海马汽车有限公司	5014	5.76	6.29	是
一汽吉林汽车有限公司	38648	6.11	6.11	是
长安标致雪铁龙汽车有限公司	4115	6.22	6.56	是
长城汽车股份有限公司	850117	6.11	6.77	是
浙江豪情汽车制造有限公司	1082503	5.73	6.27	是
浙江合众新能源汽车有限公司	1115	0.00	5.64	是
浙江吉利汽车有限公司	430260	5.26	6.15	是
中国第一汽车集团有限公司	226409	6.31	6.31	是
重庆金康新能源汽车有限公司	629	0.00	6.84	是
重庆力帆乘用车有限公司	5863	0.08	6.32	是
重庆理想智造汽车有限公司	6946	7.57	6.47	否
重庆长安铃木汽车有限公司	39294	5.66	5.60	否
北京汽车集团越野车有限公司	23615	9.82	7.69	否
安徽猎豹汽车有限公司	47108	7.36	6.58	否
北京现代汽车有限公司	800625	6.28	6.02	否
北汽（镇江）汽车有限公司	17727	7.51	6.36	否
北汽福田汽车股份有限公司	16730	7.56	6.11	否
北汽银翔汽车有限公司	26857	7.21	6.65	否
东风本田汽车有限公司	740092	6.25	6.22	否
东风雷诺汽车有限公司	47807	6.87	6.50	否
东风柳州汽车有限公司	126928	6.84	6.67	否
东风汽车股份有限公司	157	8.00	7.68	否

续表

国产乘用车企业				
乘用车企业名称	产量	企业平均燃料消耗量		是否达标
		实际值	达标值	
东风汽车有限公司	1320953	6.26	6.06	否
东风小康汽车有限公司	229782	6.63	6.49	否
东风裕隆汽车有限公司	6265	6.59	6.29	否
东风悦达起亚汽车有限公司	359470	5.97	5.88	否
东南(福建)汽车工业有限公司	84226	6.26	6.08	否
福建奔驰汽车有限公司	28398	8.70	8.57	否
观致汽车有限公司	67308	7.18	6.49	否
广汽本田汽车有限公司	750379	6.20	6.10	否
广汽菲亚特克莱斯勒汽车有限公司	124472	7.67	6.70	否
广汽三菱汽车有限公司	146229	7.13	6.43	否
广州汽车集团乘用车有限公司	427127	6.93	6.70	否
海马新能源汽车有限公司	1004	7.50	6.84	否
汉腾汽车有限公司	31327	6.81	6.32	否
河北长安汽车有限公司	76758	7.20	6.38	否
华晨雷诺金杯汽车有限公司	56613	7.96	6.78	否
华晨汽车集团控股有限公司	33980	6.75	6.61	否
江铃汽车股份有限公司	40196	8.49	8.00	否
江西大乘汽车有限公司	11250	8.39	6.74	否
江西五十铃汽车有限公司	3219	7.97	7.69	否
江西志骋汽车有限责任公司	5091	5.44	5.30	否
奇瑞捷豹路虎汽车有限公司	70058	7.27	7.26	否
上汽大通汽车有限公司	25380	9.09	8.13	否
上汽通用(沈阳)北盛汽车有限公司	310037	6.62	6.24	否
上汽通用东岳汽车有限公司	262854	6.86	6.36	否
上汽通用汽车有限公司	1229605	6.49	6.30	否
上汽通用五菱汽车股份有限公司	1541006	6.34	6.10	否
神龙汽车有限公司	245759	6.33	6.07	否
四川一汽丰田汽车有限公司	178305	7.42	6.83	否
潍柴(重庆)汽车有限公司	4092	6.30	6.16	否
芜湖凯翼汽车有限公司	496	6.70	5.30	否
长安福特汽车有限公司	384336	6.89	6.37	否
长安马自达汽车有限公司	162965	6.12	6.08	否
浙江众泰汽车制造有限公司	2454	8.40	6.61	否
郑州日产汽车有限公司	31006	7.28	6.94	否
重庆比速汽车有限公司	8220	7.13	6.66	否

续表

进口乘用车企业				
进口乘用车经销企业名称	乘用车产量（辆）	企业平均燃料消耗量		是否达标
		实际值	达标值	
阿斯顿马丁拉共达(中国)汽车销售有限公司	415	10.36	11.10	是
保时捷(中国)汽车销售有限公司	87706	7.56	7.57	是
克莱斯勒(中国)汽车销售有限公司	6422	7.09	7.92	是
雷诺(北京)汽车有限公司	262	2.27	7.04	是
特斯拉汽车(北京)有限公司	14467	0.00	8.28	是
沃尔沃汽车销售(上海)有限公司	29645	7.29	7.55	是
现代汽车(中国)投资有限公司	759	6.59	7.25	是
阿尔法罗密欧(上海)汽车销售有限公司	73	8.88	7.14	否
宝马(中国)汽车贸易有限公司	174313	7.12	7.03	否
北京路特斯汽车销售有限公司	8	9.70	6.12	否
大众汽车(中国)销售有限公司	53382	7.53	7.21	否
东风汽车有限公司	1	11.80	7.08	否
法拉利汽车国际贸易(上海)有限公司	465	11.45	6.77	否
丰田汽车(中国)投资有限公司	173080	7.18	7.08	否
福特汽车(中国)有限公司	53507	8.72	7.38	否
广汽本田汽车有限公司	12	9.60	7.08	否
捷豹路虎(中国)投资有限公司	54342	8.89	8.09	否
铃木(中国)投资有限公司	1983	7.25	5.41	否
马自达(中国)企业管理有限公司	500	6.70	5.64	否
玛莎拉蒂(中国)汽车贸易有限公司	6331	10.29	8.14	否
迈凯伦汽车销售(上海)有限公司	328	10.70	6.22	否
梅赛德斯－奔驰(中国)汽车销售有限公司	178039	7.65	7.13	否
日产(中国)投资有限公司	15307	7.97	7.09	否
三菱汽车销售(中国)有限公司	5000	12.00	8.16	否
上汽通用汽车销售有限公司	500	8.10	6.60	否
双龙汽车(上海)有限公司	49	8.70	8.16	否
斯巴鲁汽车(中国)有限公司	20805	6.97	6.55	否
一汽进出口有限公司	64360	7.50	7.39	否
长安马自达汽车有限公司	1631	6.08	5.88	否

B.13

节能汽车相关政策、法规统计

表　我国节能汽车相关政策法规统计（2018～2019年）

政策法规名字	颁布时间	颁布单位	内容要点
《汽油车污染物排放限值及测量方法（双怠速法及简易工况法）》	2018.9.27	环保部	本标准规定了汽油车双怠速法、稳态工况法、瞬态工况法和简易瞬态工况法排气污染物排放限值及测量方法。本标准同时规定了汽油车外观检验、OBD检查、燃油蒸发排放控制系统检测的方法和判定依据
《中华人民共和国节约能源法（2018年修正）》	2018.11.14	环保部	国家鼓励开发、生产、使用节能环保型汽车、摩托车、铁路机车车辆、船舶和其他交通运输工具，实行老旧交通运输工具的报废、更新制度 国家鼓励开发和推广应用交通运输工具使用的清洁燃料、石油替代燃料 国务院有关部门制定交通运输营运车船的燃料消耗量限值标准；不符合标准的，不得用于营运 国务院有关交通运输主管部门应当加强对交通运输营运车船燃料消耗检测的监督管理
《关于乘用车燃料消耗量与新能源汽车积分数据报送和提交2019年度积分预报告的通知》	2018.12.4	工业和信息化部	在中华人民共和国境内进口并用于境内销售的、最大设计总质量不超过3500kg的乘用车，包括能够燃用汽油、柴油或者气体燃料的传统能源乘用车（含非插电式混合动力乘用车），以及纯电动、插电式混合动力（含增程式）、燃料电池等新能源乘用车
《汽车产业投资管理规定》	2018.12.10	国家发展和改革委员会	优化燃油汽车产能布局，推动产业向产能利用充分、产业基础扎实、配套体系完善、竞争优势明显的省份聚集 科学规划新能源汽车产业布局，现有燃油汽车企业应加大研发投入、调整产品结构，发展纯电动汽车、插电式混合动力汽车、燃料电池汽车等新能源汽车

续表

政策法规名字	颁布时间	颁布单位	内容要点
《乘用车燃料消耗量评价方法及指标》征求意见稿	2019. 1. 10	工业和信息化部	本标准是贯彻落实《汽车产业中长期发展规划》的重要措施，旨在推动我国汽车先进节能技术发展和应用，持续降低我国乘用车燃料消耗量，促进新能源汽车产业快速健康发展，使我国乘用车平均燃料消耗量水平在2025年下降至4L/100km左右，对应CO_2排放约为95g/km
《2019年全国大气污染防治工作要点》	2019. 2. 28	生态环境部	全面完成大气环境目标：2019年，全国未达标城市细颗粒物（PM2.5）年均浓度同比下降2%，地级及以上城市平均优良天数比率达到79.4%；全国二氧化硫（SO_2）、氮氧化物（NO_x）排放总量同比削减3%
《关于在部分地区开展甲醇汽车应用的指导意见》	2019. 3. 12	工业和信息化部、国家发展改革委、科技部、公安部、生态环境部、交通运输部、卫生健康委、市场监管总局	鼓励汽车及相关零部件生产企业在现有制造体系基础上，针对甲醇汽车特性，通过技术改造完善甲醇汽车制造体系，提升甲醇汽车制造技术水平，开发甲醇乘用车、商用车、非道路工程车等车辆及动力机械，满足市场需求。完善甲醇汽车生产基地建设，合理布局甲醇汽车生产 强化甲醇汽车专用零部件制造能力，围绕甲醇燃料供应和电控喷射系统、专用后处理装置、专用滤清器、专用润滑油、耐醇材料和关键零部件等领域，构建规模化制造体系，提升专用零部件制造企业的自主研发与制造水平，满足甲醇汽车发展需求 着力突破甲醇高效能量转化机制、低排放控制、长寿命低成本耐腐蚀材料等共性关键技术。深入开展甲醇汽车尾气的健康影响等研究。鼓励和支持企业研发甲醇混合动力汽车、甲醇增程式电动汽车、甲醇燃料电池汽车产品。加快甲醇汽车科研成果转化及产业化应用
《关于加快推进工业节能与绿色发展的通知》	2019. 3. 31	工业和信息化部、国家开发银行	业能效提升。支持重点高耗能行业应用高效节能技术工艺，推广高效节能锅炉、电机系统等通用设备，实施系统节能改造。促进产城融合，推动利用低品位工业余热向城镇居民供热。支持推广高效节水技术和装备，实施水效提升改造。支持工业企业实施传统能源改造，推动能源消费结构绿色低碳转型，鼓励开发利用可再生能源。支持建设重点用能企业能源管控中心，提升能源管理信息化水平，加快绿色数据中心建设

续表

政策法规名字	颁布时间	颁布单位	内容要点
《2019 年新能源汽车标准化工作要点》	2019. 5. 15	工业和信息化部	电动汽车能耗领域:结合中国工况及乘用车第五阶段燃料消耗量标准的研究成果,完成电动汽车能量消耗量和续驶里程、混合动力汽车能量消耗量试验方法以及插电式混合动力乘用车技术条件等标准的征求意见,开展增程式电动汽车能量消耗量试验方法标准的预研工作
《乘用车企业平均燃料消耗量与新能源汽车积分并行管理办法》修正案(征求意见稿)	2019. 7. 9	工业和信息化部	修改了传统能源乘用车适用范围 更新了 2021 ~ 2023 年新能源汽车积分比例要求并修改了新能源汽车车型积分计算方法 完善了传统能源乘用车燃料消耗量引导和积分灵活性措施

皮书

智库报告的主要形式
同一主题智库报告的聚合

皮书定义

皮书是对中国与世界发展状况和热点问题进行年度监测，以专业的角度、专家的视野和实证研究方法，针对某一领域或区域现状与发展态势展开分析和预测，具备前沿性、原创性、实证性、连续性、时效性等特点的公开出版物，由一系列权威研究报告组成。

皮书作者

皮书系列报告作者以国内外一流研究机构、知名高校等重点智库的研究人员为主，多为相关领域一流专家学者，他们的观点代表了当下学界对中国与世界的现实和未来最高水平的解读与分析。截至 2020 年，皮书研创机构有近千家，报告作者累计超过 7 万人。

皮书荣誉

皮书系列已成为社会科学文献出版社的著名图书品牌和中国社会科学院的知名学术品牌。2016 年皮书系列正式列入“十三五”国家重点出版规划项目；2013~2020 年，重点皮书列入中国社会科学院承担的国家哲学社会科学创新工程项目。

中国皮书网

（网址：www.pishu.cn）

发布皮书研创资讯，传播皮书精彩内容
引领皮书出版潮流，打造皮书服务平台

栏目设置

◆ **关于皮书**

何谓皮书、皮书分类、皮书大事记、
皮书荣誉、皮书出版第一人、皮书编辑部

◆ **最新资讯**

通知公告、新闻动态、媒体聚焦、
网站专题、视频直播、下载专区

◆ **皮书研创**

皮书规范、皮书选题、皮书出版、
皮书研究、研创团队

◆ **皮书评奖评价**

指标体系、皮书评价、皮书评奖

◆ **互动专区**

皮书说、社科数托邦、皮书微博、留言板

所获荣誉

◆ 2008 年、2011 年、2014 年，中国皮书网均在全国新闻出版业网站荣誉评选中获得“最具商业价值网站”称号；

◆ 2012 年，获得“出版业网站百强”称号。

网库合一

2014年，中国皮书网与皮书数据库端口合一，实现资源共享。

S 基本子库
SUB DATABASE

中国社会发展数据库（下设 12 个子库）

整合国内外中国社会发展研究成果，汇聚独家统计数据、深度分析报告，涉及社会、人口、政治、教育、法律等 12 个领域，为了解中国社会发展动态、跟踪社会核心热点、分析社会发展趋势提供一站式资源搜索和数据服务。

中国经济发展数据库（下设 12 个子库）

围绕国内外中国经济发展主题研究报告、学术资讯、基础数据等资料构建，内容涵盖宏观经济、农业经济、工业经济、产业经济等 12 个重点经济领域，为实时掌控经济运行态势、把握经济发展规律、洞察经济形势、进行经济决策提供参考和依据。

中国行业发展数据库（下设 17 个子库）

以中国国民经济行业分类为依据，覆盖金融业、旅游、医疗卫生、交通运输、能源矿产等 100 多个行业，跟踪分析国民经济相关行业市场运行状况和政策导向，汇集行业发展前沿资讯，为投资、从业及各种经济决策提供理论基础和实践指导。

中国区域发展数据库（下设 6 个子库）

对中国特定区域内的经济、社会、文化等领域现状与发展情况进行深度分析和预测，研究层级至县及县以下行政区，涉及地区、区域经济体、城市、农村等不同维度，为地方经济社会宏观态势研究、发展经验研究、案例分析提供数据服务。

中国文化传媒数据库（下设 18 个子库）

汇聚文化传媒领域专家观点、热点资讯，梳理国内外中国文化发展相关学术研究成果、一手统计数据，涵盖文化产业、新闻传播、电影娱乐、文学艺术、群众文化等 18 个重点研究领域。为文化传媒研究提供相关数据、研究报告和综合分析服务。

世界经济与国际关系数据库（下设 6 个子库）

立足“皮书系列”世界经济、国际关系相关学术资源，整合世界经济、国际政治、世界文化与科技、全球性问题、国际组织与国际法、区域研究 6 大领域研究成果，为世界经济与国际关系研究提供全方位数据分析，为决策和形势研判提供参考。

法律声明

“皮书系列”（含蓝皮书、绿皮书、黄皮书）之品牌由社会科学文献出版社最早使用并持续至今，现已被中国图书市场所熟知。“皮书系列”的相关商标已在中华人民共和国国家工商行政管理总局商标局注册，如LOGO（ ）、皮书、Pishu、经济蓝皮书、社会蓝皮书等。“皮书系列”图书的注册商标专用权及封面设计、版式设计的著作权均为社会科学文献出版社所有。未经社会科学文献出版社书面授权许可，任何使用与“皮书系列”图书注册商标、封面设计、版式设计相同或者近似的文字、图形或其组合的行为均系侵权行为。

经作者授权，本书的专有出版权及信息网络传播权等为社会科学文献出版社享有。未经社会科学文献出版社书面授权许可，任何就本书内容的复制、发行或以数字形式进行网络传播的行为均系侵权行为。

社会科学文献出版社将通过法律途径追究上述侵权行为的法律责任，维护自身合法权益。

欢迎社会各界人士对侵犯社会科学文献出版社上述权利的侵权行为进行举报。电话：010-59367121，电子邮箱：fawubu@ssap.cn。

社会科学文献出版社